UNIX transparent

Herausgegeben von
F. Bach, P. Domann und W. Remmele

Mit 51 Abbildungen

Springer-Verlag
Berlin Heidelberg New York Tokyo

Fred Bach   Peter Domann   Werner Remmele

Siemens AG, Otto-Hahn-Ring 6
D-8000 München 83

^{TM}UNIX ist ein Warenzeichen der AT & T Bell Laboratorien

ISBN-13:978-3-642-70263-1   e-ISBN-13:978-3-642-70262-4
DOI: 10.1007/978-3-642-70262-4

2125/3140-543210

Geleitwort

Die Entwicklung der Datenverarbeitung ist unter anderem dadurch besonders gekennzeichnet, daß sich eine Vielzahl von rechnerabhängigen Betriebssystemen herausgebildet hat. Ein erheblicher Teil des Aufwands, den die Rechnerhersteller in die Software stecken, wird immer dazu verwendet, ein Betriebssystem zu erstellen. Jeder neu entwickelte Rechner muß zunächst durch ein Betriebssystem bedienbar gemacht werden, bevor man an Anwendungslösungen denken kann. Jeder Rechnerhersteller steht bei jeder neuen Rechnerfamilie vor diesem Aufwand. Aber auch die Anwender-Software muß, da sie ja mehr oder weniger an ein bestimmtes Betriebssystem oder eine Betriebssystemfamilie gebunden ist, fast jedesmal neu entwickelt oder zumindest mit erheblichem Aufwand angepaßt werden. Diese Vorgehensweise stellt, wirtschaftlich betrachtet, eine kaum vertretbare Verschwendung wertvoller Ressourcen dar. Hinzu kommt, daß wegen des Preisverfalls der Rechner-Hardware die Kosten für die Entwicklung neuer Betriebssysteme kaum noch in vertretbaren Grenzen, bezogen auf den Gesamtentwicklungsaufwand, gehalten werden können. Damit aber ist der Nährboden für die Herausbildung von Betriebssystemstandards geschaffen.

Das 1969 in den Bell Laboratorien entwickelte und von AT&T in Lizenz vertriebene Betriebssystem UNIX bietet erstmals weltweit eine für viele Anwendungen einheitliche Basis, und dies für praktisch alle Rechner, besonders für Arbeitsplatzrechner, die für professionelle Anwendungen einsetzbar sind. Arbeitsplatzrechner übersteigen üblicherweise die Leistungen einfacher Personal Computer.

Der Einsatz von UNIX bedeutet für die Hersteller eine Entlastung des Software-Entwicklungsaufwandes, die kaum hoch genug eingeschätzt werden kann. Die Kosten für die Entwicklung des Betriebssystems entfallen ganz und werden durch vergleichsweise geringe Lizenzgebühren ersetzt. Systemnahe Software wie Compiler oder Datenbanken sind wegen der großen Einsatzbreite ebenfalls zu erheblich geringeren Kosten vom Markt erhältlich als für Eigenentwicklungen erbracht werden müßte. Durch eine solcherart sehr breite Einsatzbasis wird natürlich ein großer Anreiz zur Entwicklung von Anwender-Software geschaffen. Deshalb hat sich auch ein stark wachsender Markt für preiswerte UNIX-ablauffähige Anwender-Software entwickelt.

Die Vorteile einer einheitlichen Betriebssystembasis gehen sogar noch erheblich weiter. Bei der Ausbildung an den Hochschulen, in der Industrie und Wirtschaft entfällt der Zwang, sich auf immer neue Betriebssysteme einzustellen. Eine drastische Verringerung der Kosten für Schulung und Weiterbildung ist die Folge. Besonders hoch wären die Einsparungen dann, wenn UNIX sich so weit als Standard durchsetzt, daß jeder Mitarbeiter während seines ganzen Berufsweges sich grundsätzlich nicht mit immer neuen Betriebssystemen vertraut machen müßte. Auch steigt für jede Firma mit der Ausbildung an einem Standardsystem die Chance, auf dem Arbeitsmarkt Mitarbeiter mit der passenden Vorbildung zu finden.

Diese Gründe haben zu einer rasch wachsenden Anhängerschaft von UNIX geführt. Breite Benutzerschichten akzeptieren seine technischen Leistungsmerkmale. Daß man über manche Eigenschaften auch unterschiedlicher Meinung sein kann, tut diesem Erfolg keinen Abbruch. Wichtiger ist die Tatsache, daß mit UNIX die Chance einer weltweiten Standardisierung mit allen erwähnten Vorteilen gegeben ist. Diese Chance ist trotz der Vielzahl der heute existierenden UNIX-Versionen offensichtlich. Dazu tragen die Anstrengungen der User-Groups ebenso bei wie die Kontakte über das weltweite UNIX-Netz oder die Zusammenarbeit europäischer Firmen bei der Definition eines europäischen UNIX-Standards.

Nicht zuletzt tragen auch Veranstaltungen wie 'UNIX transparent' zu diesem Ziel bei, indem sie Herstellern und Anwendern die Möglichkeit geben, Fragen und Probleme des Einsatzes von UNIX intensiv zu diskutieren und so zu gemeinsamen und einheitlichen Problemlösungen zu gelangen.

München, im Februar 1985   Dr. Heinz Schwärtzel
                                 Zentrale Aufgaben Informationstechnik
                                 Siemens AG

Vorwort

Das von den Bell Laboratories entwickelte und von AT&T in Lizenz vertriebene Betriebssystem UNIX™ hat sich durch seine einfache Portierbarkeit auf unterschiedliche Hardwarekonfigurationen und den großen Umfang der dazu am Markt erhältlichen Anwendersoftware weltweit als ein De-facto-Standard herausgebildet.

Für UNIX entstand ein großes Spektrum von Anwender-Software für nahezu alle Einsatzgebiete, das ebenfalls einfach an verschiedenartige Rechner anpaßbar ist. Somit wurde es möglich, Lösungen für die eigene Anwendung aus vielen Angeboten auszuwählen und maßgerecht zusammenzustellen.

Diese Vorteile führten dazu, daß UNIX in kurzer Zeit eine große Verbreitung auf den verschiedensten Rechnertypen gefunden hat. UNIX hält verstärkt Einzug in Bereiche der Arbeitsplatzrechner und Personal Computer, an denen bisher andere Betriebssysteme dominiert haben, und wird zunehmend auf Großrechnern eingesetzt. Es gibt heute keinen namhaften Computerhersteller mehr, der UNIX nicht in seinem Produktspektrum anbietet.

Trotzdem ist der Einsatz von UNIX nicht in allen Fällen unproblematisch. Schwierigkeiten können auftreten, wenn

- unterschiedliche Versionen von UNIX eingesetzt werden,
  die nicht in allen Funktionen kompatibel sind

- UNIX zusammen mit anderen vorhandenen
  Soft- und Hardwarekonfigurationen eingesetzt wird

- UNIX-Anwendungen auf bestehende Verfahren aufgebaut werden müssen

- UNIX als Entwicklungssystem für Software anderer Zielrechner benutzt wird

- UNIX neu eingeführt wird
  (Schulungs- und Akzeptanzproblematik, Benutzerfreundlichkeit)

- Anforderungen gestellt werden, die das Konzept von UNIX nicht berücksichtigt.

[TM] UNIX ist Warenzeichen der AT&T Bell Laboratories

Lösungen für die meisten der genannten Probleme gibt es bereits - nur wurden sie üblicherweise unternehmens- oder projektspezifisch entwickelt. Um diese einem breiten Publikum näherzubringen, wurde die Veranstaltung UNIX transparent durchgeführt. Sie macht diese **Lösungen** auch anderen zugänglich, erläutert den effizienten **Einsatz** von UNIX und von **Produkten** auf UNIX-Basis unter gegebenen Randbedingungen, weniger dagegen die zugrundeliegende Betriebssystemtechnik und bietet vor allem Entscheidungshilfen für

- Unternehmer/Manager
- OD-Leiter/RZ-Leiter
- Entwicklungs- und Projektleiter
- Anwender

an. In diesem Buch wurden die Beiträge des einleitenden Tutorials und der Fachvorträge veröffentlicht.

München, im Februar 1985

F. Bach
P. Domann
W. Remmele

Wir bedanken uns bei Frau Tiitinen und Frau Kuss, die es durch ihren außergewöhnlichen Einsatz und ihre Geduld mit den Herausgebern ermöglicht haben, dieses Buch rechzeitig fertigzustellen.

Inhaltsverzeichnis

P. Domann, Siemens AG
UNIX-Überblick

J. C. W. Schröder, Danet
UNIX im Bürobereich

F. Bach, Siemens AG
Verwaltung von Datenbeständen unter UNIX

Dr. H. Heintke, Philips Data Systems
UNIX in der Software-Entwicklung

Dr. H. Schäfer, Hewlett Packard
Integration von UNIX in bestehende DV-Systeme

H. Strack-Zimmermann, Siemens AG
UNIX auf Arbeitsplatzrechnern

L. Mandl / W. Remmele, Siemens AG
Die Ergonomie von UNIX

UNIX-Überblick

P. Domann

An dem Phänomen UNIX kommt man heute auf kaum einem Gebiet des Rechnereinsatzes vorbei. UNIX ist inzwischen für fast alle Mikro- und Minicomputer verfügbar und dringt auch in den Bereich der Großrechner vor. Es gibt heute keinen namhaften Rechnerhersteller mehr, der UNIX nicht in seinem Produktspektrum anbietet. Während der Einsatzbereich in der Vergangenheit im wesentlichen in der Software-Entwicklung und im technisch-wissenschaftlichen Bereich lag, werden heute auf der Basis von UNIX zunehmend Systeme für den Bürobereich und für die kommerzielle Datenverarbeitung entwickelt. Wenn auch die technischen Qualitäten von UNIX unbestritten sind, gibt es doch Eigenschaften, die seinen Einsatz in bestimmten Bereichen einschränken. Diese Schwächen sollte man ebenfalls kennen, um mögliche Probleme beim Einsatz vermeiden zu können. Für den Erfolg von UNIX spielen aber nicht nur seine technischen Eigenschaften, sondern maßgeblich auch andere Faktoren, z.B. wirtschaftlicher Art, eine Rolle.

Der folgende Beitrag gibt einen Überblick über die wesentlichen technischen und nichttechnischen Aspekte, die bei einer Entscheidung über den Einsatz von UNIX von Bedeutung sein können.

1 Was ist UNIX?

Diese Frage läßt sich mit zwei Definitionen beantworten, die auf ganz unterschiedlichen Ebenen liegen, die aber beide ihre Bedeutung haben, wenn man den Einsatz von UNIX ins Auge faßt.

1.1 Technische Definition

"UNIX ist ein hochportables Timesharing- und Multiuser-Betriebssystem, das 1969 in den Bell Laboratorien der AT&T entwickelt wurde".

Ein Betriebssystem ist die Schnittstelle zwischen dem Benutzer und dem Rechner. Es lohnt sich, diese Schicht sehr gründlich zu betrachten, denn sie kann die Durchführung von Aufgaben, sowie den Wechsel auf andere Rechner erleichtern oder erschweren. Die Wahl des richtigen Betriebssystems ist für den Anwender wichtiger als die des Prozessors, denn sie entscheidet darüber, wie er mit der Hardware arbeiten kann und vor allem, welche Anwendersoftware ihm zur Verfügung steht. Es kann damit die Basis für ein gutes oder schlechtes Anwendersystem sein.

Als Timesharing- und Multiuser-System ermöglicht UNIX einer größeren Anzahl
von Benutzern quasi gleichzeitig mit dem System zu arbeiten. Jeder Anwender
kann simultan mehrere Prozesse zur Verarbeitung in Auftrag geben, die sich
gegenseitig verständigen können. Typisch sind eine Verarbeitung im Vordergrund
(Dialog) und bei Bedarf weitere Prozesse im Hintergrund. Batch-Betrieb ist vom
Konzept her nicht vorgesehen, aber als Spezialfall programmierbar.

UNIX bietet eine Reihe von Funktionen, die damals neu waren und noch heute in
dieser Kombination selbst in größeren Systemen selten zu finden sind:

- ein hierarchisches Filesystem
- einheitliche Schnittstelle zu Dateien, Geräten und zu Nachbarprozessen
- die Fähigkeit, Prozesse synchron oder asynchron zu verarbeiten
- eine mächtige Kommandosprache
- über 200 leistungsfähige Routinen und Dienstprogramme, aus denen sich
  maßgeschneidert Anwendungen zusammenstellen lassen.

UNIX ist fast ausschließlich in der höheren Systemimplementierungs-Sprache C
geschrieben. Dies ist ein Grund warum es leicht auf andere Rechner übertragen
werden kann. UNIX ist auch keine einmalige Entwicklung sondern ein sich
ständig weiterentwickelndes Software-System. Die Konkurrenz zwischen den
Versionen unterschiedlicher Hersteller trägt dazu bei, daß das System laufend
erweitert wird.

1.2 Definition aus Anwendersicht

"UNIX ist ein sehr bekanntes Betriebssystem, das es geschafft hat

- aktive Benutzergruppen um sich zu scharen, die regelmäßig Konferenzen
  abhalten,
- Anbieter, die Kompatibilität versprechen,
- Benutzer, die glauben oder hoffen, daß UNIX die Lösung aller Software-
  Probleme bringt."

Diese Definition enthält einen für den UNIX-Einsatz ausgesprochen wichtigen
Gesichtspunkt und zwei etwas provozierende Aussagen, die man aber trotzdem
nicht außer acht lassen sollte.

UNIX hat weltweit einen Anwenderkreis gefunden wie kaum ein anderes
Betriebssystem. Dieser Kreis hat sich zu Benutzergruppen vereinigt, deren Mit-
glieder über ein weltweites UNIX-Netz in Kontakt stehen, regelmäßig auf Tagungen Informationsaustausch betreiben und sich um Standardisierung bemühen.
Diese Tatsache ist für den Anwender nicht weniger wichtig als die technische

Qualität von UNIX, denn sie ermöglicht ihm den Zugriff auf einen enormen Erfahrungsschatz und ein großes Potential von Software. Ein neues Betriebssystem, selbst wenn es UNIX technisch überlegen wäre, hätte große Mühe, diesen Vorsprung aufzuholen.

Obwohl UNIX gute Voraussetzungen für die Portabilität der Software bietet, kann nicht bestritten werden, daß es bei der Vielzahl der angebotenen UNIX-Versionen gelegentlich zu Kompatibilitäts-Problemen kommt. Die weltweiten Standardisierungs-Aktivitäten lassen jedoch erwarten, daß dieses Problem künftig in den Hintergrund tritt. Andererseits bietet gerade die Vielfalt des Angebotes die Gewähr, von einem speziellen Hersteller weitgehend unabhängig zu sein.

Weder UNIX noch ein anderes Betriebssystem kann für alle Anwendungsgebiete gleichermaßen geeignet sein und damit "die Lösung aller Software-Probleme" bringen. Seine große Verbreitung bringt es mit sich, daß UNIX auch in Gebiete eindringt, bei denen Schwächen des Konzeptes zutage treten. An der Beseitigung dieser Problembereiche wird von den Herstellern gearbeitet.

2   Entstehungsgeschichte

UNIX wurde 1969 in den Bell Laboratorien der AT&T von Software-Entwicklern als Betriebssystem für den eigenen Gebrauch konzipiert. Darin liegen zwei wesentliche Ursachen für den heutigen Erfolg von UNIX. Einerseits wurde es von Leuten entwickelt, die wußten, was sie für die eigene Anwendung benötigen, andererseits wurde es von ihnen selbst in der Praxis ausgetestet und weiterentwickelt. Ken Thompson[1], der geistige Vater von UNIX, war an der Entwicklung des Timesharing-Betriebssystems **Multics** beteiligt, einem Gemeinschaftsprojekt zwischen Bell Labs, MIT und GE, das zwischen 1960 und 1969 lief. Die Bell Labs zogen sich dann aus dem Projekt zurück, und Thompson nutzte die Möglichkeit, die positiven und negativen Erfahrungen mit Multics in das Konzept von UNIX einzubringen. Dennis Ritchie[1], der kurze Zeit später dazustieß und mit Thompson zusammen die Entwicklung durchführte, entwarf die Programmiersprache C, in der 1973 das System neu implementiert wurde. Heute sind 90% des Codes in C geschrieben, was eine ganz wesentliche Voraussetzung für die Maschinenunabhängigkeit und leichte Portierbarkeit von UNIX und der UNIX-Anwendersoftware ist.

---

1)   Thompson und Ritchie wurden für ihre Verdienste bei der UNIX-Entwicklung mit dem
      Turing Award 1983 ausgezeichnet, einem Preis, der von der **acm** für besondere Leistungen
      auf dem Gebiet der Computer Science vergeben wird

In den Jahren zwischen 1969 und 1976 wurde UNIX nur intern in den Bell
Laboratorien verwendet und weiterentwickelt. Erst 1976 wurde die damalige
Version 6 für externe Anwender freigegeben. Der breite Einsatz begann mit dem
Vertrieb der Version 7, aus dem sich eine Vielzahl von Versionen anderer Her-
steller ableitetet.

Als sehr erfolgreich hat sich die Strategie erwiesen, den Sourcecode von UNIX
frühzeitig und zu günstigen Konditionen den Hochschulen zu überlassen. Auf
diese Weise hat sich rasch ein großer Benutzerkreis gebildet, in dem viel von der
Software entstand, die mit zum heutigen Erfolg von UNIX beiträgt.

3   UNIX-Systeme auf dem Markt

Heute werden rund 150 Versionen und Portierungen von UNIX angeboten. Bild 1
zeigt die Hauptlinien im Stammbaum der UNIX-Familie. Bei den angebotenen
UNIX-Systemen sind drei Kategorien zu unterscheiden:

- **UNIX-Versionen**
  sind Original-Implementierungen der AT&T. Heute im Einsatz sind Version
  7, System III und System V. Für die Benutzung ist eine Lizenz der AT&T
  erforderlich. Nur diese Originalversionen der AT&T dürfen den Namen
  UNIX tragen.

- **UNIX-Portierungen**
  sind Anpassungen des Systems an eine neue Hardware unter Beibehaltung
  von Systemschnittstellen und Funktionsumfang. Eine Portierung ist mit
  Änderungen im C-Codegenerator und am Kernel (Speicherverwaltung und
  Gerätetreiber) verbunden. Der Anbieter muß eine Source- (Quell-)Lizenz der
  AT&T besitzen sowie ein Customer Provision Agreement (das Recht, UNIX-
  Software weiterzugeben), der Erwerber eine Binär- bzw. Source-Lizenz.

- **UNIX-Look-alikes**
  sind Neuimplementierungen von UNIX, die UNIX-Funktionen und -System-
  schnittstelle bieten, aber nicht an eine AT&T-Lizenz gebunden sind und
  deshalb ggf. billiger angeboten werden können. Da hier die Entwicklung von
  der UNIX-Linie entkoppelt ist, muß der Erwerber genau prüfen, ob der Anbieter aus eigener Kraft die Weiterentwicklung parallel zu UNIX gewährleisten kann. Die Kompatibilität zu Original-UNIX-Systemen ist meist nicht
  feststellbar, ohne die Implementierung sehr genau zu untersuchen.

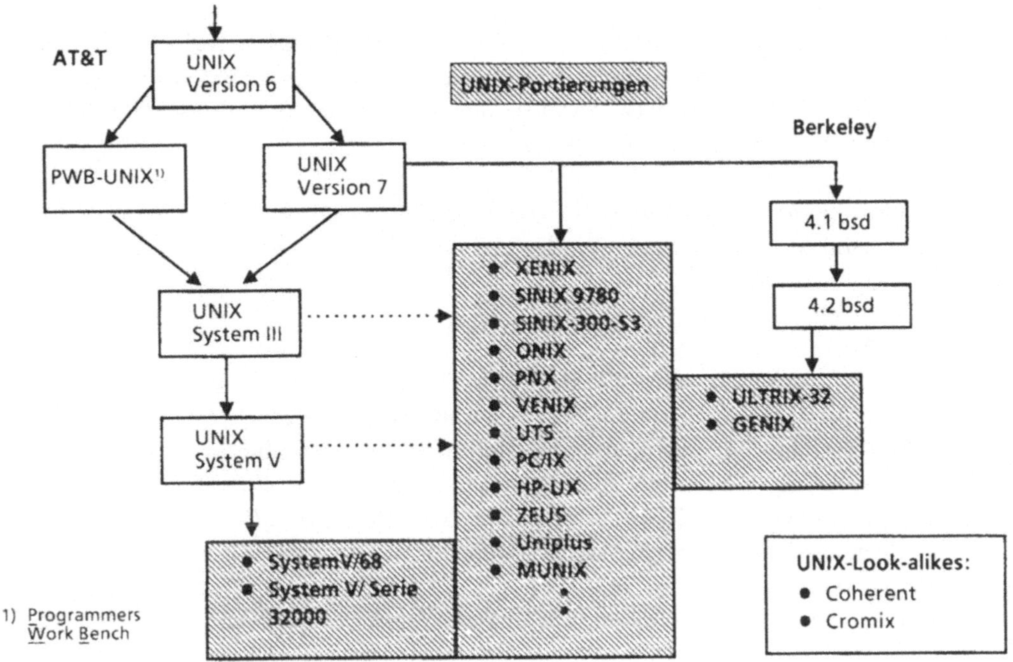

Bild 1:   UNIX-Systeme am Markt

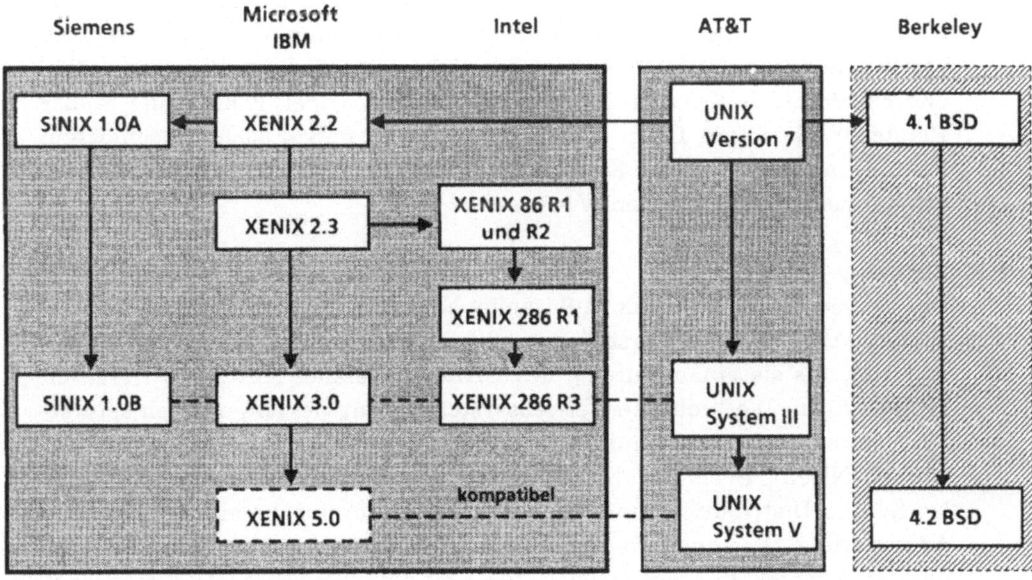

Bild 2:   Hauptlinien der UNIX-Entwicklung

Weder eine UNIX-Portierung (mit Ausnahme der von AT&T validierten System
V-Portierungen, z.B. UNIX System V/68) noch ein Look-alike dürfen den Namen
UNIX tragen. Daher läßt sich anhand der Namen nicht unterscheiden, mit
welchem der beiden man es zu tun hat.

In der Vielzahl der angebotenen UNIX-Systeme lassen sich drei Hauptlinien
erkennen (Bild 2), die die Basis für die meisten der modernen UNIX-Versionen
sind:

- **AT&T-Linie**

  Version 7 und System III sind die Basis für die meisten der heute
  angebotenen UNIX-Systeme. Mit dem 1983 eingeführten System V geht die
  AT&T erstmals auf den kommerziellen Markt ein und bietet Anwendungsunterstützung in Form von Wartung und Schulung an. Flankierend mit der
  Einführung wurden Kooperationen mit den führenden Mikrocomputer-Her-
  stellern geschlossen mit dem Ziel, System V auf Standard-Mikroprozessoren
  zu portieren. Außerdem gründete die AT&T zusammen mit Olivetti die
  UNIX Europe Ltd. in London, um System V am europäischen Markt zu vertreiben.

- **Microsoft-Linie**

  Die Software-Firma Microsoft hat auf Basis der UNIX Version 7 das System
  XENIX entwickelt, das durch eine Reihe von Funktionen speziell auf den
  kommerziellen Einsatz abgestimmt ist (*file/record-locking*, *semaphore*,
  Robustheit und Effizienz des *kernel*). Es ist heute das am stärksten
  verbreitete System auf dem Gebiet der Mikrorechner (vor allem Intel 8086
  und 80286). XENIX 3.0 ist mit System III kompatibel. Eine Reihe großer
  Hersteller, darunter IBM, Intel und Siemens haben sich entschlossen,
  Produkte auf der Basis von XENIX anzubieten. XENIX 5.0 wird sourcecode-
  kompatibel mit UNIX System V sein.

- **Berkeley-Linie**

  Die University of California at Berkeley hatte sich seit langem mit der Portierung von UNIX auf verschiedene 32 bit-Rechner der Serie PDP-11 beschäftigt. Als sie einen Auftrag des DARPA (Defence Advanced Research
  Projects Agency) erhielt, ein Betriebssystem zu entwickeln, das den speziellen Anforderungen im technisch-wissenschaftlichen Bereich genügen sollte,
  wurde UNIX als Basis gewählt. Es entstanden die Versionen 4.1 bsd (Berkeley System Distribution) und 4.2 bsd, deren Hauptmerkmale die virtuelle
  Adressierung (*demand paging*), verbesserte Interprozeß-Kommunikation
  und ein schnelles File-System sind. Sie sind dadurch besonders für Anwendungen mit großen Bedarf an Speicher- und Rechenkapazität geeignet (CAD
  und Artificial Intelligence). Die aktuelle Version 4.2 bsd wird auch von DEC
  (ULTRIX-32) und SUN Microsystems weiterentwickelt und vertrieben.

4 Das UNIX-Konzept

Das Konzept von UNIX wurde entscheidend durch die Erfahrungen im vorangegangenen Großprojekt **Multics** geprägt. Seine Entwickler hatten die Schwächen dieses komplexen Universal-Betriebssystems kennengelernt, und wesentliche Konzepte von UNIX stellen eine deutliche Abkehr von den dabei verwendeten Prinzipien dar. Die Funktionen von UNIX sind bewußt einfach und überschaubar gehalten. Sie sind überschneidungsfrei und so angelegt, daß sie vom Benutzer selbst zu größeren Systemen für die Lösung komplexer Aufgaben zusammengestellt werden können. Man charakterisiert daher UNIX gelegentlich mit dem Begriff einer "neuen Einfachheit", womit die Beschränkung auf klar definierte, wichtige Grundfunktionen gemeint ist, aus denen sich flexible Anwendungslösungen aufbauen lassen. Dieses klare Konzept findet man durchgehend in UNIX, angefangen von der System-Schnittstelle bis zur einheitlichen Gestaltung der Schnittstellen zu den Dateien und der Ein-/Ausgabe auf Peripheriegeräte bis zu den Utilities, die über die *shell* aufrufbar sind.

4.1 Grundphilosophie und zentrale Konzepte

Die Grundphilosophie von UNIX besteht also darin, daß statt riesenhafter Anwendungspakete oder komplizierter Dienstprogramme einfache Werkzeuge angeboten werden, von denen jedes nur **eine** Aufgabe durchzuführen hat. Diese Werkzeuge können bausteinartig zu komplexen Programmen zusammengefügt werden. Es ist daher im allgemeinen möglich, spezielle, auf eine bestimmte Aufgabe ausgerichtete Funktionen schnell bereitzustellen, indem man vorhandene Komponenten kombiniert und eventuell fehlende Funktionen selbst implementiert. Der Aufwand ist im Vergleich zu einer Neuimplementierung gering, und es ist möglich, sehr rasch Prototypen zu erstellen.

Diese Vorgehensweise wird u.a. dadurch möglich, daß der Output vieler UNIX-Programme wieder als Input anderer Programme verwendet werden kann. Wesentlich sind dabei auch zwei weitere Eigenschaften von UNIX: die einheitliche Schnittstelle zu Dateien und Peripheriegeräten, die von Programmen keine Unterscheidung für die Art des Ein- oder Ausgabemediums verlangt und der Verzicht auf Routinemeldungen, die die weitere Bearbeitung durch Programme behindern würden (das Prinzip des "Silent Programming").

Das UNIX-Konzept begünstigt die Wiederverwendung von Programmen. Anstatt komplizierte Programme für einen bestimmten Einsatzfall zu schreiben, durchsuchen die Programmierer das Programmverzeichnis nach kleinen Routinen, die Teile der Aufgabe lösen. Durch Zusammenfügen dieser Programme und das Dazufügen eigener Routinen werden Programmentwicklungszeit und Speicherbedarf erheblich reduziert.

4.1.1 Filter und Pipes

Grundelemente für diesen Programmierstil sind die *filter* und *pipes*. (Bild 3)

Die meisten UNIX-Programme besitzen drei Standard-Ein- und Ausgänge, die normalerweise mit dem Terminal des Benutzers verbunden sind: *standard input, standard output* und *standard error*. Als *filter* wird jedes Programm bezeichnet, das von *standard input* liest, die Eingabe verarbeitet und das Ergebnis in *standard output* ausgibt.

Eine *pipe* ist ein Mechanismus, der den Ausgang eines Programms mit dem Eingang der nachfolgenden verbindet. Unter *pipeline* versteht man die Verknüpfung mehrerer *filter* zu einer Programmkette. Der Benutzer kann auf diese Weise beliebig viele *filter* zusammenfügen. Durch diesen Mechanismus können leistungsfähige Routinen für die Lösung kleinerer bis mittlerer Aufgaben sehr kurz formuliert werden.

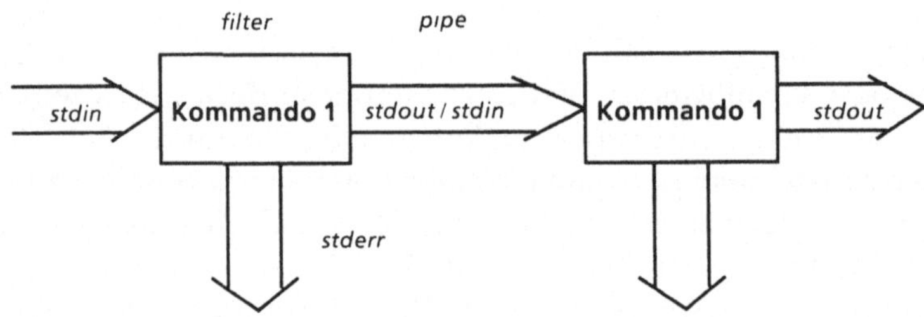

Programme und Prozeduren sollten als Filter geschrieben werden.
Durch Pipes wird vermieden, unnötige Dateien anzulegen.

Bild 3:   Filter und Pipes

4.1.2 Das File-System

Informationen werden in UNIX in *files* (Dateien) gespeichert. UNIX besitzt ein hierarchisch gegliedertes, geräteunabhängiges Dateisystem, das durch seine einheitliche Schnittstelle sehr leicht zu bedienen ist. Für den Benutzer besteht kein Unterschied, ob Dateien oder Peripheriegeräte angesprochen werden. Der Vorteil besteht darin, daß man die gleiche Art von Information auf dem Bildschirm zeigen, auf den Plattenspeicher schreiben oder auf dem Drucker ausgeben kann. Die Struktur der Ausgabeinformation ist geräteunabhängig.

Vom Benutzer aus gesehen ist eine Datei eine Folge von Bytes in linearer Anordnung. UNIX kennt drei Arten von Dateien:

- einfache *files*
  für jede Art von Information, die der Benutzer speichern möchte (Texte, Programmquellen, übersetzte, ausführbare Programme). Für die Interpretation des Inhaltes sind die Programme zuständig.

- *directories* (Inhaltsverzeichnisse)
  Sie stellen die Verbindung zwischen Filenamen und den *files* selbst dar.
  Bild 4 zeigt die baumartige Struktur der *files* und *directories*. An oberster Stelle der Hierarchie steht das root directory. Darunter folgen weitere *directories* bzw. andere *files*.

- *special files*
  mit diesen *files* werden Peripheriegeräte wie Drucker oder Terminals angesprochen.

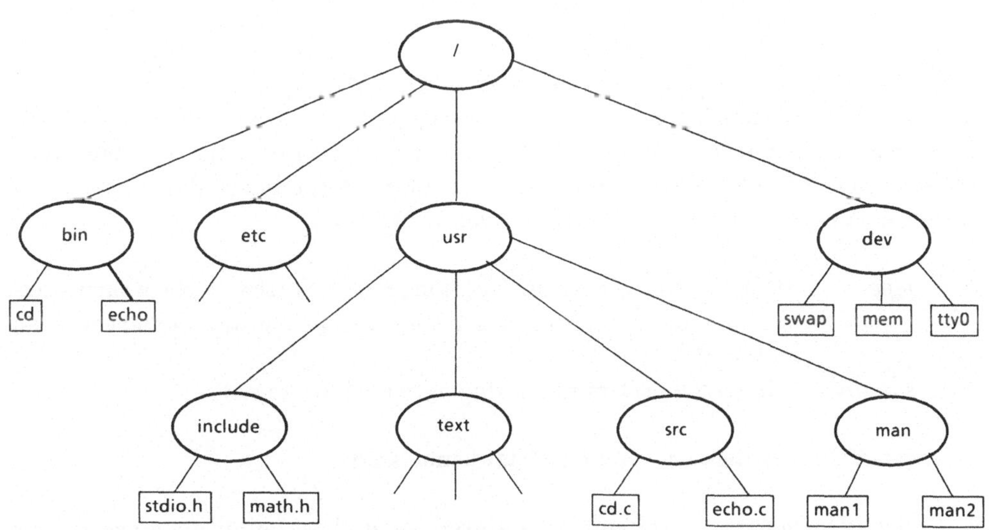

Bild 4:   Das UNIX-Filesystem

4.1.3 Das Prozeß-Konzept

Eine weitere Stärke von UNIX ist die Möglichkeit, Aufgaben auf quasi parallel ablaufende Prozesse zu verteilen. Ein Prozeß ist vereinfacht gesagt ein aktives Programm, das mit anderen Prozessen um die Nutzung der Betriebsmittel konkurriert[1]. Prozesse können vom Benutzer über die *shell* bzw. von Programmen aus gestartet, synchronisiert und beendet werden. Vorteile des Prozeß-Mechanismus sind,

- daß Aufgaben in autonome Teilkomplexe zerlegt werden, die jeweils nur einen Teil der Resourcen benötigen

- daß zeitraubende Vorgänge als asynchrone Prozesse in den Hintergrund (z.B. auch als Stapelverarbeitung) verlagert werden können, und der Benutzer im Vordergrund währenddessen neue Aktivitäten durchführen kann.

Beim Anschalten an das System (*login*-Kommando) wird der erste Prozeß für den Benutzer gestartet, der für die ganze Dauer der Sitzung aktiv ist. Dieser *shell*-Prozeß initialisiert für jedes Kommando weitere Prozesse, auf deren Beendigung die *shell* wartet (synchrone Prozesse) oder die parallel im Hintergrund ablaufen (asynchrone Prozesse).

Ein sinnvolles Arbeiten mit Prozessen erfordert die Möglichkeit, sie zu synchronisieren und Informationen zwischen ihnen auszutauschen. Diese Prozeß-Synchronisation und Interprozeß-Kommunikation sind für viele Anwendungen ein so zentraler Punkt, daß die Hersteller besonderes Augenmerk darauf gerichtet haben, die ursprünglichen Mechanismen von UNIX wie z.B.:

- *pipes*   (Übermittlung von Informationen nur zwischen Nachbarprozessen, die explizit über einen Puffer übergeben und kopiert werden müssen)
- *signals*   (sie zeigen bestimmte, festgelegte Ereignisse an)

zu erweitern und verbessern. Neue Mechanismen sind:

- *shared memory*   (allgemeiner einsetzbar und schneller als *pipes*, da der Kopiervorgang entfällt)
- *messages*   (Austausch von Nachrichten, die nach Typen klassifizierbar sind)
- *semaphore*   (für eine flexiblere Prozeßsynchronisation)

---

[1] Genauer gesagt ist es die Durchführung eines im Arbeitsspeicher befindlichen Programms einschließlich aller Informationen über seine Arbeitsumgebung

4.2 Die Hauptkomponenten von UNIX

UNIX besteht aus zwei Hauptteilen, dem *kernel* und der *shell* mit den Dienstprogrammen (siehe Bild 5). Von den vielen in UNIX enthaltenen Komponenten sollen in den folgenden Abschnitten nur einige der wichtigsten behandelt werden.

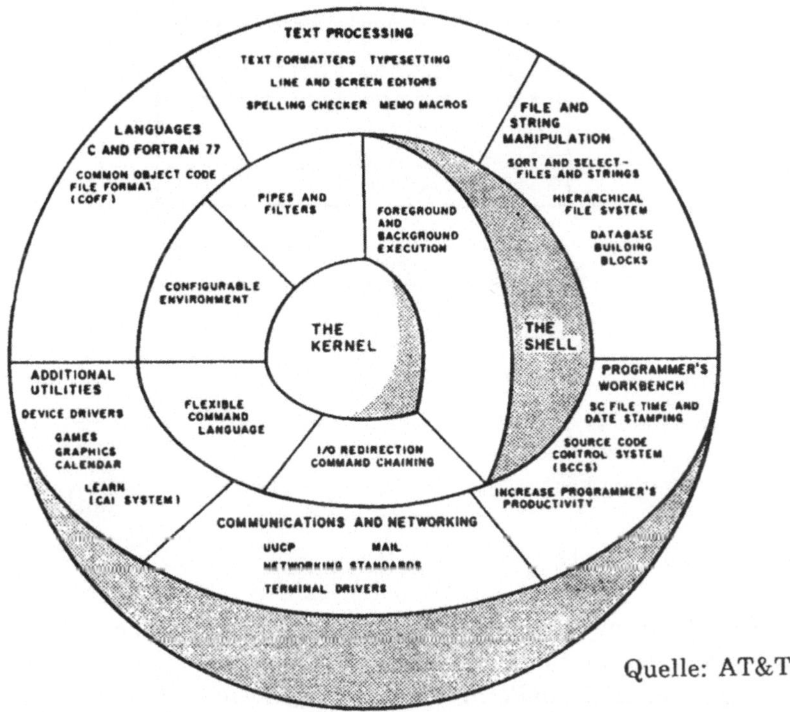

Quelle: AT&T

Bild 5:   Die Schichten von UNIX

4.2.1   Der Kernel

Der *kernel*, der Kern von UNIX besteht aus etwa 10.000 Programmzeilen in der Sprache C und rund 1000 Zeilen in Maschinencode der jeweiligen Maschine (Version 7). Er stellt insgesamt etwa 10% der gesamten UNIX-Software dar. Der *kernel* realisiert vor allem die Schnittstellen zur Peripherie, das Dateisystem, sowie die Verwaltung der Prozesse, der Uhr und der Unterbrechungen. Der Benutzer kann die Funktionen von UNIX sowohl über die *shell* als auch durch Systemaufrufe (*system calls*) innerhalb von Programmen aufrufen (Bild 6).

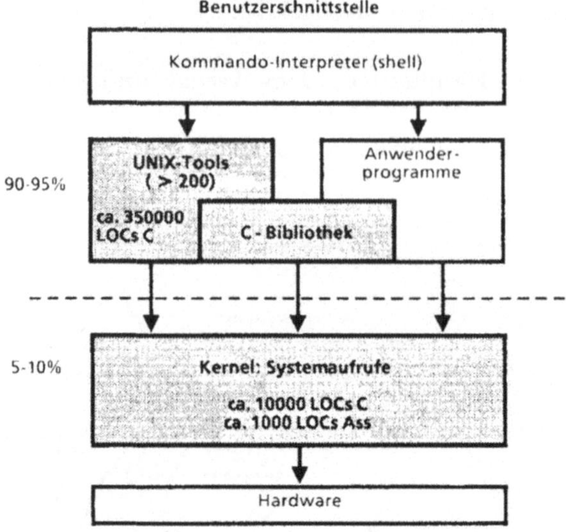

Bild 6:   Systemstruktur von UNIX

4.2.2   Die Shell

Die *shell*, der Kommandointerpreter von UNIX, liegt wie eine Schale um das Betriebssystem herum, führt den Dialog mit dem Benutzer und erschließt ihm die
Leistungen von UNIX in Form einer mächtigen Anweisungssprache.

Die *shell* hat sowohl Eigenschaften einer höheren Programmiersprache (Variable,
Subroutines, Kontrollstrukturen), als auch eines Kommandointerpreters, bei dem
die eingegebenen Anweisungen des Benutzers unmittelbar interpretiert und
verarbeitet werden. Eine wichtige Funktion der shell ist z.B. die Unterstützung
des *pipe*-Mechanismus.

Mit UNIX werden im wesentlichen zwei *shells* angeboten:

- die **Bourne-Shell**. Sie ist die am weitesten verbreitete *shell*.
- die **C-Shell**. Sie wurde in Berkeley entwickelt und bietet zusätzlich zur
  Bourne-Shell folgende Funktionen, die den Dialog komfortabler gestalten:

- die Syntax wurde noch stärker an C angelehnt
- *alias*-Mechanismus für Festlegungen eigener Namen für Kommandos und Kommandofolgen während einer Sitzung
- *command history list*, in der alle Kommandos einer Sitzung protokolliert werden, mit der Möglichkeit, Teile davon (auch modifiziert) erneut aufzurufen
- erweiterte Kontrollmöglichkeiten für Vorder- und Hintergrundprozesse

Obwohl eine der Hauptabsichten der *shell* ist, Programmierarbeiten zu reduzieren, verleiten ihre Eigenschaften dazu, komplizierte Programme als *shell*-Prozeduren zu schreiben anstatt in der Sprache C. *shell*-Programmierung ist jedoch eher geeignet für kurze Programme zur Lösung von Tagesproblemen. Komplexere Programme werden leicht unübersichtlich und uneffektiv und sollten besser in C geschrieben werden.

Die *shell* ist ein sehr leistungsfähiges Instrument des Rapid Prototyping. Durch die Mächtigkeit und Vielseitigkeit ihrer Befehle (while- und for-Schleifen, if-then-else, case) sowie durch die Möglichkeit, mit *pipes* und *filters* bausteinartig komplizierte Abläufe zu realisieren, ermöglicht sie es sehr rasch, Prototypen zu erstellen und deren Systemverhalten zu untersuchen.

Die *shell* ist ein normales Anwenderprogramm von UNIX und kann daher leicht modifiziert bzw. durch eine eigene Benutzeroberfläche ersetzt werden. Solche Veränderungen haben allerdings Einfluß auf die Portabilität von Anwendungen.

4.2.3 Die Sprache C

Obwohl unter UNIX alle gängigen Programmiersprachen wie Assembler, COBOL, FORTRAN und Pascal verfügbar sind, ist C innerhalb der UNIX-Welt die meist verwendete Programmiersprache. Nachdem rund 90% eines UNIX-Systems in C geschrieben sind, ist die Sprache sozusagen integraler Bestandteil von UNIX. Mit jeder UNIX-Portierung wird ein C-Compiler ausgeliefert, der bereits bei der Portierung seine Qualität beweisen mußte.

Die Sprache C kann als höhere, universelle Programmiersprache bezeichnet werden mit vielen wesentlichen Funktionen, die von ALGOL oder Pascal her bekannt sind. Darüber hinaus bietet sie Zugriffsmöglichkeiten auf die Hardware-Ebene. Sie setzt daher beim Programmierer Erfahrung und Diziplin voraus, denn sie erlaubt ihm Konstruktionen, die in modernen Programmiersprachen wie Pascal, CHILL oder Ada aus gutem Grund verboten sind. Es existiert auch keine vollständige Beschreibung von C, und die Implementierung nicht definierter Sprachelemente durch die Compiler kann unterschiedlich sein. Die meisten Compiler leiten sich allerdings von der gleichen Ur-Version ab, so daß in der Praxis aus dieser Tatsache kaum Portierungsprobleme entstehen. Als Quasi-Standard kann die Sprachbeschreibung der englischen Ausgabe von Kernighan/Ritchie [Kern83] angesehen werden. An einem internationalen C-Standard wird derzeit gearbeitet.

Insgesamt gesehen bildet C jedoch zusammen mit den Basisfunktionen der UNIX-Bibliotheken eine äußerst leistungsfähige Einheit. C ist daher auf dem Wege, die meistverwendete System-Implementierungssprache zu werden.

Da die Sprache C eine sehr kompakte Programmierung erlaubt, ist guter Programmierstil unbedingt erforderlich, um die Lesbarkeit und auch die Portierbarkeit der Programme zu gewährleisten. Insbesondere Projektleiter müssen Vorkehrungen treffen, damit die Software-Qualität, die inzwischen durch moderne Programmiersprachen erreicht wurde, durch falschen Gebrauch von C nicht wieder unterlaufen wird. Um die Entwickler bei der Erstellung portabler Programme zu unterstützen, wird mit UNIX das Werkzeug *lint* angeboten, das C-Quell-Programme auf maschinenabhängigen Code, die konsistente Verwendung von Variablen und Funktionen, sowie verdächtige Stellen, die vermutlich Fehler enthalten, untersucht. *lint* ist ein wirksames Mittel, um einen vernünftigen Programmierstil zu gewährleisten und kann zur Qualitätsüberwachung von Programmen eingesetzt werden.

4.2.4   Tools zur Programmentwicklung und Wartung

Zur Unterstützung großer Software-Projekte gibt es in UNIX zwei mächtige Werkzeuge:

- *sccs*   (Source Code Control System)
  sccs unterstützt die Versionsverwaltung von Source-Programmen aber auch von beliebigen Texten. Ausgehend von einer Grundversion werden bei jeder folgenden Version nur die Differenzen (Delta-Technik) abgespeichert. Das bringt bei der Verwaltung großer Programmsysteme, bei der naturgemäß viele Versionen anfallen, erhebliche Speichervorteile und eine vereinfachte Organisation. Aus den Differenzdaten können jederzeit frühere Versionen rekonstruiert werden.

- *make*
  Bei der Entwicklung von Programmsystemen sind bei der Änderung von Teilkomponenten jeweils ganz bestimmte Schritte in einer bestimmten Reihenfolge erforderlich, um wieder ein funktionierendes Gesamtsystem zu erhalten. In größeren Projekten, an denen viele Entwickler beteiligt sind, ist es für den Einzelnen kaum noch möglich, hier den Überblick zu behalten und

den Vorgang korrekt durchzuführen. Das Kommando *make* führt solche Generierungen automatisch durch, wobei es die in einer Datei (*makefile)* hinterlegten Verknüpfungen und Abhängigkeiten des Programmsystems benutzt. *make* kann neben der Software-Entwicklung auch für administrative Aufgaben eingesetzt werden.

4.2.5   Tools zur Textverarbeitung

Für die Formatierung von Dokumenten (Texte, Tabellen und Formeln) bietet UNIX die Pakete *nroff* (für Matrixdrucker) und *troff* (für Fotosatzgeräte) an. Im Gegensatz zu modernen Textsystemen muß man die Formatieranweisung in Form von Steuerzeichen in den Text einbringen. Da die Wirkung nicht unmittelbar auf dem Bildschirm angezeigt wird, setzen sie ein großes Abstraktionsvermögen des Benutzers voraus. Sie bieten zwar durch ihre Makrosprache alle Möglichkeiten, um z.B. die bei der Software-Entwicklung anfallenden komplexen Dokumentationsaufgaben zu bewältigen. Sie verlangen aber - verglichen mit modernen Textsystemen - eine relativ lange Einarbeitungszeit und sind in einem durchschnittlichen Büro kaum einzusetzen.

4.2.6   Kommunikations-Software

UNIX unterstützt durch eine Reihe von Programmen die Kommunikation zwischen den Benutzern von UNIX-Systemen:
* *write*   (lokal)
  ermöglicht die direkte Kommunikation zwischen zwei Terminals
* *mail*   (lokal und remote)
  ist ein elektronischer Postdienst zur Übermittlung von Nachrichten an Benutzer im gleichen oder einem anderen UNIX-System. Da die Informationen einer Datei hinterlegt werden, müssen die Empfänger während der Übermittlung nicht an das Netz angeschlossen sein.
* *uucp*   (unix-to-unix copy program) (lokal und remote)
  ist ein Netzwerk-Vermittlungsprogramm, das es gestattet, Daten zwischen UNIX-Rechnern über Telefonleitungen bzw. Terminalleitungen auszutauschen. Es ist u.a. die Basis für *mail* und das internationale UNIX-Netz USENET.

5 Wertung von UNIX

Trotz der eindrucksvollen Erfolge von UNIX wird die Diskussion über seine Vor-
und Nachteile immer noch sehr kontrovers geführt. Zwei Gegenpole dieser Diskussion bilden die folgenden Aussagen:

- 'Es ist durchaus nicht übertrieben, wenn die UNIX Kommandosprache als
  die vollkommenste und mächtigste existierende Betriebssystem-Schnittstel-
  le bezeichnet wird' [Ludw83]

- "UNIX ist eine Katastrophe für den Gelegenheitsbenutzer. Es verletzt sowohl die wissenschaftlichen Prinzipien des Human Engineering als auch die
  Regeln des gesunden Menschenverstandes" (Donald A. Norman) [Norm81].

Die beiden Zitate machen deutlich, daß die Bewertung von UNIX sehr stark vom
Einsatzgebiet und von der Erfahrung der Benutzer abhängen wird. Ein erfahrener
Software-Entwickler wird ganz andere Anforderungen an das System stellen als
ein Gelegenheitsbenutzer, der kaufmännische Anwendungen damit durchführen
will. Ein Rechnerhersteller, der ein Betriebssystem als Basis für seine Anwendungslösungen sucht, wird sich schließlich kaum für die Benutzeroberfläche inte-
ressieren, weil er ohnehin seine eigene Software-Schicht darüberlegt. Für ihn stehen eher Fragen der Portabilität und des Zugriffs auf ein großes Potential von Anwendersoftware im Vordergrund.

Man sollte sich also bei der Bewertung darüber klar werden, ob man UNIX einsetzen will:

- als Arbeitsinstrument
  - als professioneller Benutzer, z.B. zur Software-Entwicklung
  - als Gelegenheitsbenutzer, z.B. im Bürobereich
    (gemeint ist hier die Benutzung von UNIX selbst, nicht von Anwendungen
    unter UNIX)
- als Basis für Anwendersysteme
  mit der Möglichkeit, auf ein breites Spektrum von Software zugreifen zu
  können
- als Basis für die Portierung von Software,
  wodurch der spätere Übergang auf andere Rechner erleichtert wird.

Je nachdem, welcher Gesichtspunkt überwiegt, wird die Wertung sehr unterschiedlich ausfallen.

Im folgenden sollen nur die Eigenschaften von **UNIX in seiner ursprünglichen
Form** betrachtet werden, d.h. **ohne die Erweiterungen,** die von vielen Anbietern
zur Erleichterung bestimmter Anwendungen mitgeliefert werden (Menüs, Win-

dow-Systeme etc.). Kaum eines der für den kommerziellen Einsatz relevanten UNIX-Systeme wird ohne solche Ergänzungen angeboten. (Siehe dazu auch Kapitel 4, Benutzeroberfläche im Beitrag "UNIX auf Arbeitsplatzrechnern" von H. Strack-Zimmermann).

5.1 UNIX als Arbeitsinstrument

Hier kommt die Benutzeroberfläche von UNIX voll zum Tragen. Gearbeitet wird auf der Ebene der Kommandosprache der *shell* und der Programmiersprache C unter Verwendung der von UNIX angebotenen Tools und Utilities sowie auf der Basis des UNIX-Filesystems.

Dies ist eine Arbeitsumgebung, die dem **professionellen Benutzer** sehr entgegenkommt, und man kann sicher behaupten, daß es kein Betriebssystem gibt, das es an Mächtigkeit und Flexibilität mit UNIX auf diesem Gebiet aufnehmen kann. Software-Profis schätzen die stark formalisierte Ausdrucksweise, die dem Geübten ein sehr effizientes Arbeiten ermöglicht. Wer ständig mit dem System arbeitet, ist mit den Kommandos so vertraut, daß die kompakte Eingabeweise von UNIX für ihn einen Zeitgewinn bedeutet, und er kennt die Abläufe im System so gut, daß der Wegfall von Routinemeldungen ('Silent Programming') als Vorteil empfunden wird. Er hat auch soviel Überblick über die Funktionen, die in der Bibliothek[1] enthalten sind, daß er sich rasch daraus Anwendungslösungen zusammenstellen kann. Er nutzt die Möglichkeit, über das internationale UNIX-Netz auf ein großes Potential von Fachleuten, Problemlösungen und Software zugreifen zu können.

Der **Gelegenheitsbenutzer** (z.B. im Bürobereich) wird dagegen kaum mit dem System vertraut werden. Er muß sich mit einer Vielzahl wenig aussagefähiger Kommandonamen und -parametern herumschlagen und bekommt dafür praktisch keine Hilfe vom System (z.B. in Form eines Menüs). Er wird auch irritiert sein über das Fehlen von Meldungen der Programme und deshalb oft über den Status des Systems im unklaren sein. Insbesondere gibt es keine Rückfragen bei gefährlichen Kommandos. Auch mit der UNIX-Bibliothek[1] wird man als Gelegenheitsbenutzer kaum vertraut werden. Alles in allem wird die Original-UNIX-Oberfläche für einen Gelegenheitsbenutzer kaum dem Vergleich mit modernen, menüorientierten Arbeitsplatzsystemen standhalten können.

---

1)   unter Bibliothek wird hier die Software-Bibliothek im allgemeinen Sinn verstanden (nicht eingeschränkt auf die C-Bibliothek, wie in UNIX üblich)

5.2 UNIX als Basis für Anwendersysteme

Als Basis für Anwendersysteme ist UNIX heute sicher aus einer Reihe von
Gründen konkurrenzlos:

- es ist ein preiswertes, leistungsfähiges System für kleine bis mittlere Rechner. Die Lizenzgebühren sind deutlich geringer als man für ein gleichwerti-
  ges System oder gar für eine Eigenentwicklung ansetzen müßte. Dieses Argument bekommt zunehmend Gewicht durch die Tatsache, daß die Rechner-
  Hardware laufend billiger wird, und damit die Kosten für die Eigenentwicklung eines Betriebssystems (oder auch nur für die Anpassung der Anwender-
  Software bei einem Rechnerwechsel) kaum mehr in einem angemessenen
  Verhältnis zum Wert des Gesamtsystems stehen

- es erschließt dem Anwender ein großes Potential an Software und Systemlösungen

- es ist rechnerunabhängig und für fast alle gängigen Rechner verfügbar

- die meist teure Anwender-Software übersteht auch einen Rechnerwechsel

- die Entwicklung eigener Anwendungslösungen wird durch UNIX stark unterstützt

Während diese wirtschaftlichen Argumente kaum in Zweifel gezogen werden, ist
die Diskussion über die technische Eignung von UNIX für bestimmte Anwendungsgebiete noch keineswegs abgeschlossen. Hier gibt es sehr kritische Meinungen, die man bei einer Entscheidung bezüglich UNIX unbedingt berücksichtigen
sollte. Healey formuliert sehr knapp und drastisch, wo der Kern des Problems
liegt:

"Es sollte nicht überraschen, daß ein Betriebssystem, das für eine Multiuser-
Software-Entwicklung entstanden ist, für die kommerzielle Datenverarbeitung
nicht geeignet ist. Das eigentlich Verwunderliche ist, daß die meisten naiv genug
waren, das anzunehmen." [Heal84]

Niemand kann erwarten, daß ein Betriebssystem, das für Zwecke der Software-
Entwicklung konzipiert wurde, automatisch alle Anforderungen auch in anderen
Anwendungsgebieten erfüllt. Die ersten Anwendungen früherer UNIX-Versionen
im kommerziellen Bereich waren im Ergebnis enttäuschend. UNIX wird zwar
ständig weiterentwickelt und berücksichtigt immer mehr Anforderungen aus Anwendungsgebieten. Trotzdem wird niemand vernünftigerweise erwarten, daß
UNIX auch in Zukunft die Lösung für alle Software-Probleme darstellt.

Im ursprünglichen Konzept von UNIX wurde auf eine Reihe von Funktionen verzichtet, die für das damalige Entwicklungsziel nicht relevant waren, deren Fehlen aber in bestimmten Einsatzbereichen zu Problemen führen kann. An der Beseitigung dieser Schwachstellen wird gearbeitet, und in vielen Portierungen sind manche von ihnen bereits beseitigt. Bei der Entscheidung für ein bestimmtes UNIX-System sollte man daher genau prüfen, welche der folgenden Problembereiche des ursprünglichen UNIX-Konzeptes noch offen sind:

- Weder *file-* noch *record level-locking.*
  (bei der Software-Entwicklung nicht unbedingt nötig, z.B. im kommerziellen Bereich aber unverzichtbar)

- Langsamer Zugriff auf sehr große Dateien.
  Der Adreßmechanismus von Dateien ist für kleine Dateien sehr effizient, aber nicht für große Dateien, wie sie in der kommerziellen Datenverarbeitung vorkommen. Bei großen Dateien verursacht die Zahl der 'Indirektionen' (Zugriff über Indexblöcke, der nur ab einer bestimmten Datengröße wirksam wird) einen Overhead von u.U. 4-5 Plattenzugriffen pro Zugriff auf einen Datensatz, was in der Praxis nicht mehr tolerierbar ist. Demonstrationen von Anwendersystemen können deshalb sehr irreführend sein, wenn sie nur mit kleinen Dateien arbeiten

- Realzeitanwendungen werden nicht unterstützt.
  (für eine ganze Reihe von Anwendungen ein entscheidendes Handicap)

- Obwohl der Schutz 'gutwilliger' Benutzer untereinander und die Betriebssicherheit gewährleistet sind, können nicht kooperative Benutzer durch Ausschöpfen der Betriebsmittel (z.B. Plattenspeicher) das System blockieren. Für kommerzielle Anwendungen mit hohen Sicherheitsanforderungen reichen die Mechanismen von UNIX im allgemeinen nicht aus

- fehlende Unterstützung von Windows und Bitmap-Grafik

Diese Liste von UNIX-Schwächen ist nicht vollständig, und einige der genannten Probleme sind bei manchen UNIX-Versionen beseitigt. Bei einem sich ständig weiterentwickelnden System kann so eine Mängelliste auch nur eine Momentaufnahme darstellen. Alle UNIX-Hersteller sind bemüht, solche Schwachstellen auszuräumen und gute Funktionen der Konkurrenzsysteme auch in ihren Systemen zu implementieren. Man muß sich allerdings darüber im klaren sein, daß bei Nachrüstung aller Funktionen einige der guten Eigenschaften von UNIX verloren gehen können. Letztlich wird keinen UNIX-Anwender die Entscheidung zwischen einem effizienten, aber unvollständigen System und einem hochgerüsteten, aber schwerfälligen Universalbetriebssystem erspart werden.

Die eigentliche Kunst des Entscheidungsprozesses liegt also darin, abzuwägen, welche technischen Einschränkungen man in bestimmten Teilbereichen zugunsten der oben genannten wirtschaftlichen Vorteile noch akzeptieren will. Kaum einer der Hersteller, der UNIX heute anbietet, wird UNIX als ein Betriebssystem bezeichnen, das für alle Anwendungsfälle ideal geeignet ist. Trotzdem stellt UNIX bei Berücksichtigung aller Faktoren in vielen Fällen den günstigsten Kompromiß dar.

5.3 UNIX als Basis für die Portierung von Software

Obwohl UNIX durch sein Konzept die Portierung von Software sehr stark erleichtert, sollte nicht die Illusion entstehen, daß die Übertragung beliebiger Software zwischen den unterschiedlichen UNIX-Versionen und verschiedenen Rechnertypen immer problemlos möglich ist. Nicht alle UNIX-Versionen sind miteinander kompatibel, und man kann Software durchaus so entwickeln, daß sie nicht portabel ist. Die laufenden Standardisierungs-Aktivitäten für die Funktionen von UNIX und die Sprache C werden die Situation jedoch in Zukunft erheblich verbessern.

6 UNIX-Lizenzen

Wer UNIX einsetzen bzw. weiterentwickeln und in eigenen Produkten vertreiben will, braucht dazu eine Lizenz der AT&T. Er erwirbt damit nicht das Eigentum an der Software, sondern nur das Recht, UNIX im Sinne der Vereinbarungen des Lizenzvertrages zu nutzen. Wie bereits erwähnt, sind solche Lizenzen sowohl für UNIX-Versionen der AT&T als auch für UNIX-Portierungen erforderlich, nicht aber für UNIX-Look-alikes. Eine Lizenz gilt jeweils für eine bestimmte CPU; jede weitere Installation erfordert eine weitere Lizenz. Die Lizenzkonditionen der einzelnen Hersteller leiten sich aus den Konditionen der AT&T ab, werden aber bewußt als Marketing-Instrument eingesetzt und sind daher von Firma zu Firma unterschiedlich und zum Teil widersprüchlich. Man muß auch damit rechnen, daß sie mit neuen Releases geändert werden.

Man unterscheidet zwei Arten von **UNIX-Lizenzen**:

- **Binär-Lizenz** (Maschinen-Code)

    Die **Binär-Lizenz** gibt dem Erwerber das Recht, UNIX im Maschinencode auf einem bestimmten Rechner zu betreiben. Die Lizenz für eine Portierung erhält man nicht von der AT&T, sondern man schließt sich an einen Rahmenvertrag (Customer Provision Agreement) an, den der Hersteller der Portierung mit der AT&T abgeschlossen hat. Die Gebühren für solche Lizenzen können bei einigen hundert bis einigen tausend DM liegen.

● **Source-Lizenz** (Quell-Code)

Wer UNIX-Software weiterentwickeln und vertreiben möchte, braucht dazu
in jedem Falle eine **Source-Lizenz** der AT&T. Diese Grundlizenz ist auch
erforderlich, wenn man eine UNIX-Portierung (wie z.B. XENIX von Microsoft) im Source-Code erwerben möchte. Die Source-Lizenz der AT&T kostet $
43.000,- für die erste CPU und $ 16.000,- für jede weitere CPU. Sie ist auch
Voraussetzung für das Customer Provision Agreement, das es gestattet,
UNIX-Software weiterzuvertreiben (Grundpreis: $ 25.000,-). Dieses Agree-
ment enthält u.a. eine Mengenstaffel für die Gebühren, die beim Vertrieb der
Software an die AT&T abzuführen sind.

Um den Absatz von UNIX System V zu forcieren, hat die AT&T Anfang 1984
das Lizenzschema grundlegend neugestaltet. Das neue Schema bringt vor
allem Großanwendern Vorteile, die auf vielen Anlagen mit dem Source-Code
von UNIX entwickeln, und UNIX-Portierungen in größeren Stückzahlen
vertreiben. Dafür werden auf der anderen Seite zunehmend Software-Pakete,
die bisher zum Standardumfang einer UNIX-Version gehörten, getrennt li-
zensiert und berechnet.

7 Marktüberblick und Trends

Zur Zeit werden etwa 150 UNIX-Portierungen angeboten. Diese Zahl demonstriert
einerseits die große Bedeutung, die UNIX inzwischen auf dem Software-Markt
gewonnen hat, auf der anderen Seite bringt sie aber die Gefahr einer Zersplitterung mit sich. Software-Häuser und Anwender gerade in den USA werden
zunehmend verunsichert durch die Zahl der konkurrierenden Systeme, die zwar in
den Basisfunktionen weitgehend kompabitel sind, aber trotzdem durch eine
Vielzahl von Spezialfunktionen den Übergang von einem System auf das andere
erschweren. Die Frage, die viele UNIX-Interessenten beschäftigt ist, ob sich ein
bestimmtes System auf dem Markt durchsetzen wird bzw. ob es den Herstellern
sogar gelingen wird, sich auf einen gemeinsamen Standard zu einigen. Das wäre
sicher die beste Lösung, denn in diesem Falle wäre die Frage nach Siegern oder
Verlierern bedeutungslos. Die Einigung zwischen AT&T und Microsoft bezüglich
System V und XENIX stellt einen ganz wesentlichen Schritt in diese Richtung dar.

Bevor im nächsten Kapitel auf das Thema Standardisierung eingegangen wird,
soll zunächst ein Überblick über die wichtigsten Fakten und Trends der UNIX-
Märkte in USA, Europa und Japan gegeben werden. Bild 7 zeigt, welche Kooperationen zwischen den großen Rechnerherstellern auf dem UNIX-Markt zur Zeit bestehen, Bild 8 die Gesamtzahl der UNIX-Installationen weltweit. Bei diesem Bild
sind allerdings zwei Tatsachen zu berücksichtigen. Die Zahlen stammen aus verschiedenen Quellen, die zum Teil sehr widersprüchliche Angaben liefern. Insbe-

sondere die Prognosen hängen sehr stark von bestimmten Einflußfaktoren ab (unter anderem vom Verhalten der IBM hinsichtlich XENIX). Außerdem ist zu be-

rücksichtigen, daß AT&T im Gegensatz zu ihren Konkurrenten praktisch nur Source-Lizenzen vertreibt. Die Binärlizenen, für die AT&T auch Gebühren erhält, werden bei den Konkurrenten gezählt. Trotzdem wird aus diesem Bild sehr deutlich, daß Microsoft mit XENIX eindeutig Marktführer ist. Die Zahl seiner Installationen liegt etwa um den Faktor 8-10 höher als die jedes Konkurrenzsystems.

Das Geschehen auf dem UNIX-Markt wurde bis vor kurzem fast ausschließlich durch Firmen und Hochschulen in USA bestimmt. Erst in den beiden letzten Jahren haben sich in Europa und Japan nennenswerte Aktivitäten entwickelt, die jetzt allerdings rasch an Bedeutung gewinnen. Nach wie vor wird aber die UNIX-Szene maßgeblich von USA geprägt. Deshalb sollen zuerst die wichtigsten Einflußfaktoren des US-Marktes skizziert werden.

7.1 UNIX in USA

Am 21.1.85 haben AT&T und Microsoft in einer gemeinsamen Presse-Erklärung bekanntgegeben, daß sie auf dem Gebiet von UNIX zusammenarbeiten werden, um künftige Versionen von System V und XENIX kompatibel zu halten. Diese Kooperation stellt einen ganz wesentlichen Schritt in Richtung eines einheitlichen UNIX-Marktes dar. Die Hauptanbieter AT&T, Microsoft, IBM, Intel sowie alle künftigen System V-Anbieter bilden damit einen gemeinsamen Block mit technisch einheitlicher Basis.

- **AT&T**

Der Urheber von UNIX, der Fernmelde-Konzern AT&T, hat jahrelang den Vertrieb von UNIX als fachfremdes Nebengeschäft mehr mit der linken Hand betrieben. Erst im Jahre 1983 hat man offenbar erkannt, welche Möglichkeiten auch im Software-Geschäft stecken und hat sich entschlossen, anläßlich der Einführung von System V mit einer ganzen Reihe von Aktivitäten den UNIX-Markt besser unter Kontrolle zu bekommen. Dazu gehören unter anderem:

- Anwendungsunterstützung (Wartung und Schulung)

- ein neues Lizenz-Schema (mit Freigabe von Release 2), das Großanwender begünstigt

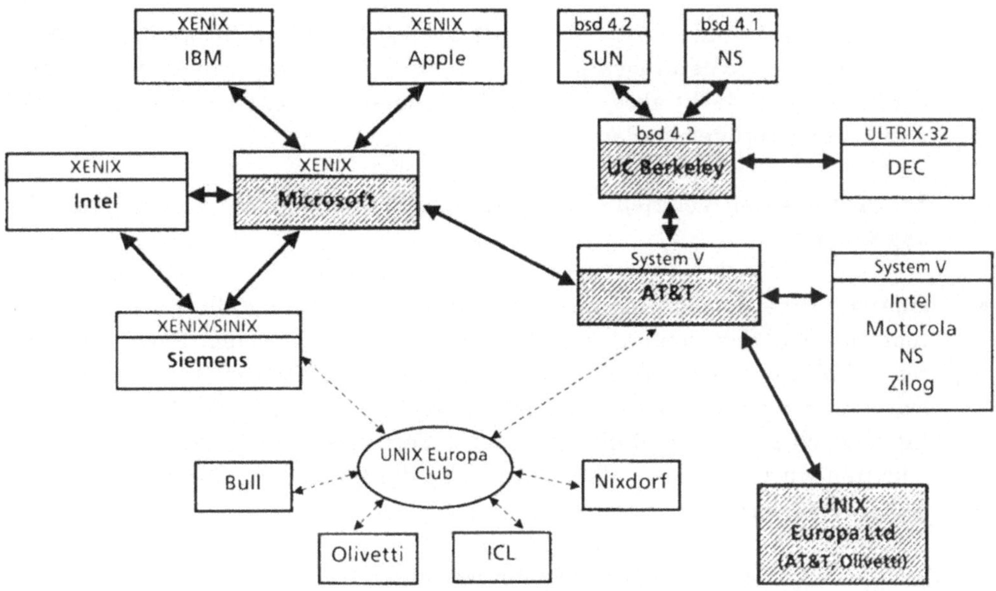

Bild 7:   Zusammenarbeit auf dem UNIX-Markt

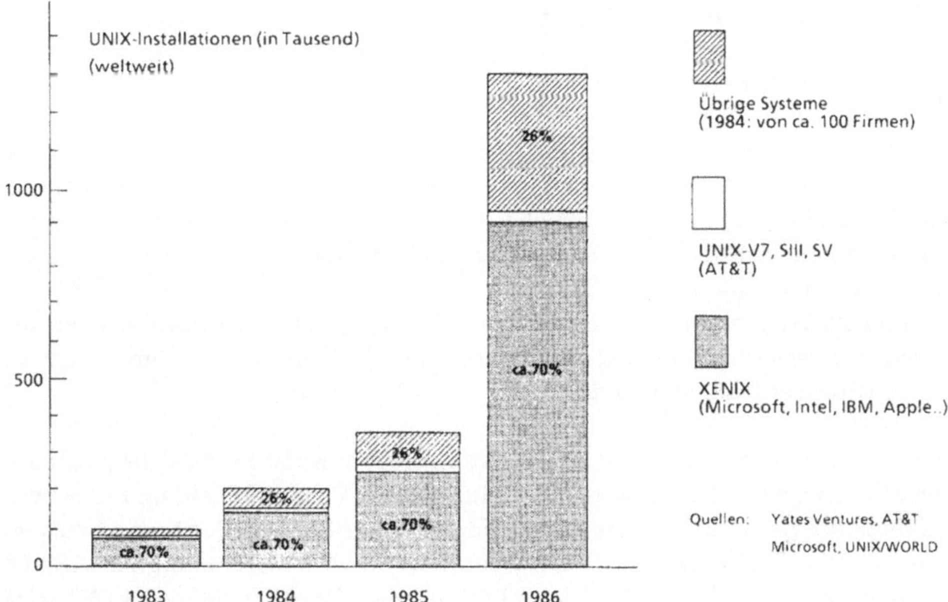

Bild 8:   UNIX-Installationen weltweit (geschätzt)

- eine aggressive und selbstbewußte Marketing-Aktivität ("Take it as a standard now!"), die allerdings nur zum Teil erfolgreich war. Ein Industriestandard muß vom Markt akzeptiert werden und kann nicht einfach von einem Hersteller verordnet werden

- Entwicklung und Vertrieb eigener Rechner (z.B. 3B20), auf denen System V angeboten wird

- eine intensive Kooperation mit den Mikroprozessor-Herstellern Intel, Motorola, National Semiconductor und Zilog mit dem Ziel, System V auf alle führenden Mikroprozessoren zu portieren. Schwierigkeiten in der technischen Durchführung und in der Zusammenarbeit mit den beteiligten Firmen haben jedoch dazu geführt, daß die erwarteten Fertigstellungstermine weit überschritten wurden. Bisher (Jan. 85) ist nur die Portierung auf den Motorola 68000 verfügbar

Der Erfolg von System V wurde auch gebremst durch Reibungsverluste innerhalb des Konzerns. Die Umorganisation der AT&T im Herbst 83 (Abspaltung der lokalen Telefongesellschaften als Folge des Antitrust-Verfahrens) hat die Bildung einer schlagkräftigen Vertriebsorgansation verzögert und über einen gewissen Zeitraum die Kommunikation zu den Geschäftspartnern und das Lizenz-Geschäft behindert. Zudem zeigen einige Aktionen, daß auch eine erfolgreiche Firma wie die AT&T Schwierigkeiten hat, in kurzer Zeit das Gespür für das richtige Verhalten auf dem Software-Markt zu erwerben.

System V war (obwohl mit Spannung erwartet) seinen Konkurrenten durchaus nicht technisch überlegen. Sowohl XENIX (im Mikrorechnerbereich für kommerzielle Anwendungen) als auch Berkeley 4.2 bsd (im technisch-wissenschaftlichen Bereich) waren durch eine Reihe von Spezialfunktionen so gut an ihre Aufgabengebiete angepaßt, daß sie durch System V kaum zu ersetzen waren. Die AT&T hat die Herausforderung angenommen und für Release 3 wichtige Funktionen wie die virtuelle Adressierung (*demand paging*) und *record/file-locking* (wie im /usr/group Proposed Standard) angekündigt.

Dieser Gewinn an technischer Qualität kann eine Reihe von Firmen, die jetzt noch unentschlossen sind, dazu bewegen, sich für System V zu entscheiden. Ein schwerer Schlag für die AT&T war die Entscheidung von IBM, XENIX für den Personal Computer PC/AT einzusetzen. Die Kooperation mit Microsoft bezüglich XENIX wird allerdings auch die Position der AT&T stärken. Der PC 6300 der AT&T wird künftig mit XENIX betrieben. Der Erfolg von System V wird daneben auch sehr stark von seinem Erfolg in Europa abhängen. Auf diesen Aspekt wird in Abschnitt 7.2 noch eingegangen.

● **Microsoft**

Das Softwarehaus Microsoft, das u.a. durch sein weitverbreitetes BASIC und MS-DOS für Personal Computer bekannt wurde, hat auch mit dem UNIX-System XENIX einen durchschlagenden Erfolg erzielt. XENIX ist derzeit mit rund 100.000 Installationen die mit Abstand am weitesten verbreitete UNIX-Portierung. Gründe sind die gute Anpassung an den kommerziellen Einsatzbereich und die frühzeitige Verfügbarkeit für die meisten gängigen Mikrorechner. Die Entscheidungen von Intel und IBM für das System XENIX sind sicher darauf zurückzuführen. Microsoft ist seit langem mit dem Softwaremarkt vertraut und agiert dort sehr geschickt. Die Kooperation mit AT&T wird seine Position ganz erheblich stärken.

● **University of Berkeley**

Die UNIX-Versionen von Berkeley haben auf 32 bit-Rechnern für technisch-wissenschaftliche Aufgaben eine große Verbreitung gefunden. Die aktuelle Version 4.2 bsd wird jetzt auch von DEC unter dem Namen ULTRIX-32 für VAX-Rechner vertrieben. Ein Teil der Entwicklungsmannschaft ist inzwischen zu SUN Microsystems gewechselt und entwickelt dort 4.2 bsd losgelöst von den weiteren Aktivitäten in Berkeley für die SUN-Workstations weiter. Die University of Berkeley plant eine Rückkehr zur Forschung (Thema: UNIX auf Mehrrechnersystemen) und wird die Wartung von 4.2 bsd an eine externe Firma übergeben. Weitere offizielle Versionen sind daher in nächster Zukunft nicht zu erwarten.

● **IBM**

Nach der Entscheidung, den Personal Computer PC/AT mit XENIX zu betreiben, plant IBM einen weiteren Schritt in Richtung UNIX: es wird als virtuelle Maschine unter VM/70 implementiert. Nach Pressemeldungen ist die offizielle Ankündigung Anfang 85 zu erwarten. Damit wird UNIX auch offizielles IBM-Mainframe-System, und IBM-Anwender können durchgängig eine einheitliche, verteilte UNIX-Umgebung vom Personal Computer bis zum Großrechner installieren.

7.2 UNIX in Europa

Der UNIX-Markt in Europa hat sich in den letzten zwei Jahren stark belebt. Eine ganze Reihe von Firmen entschied sich in dieser Zeit dafür, mit UNIX zu entwikkeln und UNIX-Versionen anzubieten: Honeywell Bull, ICL, KONTRON, Nixdorf, Olivetti, pcs, Philips, Siemens (die Auswahl ist unvollständig und subjektiv). Darüber hinaus gibt es eine Reihe von Kooperationen von Firmen auf europäischer Basis, z.B. im Forschungsprogramm ESPRIT der EG.

Wenn sich auch die meisten dieser Firmen bereits für ein bestimmtes System festgelegt haben, wird doch die weitere UNIX-Strategie der AT&T mit großem Interesse beobachtet. Das liegt einerseits an der Schlüsselrolle, die die AT&T sowohl
bei der technischen Weiterentwicklung von UNIX als auch bei der Lizenzpolitik
hat, andererseits auch daran, daß vor kurzem eine Marketing-Entscheidung getroffen wurde, die durchaus nicht die Zustimmung aller UNIX-Anwender in
Europa gefunden hat.

Die AT&T, die eine 25% Beteiligung an Olivetti besitzt, hat beschlossen, über die
im September 1984 gemeinsam gegründete UNIX Europe Ltd. in London das
gesamte System V-Geschäft in Europa abzuwickeln. Geplante Aktivitäten sind
neben dem Lizenzgeschäft Anwendungsunterstützung, technische Auskünfte und
Wartung, Vertrieb der System V-Library und Schulungskurse in Europa. Um die
am Anfang noch begrenzte Kapazität der Firma zu erweitern, plant man,
geeignete Softwarehäuser mit der Betreuung der UNIX-Kunden zu beauftragen.

Nach Ansicht von Kennern des Marktes, kann die Verbindung mit Olivetti das
Image der AT&T in Europa beeinträchtigen. Für die meisten Hersteller ist es
nicht akzeptabel, Lizenzen, Dokumentation und Schulung von einem europäischen
Konkurrenten zu beziehen. Viele der betroffenen Firmen haben bereits zum Ausdruck gebracht, daß sie bezüglich UNIX nach wie vor direkt mit AT&T verhandeln
wollen. Es bleibt abzuwarten, ob dieser Schritt der AT&T das UNIX-Geschäft in
Europa eher fördern oder hemmen wird.

7.3 UNIX in Japan

Das japanische Ministerium für internationalen Handel und Industrie (MITI) hat
UNIX System V als Basis für ein 5-Jahres-Projekt gewählt, bei dem ein Entwicklungssystem für die Massenproduktion von Software entstehen soll. Das Projekt
soll im April 1985 beginnen. Die AT&T wird einige Modifikationen am Basissystem anbringen, dann wird eine Gruppe aus den Firmen Fujitsu, NEC, Hitachi
und der NTT (Nippon Telegraph and Telephone Public Corp.) dem System Tele-
kommunikations-Funktionen und bestimmte DV-Funktionen zufügen.

8   Standardisierung von UNIX

Mit dem Namen UNIX assoziiert man die Begriffe Portabilität und Kompatibilität. Diese positiven Eigenschaften werden durch die große Anzahl konkurrierender Systeme, von denen sich viele gerade durch Sonderfunktionen zu behaupten
versuchen, zunehmend gefährdet. Diese Gefahr der Zersplitterung hat viele Hersteller und Anwender bewogen, sich jetzt ernsthaft um eine Standardisierung der
wichtigsten Funktionen von UNIX zu bemühen. Einen wesentlichen Anteil an die-

sen Aktivitäten hat die **/usr/group**, eine kommerziell orientierte, aber hersteller-unabhängige Vereinigung. Diese Gruppe hat 1981 das **/usr/group** Standards Committee gegründet, das schließlich 1984 den **/usr/group Proposed Standard** vorgelegt hat. Es ist ein Vorschlag zur Vereinheitlichung der UNIX System Calls und Subroutine Libraries. Nicht in dem Vorschlag enthalten sind das user inter-face (Shells, Menüs, etc.), ebenfalls nicht die meisten der 200 Kommandos und Uti-lities. Ein Langzeitziel der Gruppe ist die Schaffung eines ANSI- und ISO-Stan-dards.

Für die Standardisierung der Sprache C gibt es ein **ANSI-Komitee** mit drei Un-tergruppen, die sich beschäftigen mit der Erarbeitung von Standards für:
- Sprache
- Bibliothek
- Environment

Außerdem bestehen Pläne für die Standardisierung folgender Funktionen:

- terminal handling
- real time processing
- interprocess communication
- international environments

Im Herbst 1984 wurde von europäischen Rechnerherstellern der **UNIX Europa Club** gegründet. Es ist ein Zusammenschluß von europäischen UNIX-Anwendern (vor allem von System V) mit dem Ziel einer europäischen Vereinheitlichung von Systemen und Datenträgern. Beteiligt sind derzeit BULL, ICL (Sprecher), Nixdorf, Olivetti und Siemens. Ziel des Clubs ist die Bildung eines homogenen und offenen UNIX-Massenmarktes, der die Softwarehäuser ermutigen soll, Produkte für UNIX zu entwickeln und anzubieten. Dieses Ziel soll erreicht werden durch Schaf-fung einer gemeinsamen Interface-Basis, die den unabhängigen Software-anbietern, Consultants und Distributoren zur Verfügung gestellt wird. Entstehen soll ein gemeinsamer standardisierter Subset der marktrelevanten Versionen wie System V, System III, 4.2 bsd und XENIX. Man erwartet sich von so einem Standard folgende positiven Effekte:

- Anwender können aus einem breiten Spektrum wählen
- die Hersteller haben einen breiten Markt
- die Firmen haben es leichter, richtig ausgebildetes Personal zu finden
- die Entwickler haben eine größere Sicherheit des Arbeitsplatzes, weil das Wissen nicht veraltet und auf einem größeren Markt gefragt wird
- Studenten haben eine leichteren Übergang von der Ausbildung in den Beruf

9 UNIX-Netz

Ein entscheidender Vorteil von UNIX gegenüber anderen Betriebssystemen ist die Möglichkeit, sich an das weltweite UNIX-Netz USENET anzuschließen. Es ist ein Kommunikationsnetz, an das über das internationale Telefonnetz derzeit etwa 1200 Rechner weltweit angeschlossen sind. Dienste dieses Netzes sind *electronic mail* und *news*.

Man hat die Möglichkeit, gezielt *electronic mail* an bestimmte Teilnehmer zu versenden, kann sich aber auch einfach an die *news*, den Standard-Informationsdienst, anschließen. Diese *news* sind aufgegliedert nach einer Vielzahl von Sachgebieten wie z.B. technische Fragen, gegliedert nach UNIX-Versionen, Rechnertypen, Programmiersprachen, Peripheriegeräten, Hinweise auf Veranstaltungen sowie eine ganze Reihe von Sparten, die sich mehr mit der sozialen Kommunikation innerhalb der UNIX-Gemeinde beschäftigen. Wesentlich ist auch die Möglichkeit, nationale und lokale Gruppen zu erreichen, die in einer eigenen *news*-Sparte geführt sind. Ein Beispiel ist **EUNET**, der europäische Zweig von USENET.

Der Vorteil des UNIX-Netzes besteht im wesentlichen darin, daß man frühzeitig über alle wesentlichen Vorgänge auf einem bestimmten Sachgebiet informiert wird und Zugriff auf das weltweite UNIX-Know-how erhält. Außerdem ist prinzipiell jeder UNIX-Spezialist weltweit erreichbar.

Das Netz basiert auf Punkt-zu-Punkt-Verbindungen zwischen den einzelnen Rechnern, die als Knoten arbeiten. Bei *electronic mail* muß der Benutzer die Rechnerkette als Pfadnamen angeben. Der europäische Hauptknoten ist das Mathematische Centrum in Amsterdam mit dem Knotennamen **mcvax**. Deutsche Hauptknoten bestehen an der Uni Dortmund (**unido**) und bei Siemens in München (**zti1**). Jeder dieser Knoten verteilt die Nachrichten an die angeschlossenen Rechner weiter. Wegen der Zwischenspeicherung der Nachrichten kann es bei weiten Verbindungen 2-3 Tage dauern, bis eine Nachricht den Empfänger erreicht.

10 UNIX User Groups

UNIX hat weltweit eine aktive Benutzerschicht um sich geschart, die kein anderes Betriebssystem vorzuweisen hat. Diese Benutzer haben sich zu verschiedenen Gruppen organisiert, die sich regelmäßig treffen und Informationsaustausch betreiben. Ohne Anspruch auf Vollständigkeit zu erheben sind dies die folgenden Gruppen:

USENIX, eine Vereinigung, die von Universitätsanwendern gegründet wurde, und deren Hauptinteresse technische Fragen sind. Es werden zwei Treffen pro Jahr veranstaltet.

/usr/group[1] ist eine kommerziell orientierte, herstellerunabhängige Vereinigung. Das Hauptinteresse ist die Vermarktung von UNIX. Veranstaltet wird eine UNIFORUM-Konferenz pro Jahr Bestandteil dieser Vereinigung sind u.a. eine Lizensierungsgruppe und das **/usr/group Standards Committee**.

Uni-Ops beschäftigt sich mit Schulung und Informationsaustausch und veranstaltet Schulungen und Seminare.

Ein ganz wesentlicher Bestandteil der UNIX-Szene sind die nationalen **user groups**, die sich mit allen Fragen des Einsatzes von UNIX beschäftigen und regelmäßig Tagungen veranstalten:

NLUUG (Niederlande)
JUUG (Japan)
AUUG (Australien)

Seit Oktober 1984 besteht auch eine **German UNIX systems users group** (**GUUG**), deren Gründungsmitglieder die Uni Dortmund, Siemens und Softwarehäuser sind.

Diese nationalen Gruppen sind in der **EUUG** (European UNIX systems users group) zusammengefaßt.

11 Anwendersoftware-
Bibliotheken und Kataloge

UNIX erschließt seinen Benutzern ein kaum übersehbares Angebot von Anwendersoftware auf allen Gebieten. Allein die Verwendung der standardmäßig mitgelieferten Utilities der UNIX-Library, die ständig durch neue Routinen ergänzt wird, ermöglicht es bereits, eine Vielzahl von Anwenderlösungen zeitsparend zusammenzustellen. Noch wesentlicher ist aber der Zugang zu

- Prototypen aus dem Universitätsbereich, die meist gegen eine geringe Gebühr überlassen werden und
- kommerziellen Softwareprodukten für viele Anwendungsgebiete.

---

[1]		der Name ist an das Format der UNIX-Dateinamen angelehnt

Es ist zu erwarten, daß sich dieses Angebot deutlich vergrößern wird, sobald man sich auf Standards für UNIX geeinigt hat.

Anwendersoftware gibt es u.a. für folgende Kategorien:
- Kommunikations- und Netzsoftware
- Datenbanksysteme
- Text- und Schriftsatz-Software
- Grafiksoftware
- CAD-Software
- kommerzielle Anwendersoftware
- Software für Spezial-Peripherie (z.B. Laserprinter)
- Werkzeuge für Software-Entwicklung und Projektmanagement

Bei Auswahl von Software ist immer darauf zu achten, daß sowohl die verwendete CPU, als auch die eingesetzte UNIX-Version unterstützt wird. Ist dies nicht der Fall, muß auf jeden Fall der Source-Code verfügbar sein, und man muß mit einen vorher schwer abschätzbaren Anpassungsaufwand rechnen.

Informationen über das Angebot an UNIX-Anwendersoftware findet man neben den regelmäßig in den Zeitschriften erscheinenden Zusammenstellungen und Ankündigungen im UNIX-Netz USENET (keine kommerzielle Software) vor allem in folgenden Katalogen:

- **/usr/group UNIX Catalog**
  Dieser regelmäßig ergänzte Katalog enthielt 1983   670 Einträge

- **EUUG UNIX micros Catalog** der European UNIX systems Users Group

- **UNIX System V Library**
  Abonnenten der gemeinsam von der AT&T und DRI aufgebauten Programmbibliothek für UNIX System V haben die Möglichkeit, Software mit einem zugesicherten Qualitätsstandard, ablauffähig auf System V zu beziehen. Falls XENIX 5.0, wie angekündigt, sourcecode-kompatibel zu System V werden sollte, wären diese Programme auch auf XENIX-Systemen ablauffähig. Die rechtliche Frage bleibt allerdings noch zu klären

- **Yellow Pages von Intel**
  Dieser regelmäßig von Intel herausgegebene Softwarekatalog enthält Software, die unter anderem auf XENIX ablauffähig ist

- **ULTRIX Software Guidebook:** A Reference to UNIX Software
  (Digital Equipment)

- **SINIX Softwarekatalog** (Siemens AG)
  Herausgabe ab Frühjahr 1985 geplant

- **ISIS Software Report**
  (Nomina Gesellschaft für Wirtschafts- und Verwaltungsregister GmbH)

- **ZILOG Software Directory**

Ich danke Frau Weng-Beckmann für die kritische Durchsicht des Manuskripts und die vielen wertvollen Hinweise und Anregungen zum Inhalt.

Literatur

[Bana84] Banahan, M.; Rutter, A:
          UNIX: lernen, verstehen, anwenden.
          Hanser, München, Wien, 1984
[Eckh84] Eckhoff, K.; Karrenberg, D.
          EUNET, Aufbau und Dienste
          GUUG Nachrichten 1, 12/84, S. 7-22
[Gulb84] Gulbins, J.:
          UNIX - Eine Einführung. Springer, München/Berlin, 1984
[Heal84] Healey, M.: UNIX: Key development and issues
          in: UNIX Standard operating System of the Future
          IF-Seminar, London 1984
[Kern83] Kernighan, B.W.; Ritchie, D.M.:
          Programmieren in C. Hanser, 1983
[Kral83] Krall, D.; Weng-Beckmann, U.:
          Einführung in UNIX. unix/mail, 1/83, S. 27-34
[Ludw83] Ludwigs, H.; Poppensieker, J.; Surowiecki, Z.:
          UNIX für Einsteiger und Umsteiger.
          R. Müller, Köln, 1983
[Norm81] Norman, D.A.:
          The Trouble with UNIX. Datamation, 27 (1981) 12, S. 139-150
[Ritc74] Ritchie, D.M.; Thompson, K.:
          The UNIX Time-Sharing System. CACM, Vol. 17,
          No. July 1974, S. 365 - 357
[Weng83] Weng-Beckmann, U.:
          Stammbaum der Familie UNIX
          unix/mail, 4/83, S. 21-25

UNIX im Bürobereich

J. C. W. Schröder

1 Einführung

Der Beitrag befaßt sich mit den Entscheidungskriterien für die Auswahl eines UNIX-Rechenzentrums in einem Softwarehaus und schildert die in den ersten drei Jahren gemachten Erfahrungen.

Die Textverarbeitung in einem Softwarehaus spielt in zwei Bereichen eine wesentliche Rolle:
In der Softwareentwicklung selbst und den Sekretariaten der Geschäftsstellen und der Verwaltung. Der Softwareentwickler beschäftigt sich überwiegend mit der Erstellung von Texten in Form von Studien, Spezifikationen, Codelistings, Benutzerdokumentation und Unterlagen für die Projektverwaltung sowie Abrechnung. Die Sekretariate beschäftigen sich überwiegend mit den üblichen Büroarbeiten wie Besprechungsnotizen, Memos, sowie Erstellung von Angeboten und Verträgen. Teilweise unterstützen auch Sekretariate im Arbeitsverbund die Softwareentwickler/Systemanalytiker bei der Texterstellung.

Unter der besonderen Aufgabenstellung - Textverarbeitung im Softwareentwicklungsbereich einerseits und Sekretariaten andererseits mit einem teilweisen Arbeitsverbund untereinander - sind die nachfolgenden Ausführungen zu betrachten. Insbesondere muß darauf hingewiesen werden, daß die Entscheidungskriterien immer im Zusammenhang der Textverarbeitung mit der Softwareentwicklung gesehen werden müssen.

2 Ausgangssituation und Zielsetzung

Wie bereits einleitend geschildert, steht im Mittelpunkt der Tätigkeit aller Mitarbeiter in einem Softwarehaus die Textverarbeitung mit den Aspekten der Dokumentation und Archivierung. Die Entscheidung für ein Werkzeugsystem im Büro muß aber immer die gesamten Anforderungen, auch die des Softwareentwicklers, mit berücksichtigen. Aus dieser Sicht heraus ist die Ausgangssituation für eine Entscheidungsfindung wie folgt zu beschreiben:

- Softwareentwicklungen und damit verbundene Textverarbeitung mit Dokumentation müssen auf unterschiedlichen Zielsystemen durchgeführt werden.

- Die oft vom Kunden für die Projektlaufzeit beigestellten Zielsysteme sind nur für die Dauer der Entwicklung verfügbar, wodurch spezielle Eigenentwicklungen von Werkzeugen unwirtschaftlich sind.

- Die Zielsysteme verfügen oft nur in beschränktem Umfang über moderne Werkzeuge und Hilfsmittel für das Büro bzw. den Entwickler.
- Die (bedingt verfügbaren) Textverarbeitungsbausteine auf den Zielsystemen haben sehr unterschiedliche Benutzeroberflächen, wodurch ein laufendes, neues Einarbeiten erforderlich ist.

Aufgrund dieser Ausgangssituation wurden Anfang 1982 bei DANET die folgenden Ziele für die Einführung eines eigenen Rechenzentrums, ausgerüstet mit Werkzeugen und Hilfsmittel für die Büroarbeit **und** Softwareentwicklung formuliert:

- Es ist ein **integriertes** System zu schaffen, das gleichzeitig **Büroarbeiten** und **Softwareentwicklungen** unterstützt.

- Das System muß als Frontend-System für den Anschluß möglichst vieler unterschiedlicher **Zielsysteme** ausbaufähig sein. Hierbei kann es sich um Mikroprozessoren, Personal Computer oder auch Großrechner handeln.

- Über das System sollen nicht nur die örtlich tätigen Mitarbeiter untereinander kommunizieren und im Arbeitsverbund tätig sein, sondern auch zukünftige DANET-Geschäftsstellen hinsichtlich Bürokommunikations-Funktionen überregional verknüpft werden können.

- Aufgrund der zentralen Lösung ist eine hohe Verfügbarkeit der gesamten Systemleistung zu fordern.

Als weitere Randbedingung wurde festgelegt, daß ein herstellerneutrales Mehrplatz-System anderen Alternativen vorzuziehen ist. Das zugrunde liegende Betriebssystem sollte einem **gewissen Standard** nahekommen, um in der Auswahl von Werkzeugen und Anwenderpaketen freizügig zu sein.

3 Alternative Lösungen und Software-Produktauswahl

3.1 Alternative Systemlösungen

Vereinfacht dargestellt stehen grundsätzlich zwei alternative Systemlösungen zur Auswahl:

Alternative 1:   Dezentrale Intelligenz an Arbeitsplätzen mit lokaler Prozessorkapazität auf PC-Basis und zentraler Speicher- und Druckerkapazität (s. Bild 1)

Alternative 2:   Zentrale Intelligenz mit größerer Prozessorkapazität, Speicher- und Druckerkapazität und einfachen Bildschirmgeräten am Arbeitsplatz (s. Bild 2).

Eine überschlägige Kostenkalkulation zeigte, daß bei mehr als etwa zehn Arbeitsplätzen die zentrale Lösung (Alternative 2) die wirtschaftlichere darstellt. Bei eingehender technischer Analyse verfügbarer Lösungen zeigte sich - was auch heute noch gültig ist, - daß eine Integration von UNIX-Einplatz-Systemen über LAN's nicht unterstützt wird. Beim Vergleich mit **Einplatz-Textverarbeitungssystemen**, die in der Preisklasse 10-15 TDM erhältlich sind, erkennt man deutlich die für eine Integration der Arbeitsplätze in ein Gesamtsystem notwendigen Vernetzungskosten in Höhe von ca. 15 TDM. Da das System für mindestens 20 Arbeitsplätze ausgelegt werden sollte, kam nur die zentrale Lösung in Betracht.

3.2 Software-Produktauswahl

Nach der Entscheidung für die Zentralrechnersysteme auf DEC-VAX-Basis galt es, das Betriebssystem sowie die für eine integrierte Textverarbeitung erforderlichen Bausteine auszuwählen. Die hierfür gestellten Anforderungen waren:

1. Betriebssystem

   - UNIX-System, das dem 'Standard' System III mit Weiterentwicklung zum System V von AT&T entspricht.

   - Alternativ eine UNIX-Oberfläche (Workbench), ablauffähig unter VMS, die mit dem "native mode" kompatibel ist. Diese Forderung wurde aus der Softwareentwicklung gestellt, um auch Programme unter VMS entwickeln zu können - parallel zur Textverarbeitung.

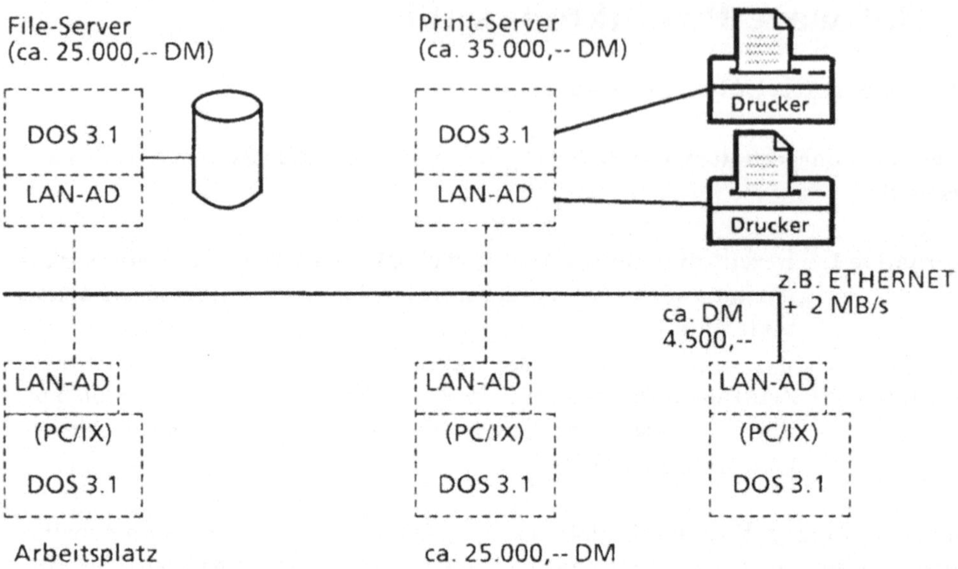

Bild 1: Alternative 1   "LAN-Konzept"

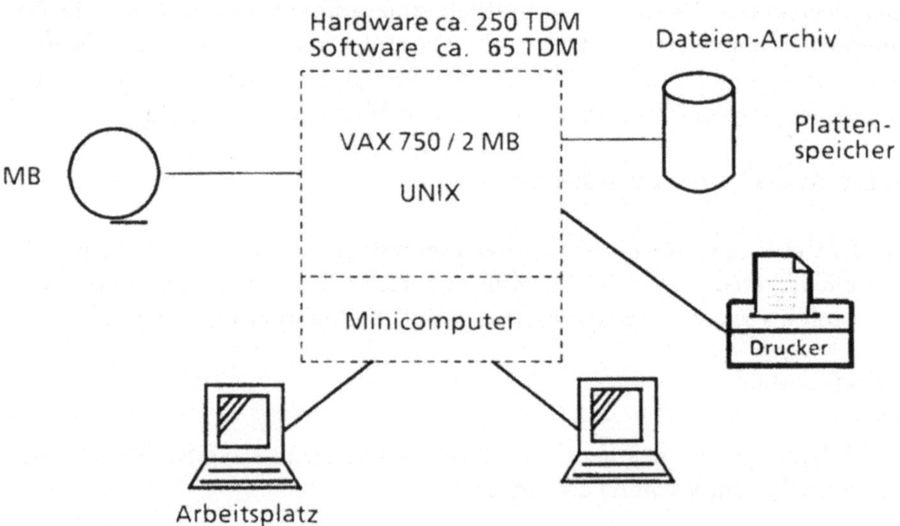

Bild 2: Alternative 2   "Zentrales Konzept"

2. Textbausteine

- Leistungsfähiger Texteditor mit "Mehrfenster-Menütechnik" und terminalseitig durch Funktionstasten bedienbar.

- Textbausteine zur Formatierung von Texten, Montage von Textbausteinen und Aufbereitung für Druckerausgabe.

3. Kommunikation

- Integration einer Mailboxfunktion zur Verteilung von Nachrichten zwischen Sachbearbeitern untereinander sowie mit dem Sekretariat

Nach eingehender Analyse vorhandener, am Markt angebotener UNIX-Produkte entschied sich DANET für die folgenden Produkte der Firma INTERACTIVE SYSTEMS Corp., USA:

- **Betriebssystem UNIX IS/3**
Es läuft im "native mode" auf den meisten DEC PDP-11 sowie allen VAX-11-Anlagen und wird gewartet von der Firma Bell Telephone/Antwerpen. Es entspricht im Funktionsumfang dem System III der AT&T mit einigen Erweiterungen. Das auf VMS ablauffähige Produkt IS/WB ist in seinen Leistungen bezüglich der Benutzeroberfläche für die Textverarbeitung kompatibel mit IS/3.

- Das **Produkt INed** ist ein bildschirmorientierter Texteditor, der praktisch auf jedem Bildschirmgerät mit programmierbarem Cursor abläuft. Wesentliche Merkmale sind eine Mehrfenstertechnik mit simultanem Zugriff auf bis zu elf Dateien mit freier Positionierung von Fenstern und Cursor. In Kombination mit einem speziellen Textverarbeitungsterminal (INtext II) können bis zu 30 Befehle über Funktionstasten ausgeführt werden (s. Bild 4). Durch Mikroprogramme zur Ausführung der einzelnen Funktionen im INtext-Terminal wird das Zentralsystem wesentlich entlastet.

Funktionstasten-Beschreibung

1.	ONLINE:	Verbindung zum System (LOCAL - nur Terminal)
2.	UC LCK:	nur Großbuchstaben
3.	REFRSH:	Wiederherstellen des Fensters
4.	CENTER:	Zentrieren
5.	FORMAT:	Nachträgliches Formatieren
6.	WP:	- nicht belegt -
7.	SAVE:	Sichern während des Editierens
8.	USE:	Eröffnen einer Datei

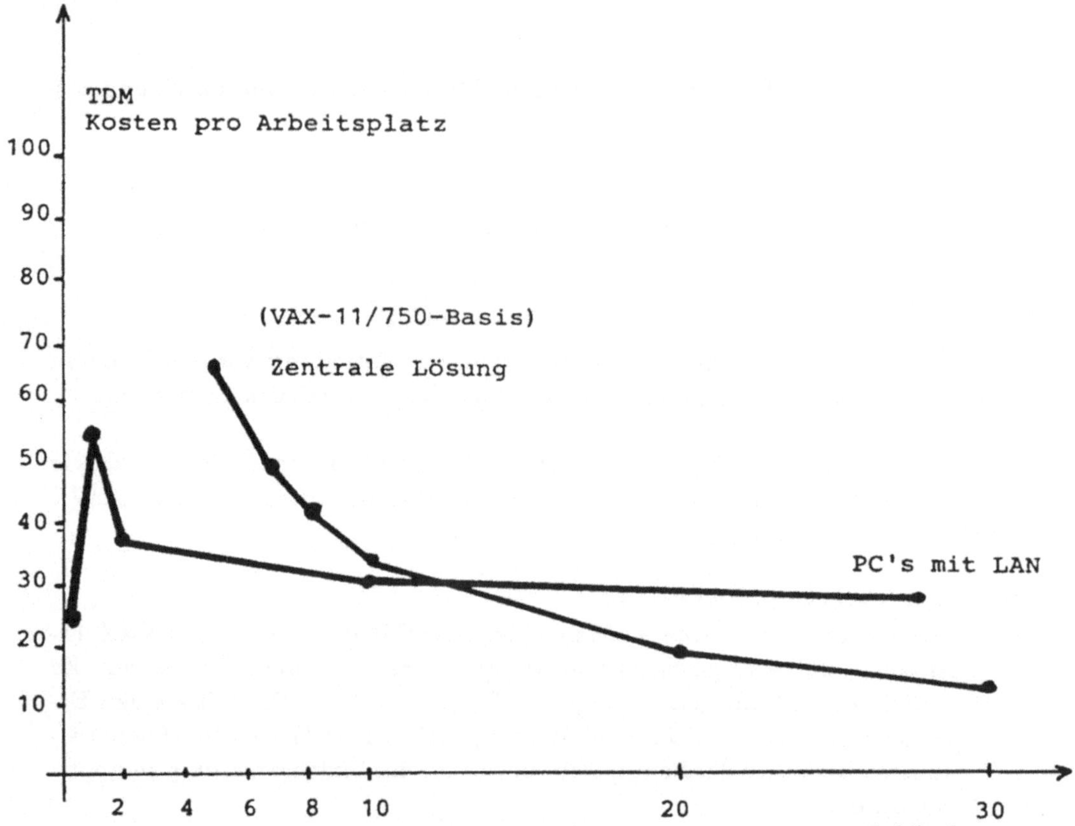

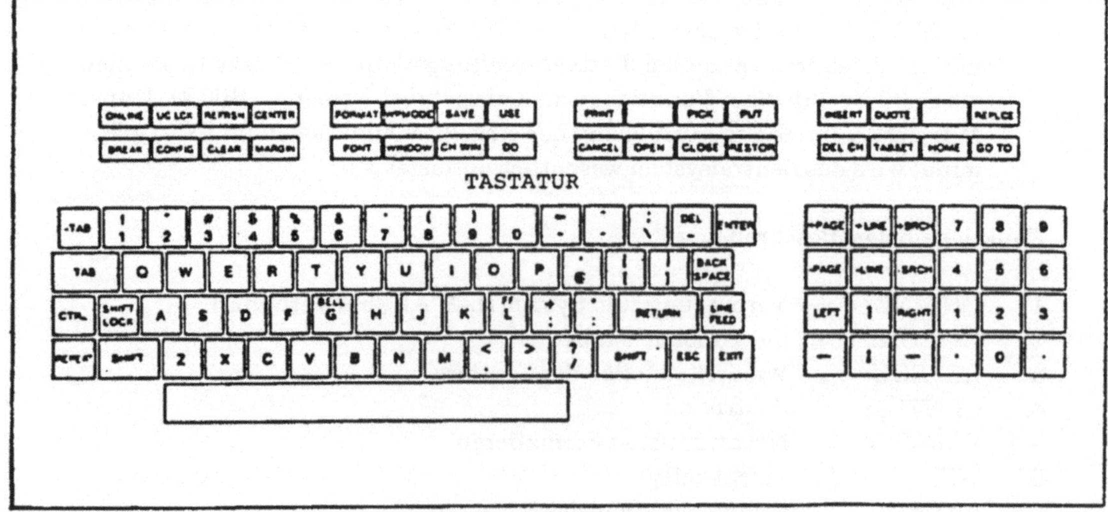

Bild 3.   Kosten pro Arbeitsplatz

Bild 4: Tastatur des INtext II

9.	PRINT:	**Drucken auf angeschlossenem Printer (Hardcopy)**
10.	PICK:	Speichern der zu kopierenden Stellen
11.	PUT:	Einfügen der zu kopierenden Stellen
12.	INSERT:	Einfügen
13.	QUOTE:	Einfügen von Spezialzeichen
14.	REPLCE:	Ersetzen von vorgegebenen Wörtern
15.	BREAK:	- nicht belegt -
16.	CONFIG:	Terminalkonfigurierung (INtext II <-> VT100)
17.	CLEAR:	Wiederherstellen des Fensters wenn Terminal "hängt"
18.	MARGIN:	Definition von linken/rechten Rand
19.	FONT:	Automatisches Unterstreichen
20.	WIN:	Fenster
21.	CH WIN:	Wechseln der Fenster
22.	DO:	Ausführen von eingegebenen Befehlen
23.	CANCEL:	Abbruch einer DO-Sequenz
24.	OPEN:	Zeilen einfügen
25.	CLOSE:	Zeilen löschen
26.	RESTORE:	Wiederaufrufen von gelöschten Bereichen
27.	DEL CH:	Löschen von einzelnen Zeichen
28.	TABSET:	Tabulator setzen/löschen
29.	HOME:	Zurück zur 1. Stelle des Fensters
30.	GOTO:	Zurück zum Beginn der Datei bzw. zur angegebener Zeilennummer

Besonders vorteilhaft haben sich die

- "Pick"- und "Put"-Operationen bewährt, die das Aufnehmen von Text aus einer Datei und das Plazieren in dieselbe oder in eine andere Datei erlauben.

- Das **Produkt INword** dient zur Formatierung und Ausgabe umfangreicher und stark strukturierter Dokumente, wobei die Formatierung aus Durchsatz- und Antwortzeitgründen von der Texteingabe abgetrennt wird. Beispielsweise ist mit dem Randausgleich automatisch eine Silbentrennung verbunden.

- Das **Produkt INmail** ist eine elektronische Nachrichtensende- und Empfangsfunktion. Jeder Benutzer des Systems hat eine private Mailbox zum Empfang von Meldungen anderer Benutzer, die vor dem Zugriff anderer Benutzer geschützt ist. Vierzehn durch Parameter zu definierende Funktionen stehen zur Verfügung.

4   Erfahrungen bei der Textverarbeitung

4.1 Installationsablauf

Das heute im Einsatz befindliche Gesamtsystem wurde in einzelnen Schritten wie folgt installiert:

5/1982   Entscheidung über den Einsatz einer VAX-11/750 mit UNIX IS/3 und den Produkten INed, INword, INmail.

9/1982   Installation der Konfiguration

- 1 MB Hauptspeicher
- 121 MB Festplatte
- 10 MB Wechselplatte
- Systemkonsole
- 4 Bildschirmarbeitsplätze (VT 100)
- 1 Textverarbeitungsterminal (INtext II)
- 1 Schönschreibdrucker (Diablo 630 mit Einzelblatteinzug)

Mit der positiven Erfahrung bei der Textverarbeitung in dem Sekretariat der Software-Entwicklung wurde der generelle Einsatz in den übrigen Sekretariaten und der Verwaltung beschlossen:

1/1983   Erweiterung der Textverarbeitung

- 1 weiteres Textverarbeitungsterminal
  (INtext II)
- 1 weiterer Schönschreibdrucker (Diablo 630)

3/1983   Erweiterung der Text- und Dokumentationsverarbeitung (sowie für die Software-Entwicklung)

- 6 zusätzliche Bildschirmgeräte (VT100 und VT102) bei Sachbearbeitern mit der erforderlichen Verkabelung zu den Arbeitsplätzen).

Aufgrund der zunehmenden Systembelastung und damit verbundenen, unbefriedigenden Antwortzeiten wurde eine Erweiterung des Zentralrechners erforderlich. Hinzu kam die Anforderung, Dokumentationen auf Magnetbändern periodisch zu sichern.

6/1983   Erweiterung der Systemkonfiguration

- 1 Magnetbandstation
- 414 MByte Plattenstation
  (Austausch der 10 MB Platte)
- 1 MByte Arbeitsspeichererweiterung

In Verbindung mit verschiedenen Mikrocomputer-Projekten wurden für Sachbearbeiter in der Software-Entwicklung PC's eingesetzt. Es lag nahe, anstelle von Arbeitsplätzen für die Textverarbeitung diese PC's mit in das Gesamtsystem einzubeziehen, um die Kombination Textverarbeitung und PC-Programmierung am Arbeitsplatz zu integrieren.

2/1984   Integration von PC's in das Gesamtsystem

- Anschluß eines DEC-Rainbow
  (VT102-Emulation)
- Anschluß eines IBM-PC unter PC/DOS
  (INtext II-Emulation)
- Anschluß eines dritten Textverarbeitungsterminals INtext II.

Mit der Ankündigung von PERKIN ELMER, daß das Textverarbeitungsterminal INtext II in Zukunft nicht mehr geliefert wird, mußte eine Alternative gefunden werden. Die Ankündigung des IBM PC/IX mit dem Betriebssystem UNIX-IS/3 und darauf aufbauend die Produkte von INTERACTIVE SYSTEMS Corp., wie beispielsweise INed und INmail, führte zur Entscheidung, einen Arbeitsplatz auf der Basis PC/IX zu erproben. Hiermit sollte auch erstmals ein UNIX-Netz realisiert werden.

8/1984   Integration von PC's mit UNIX

- Anschluß eines IBM-PC/IX als Textverarbeitungsterminal
- Installation von INnet, einem Softwarepaket, das die Übertragung von Nachrichten bzw. Daten zwischen dem PC/IX und dem zentralen UNIX-System gestattet.

Die heute im Einsatz befindliche Konfiguration zeigt Bild 5. Ergänzend sei noch gesagt, daß über die Komponente INconnect die Fernwartung aller Softwarebausteine durch Bell Telephone/Antwerpen erfolgt.

4.2 Erfahrungen bei der Textverarbeitung

Die Erfahrungen mit dem Einsatz von UNIX spiegeln sich letzlich in dem Ausbau über die verschiedenen Installationsphasen wieder. Nennenswerte Erfahrungen, die neben den üblichen Problemen bei der Installation neuer Hardware und insbesondere Software auftreten, waren

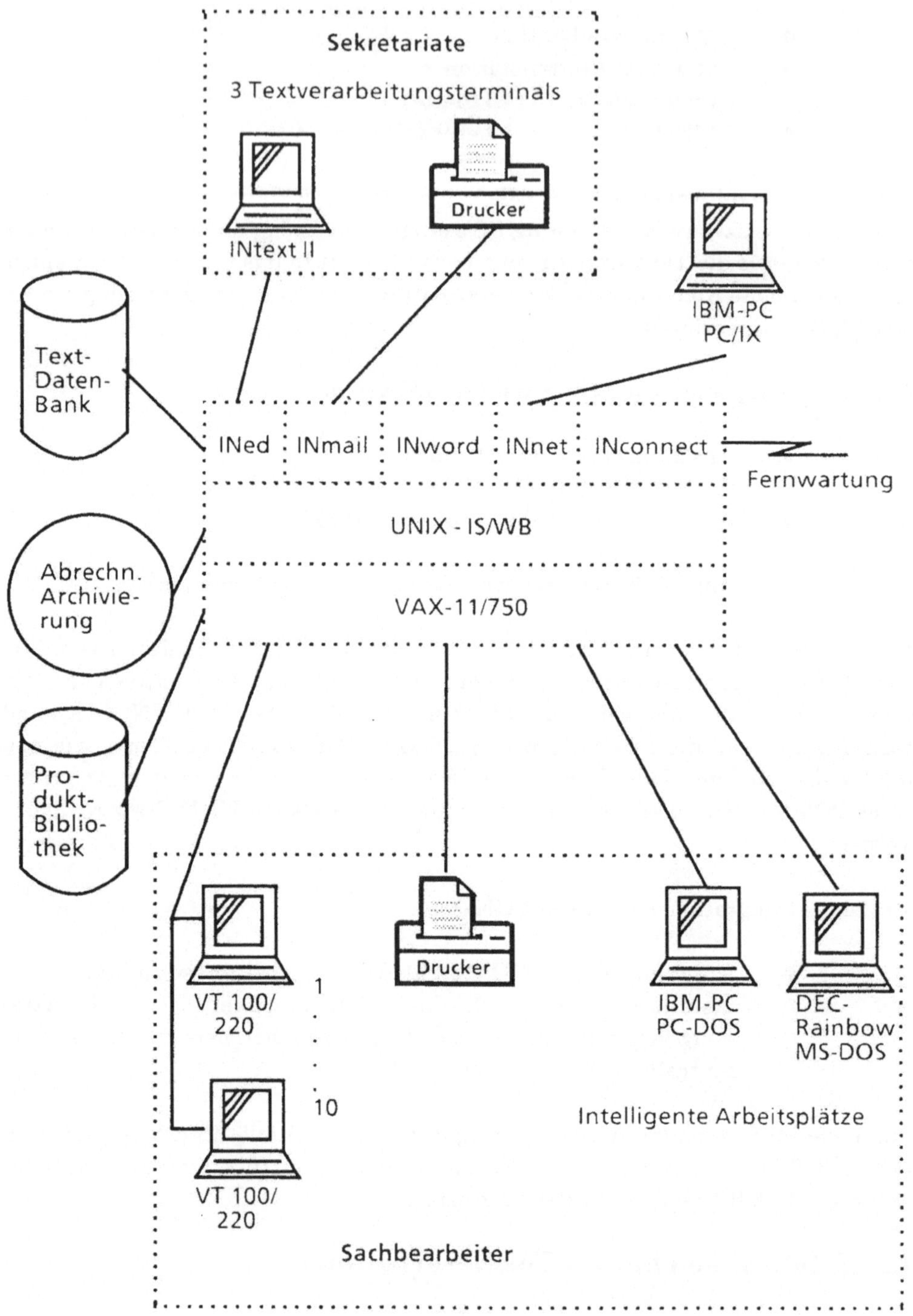

Bild 5: UNIX-Systemkonfiguration, Stand 11/1984

- Die Auslastungsgrenzen werden aufgrund eigener - zumindest zu optimistischer - Fehleinschätzungen schneller erreicht als geplant. Dieses erfordert bald den Ausbau des Arbeitssystems und wesentliche Erweiterung der Plattenkapazität.

- Anforderungen an die Archivierung von Text- und Projektbibliotheken erfordert schon bald die Installation einer zunächst nicht geplanten Magnetbandstation, sowie Erweiterung der Plattenspeicherkapazität.

- Die größte Aufregung verursachten Probleme an der Benutzerschnittstelle, wie beispielsweise

    - Störungen an den Schönschreibdruckern
    - Ergonomie der Bildschirmgeräte
    - nicht ausreichende oder mangelhafte Dokumentation für den Benutzer
    - unklare organisatorische Abwicklung von Pool-Geräten wie beispielsweise Druckerbedienung

- Die Nutzung anspruchsvoller Werkzeuge und Hilfsmittel, die UNIX und die weiteren Textverarbeitungsprodukte bieten, werden nur von einem Teil der Benutzer akzeptiert und eingesetzt. Eine breitere Nutzung setzt sich nur langsam durch und kann nur durch umfangreiche und regelmäßige Schulung erreicht werden.

Die Verlagerung von Textverarbeitungsaufgaben aus dem 'Engpaß' Sekretariat zum Arbeitsplatz der Mitarbeiter war eine weitgehende organisatorische Veränderung, die mit der Einführung des Systems verbunden war.

Jeder Mitarbeiter kann heute an seinem Arbeitsplatz über das Bildschirmterminal Dokumentationen, Studien oder Briefe erstellen, korrigieren oder anderen Mitarbeitern zusenden. Der Ausdruck wird vom Sekretariat, das auch noch weiterhin Texte nach Vorlagen erstellt, kontrolliert.

Positive Erfahrungen waren

- Volle Akzeptanz dieser Möglichkeit von den Mitarbeitern.
- Deutlicher Abbau von Spitzenbelastungen im Sekretariat.
- Keine Schwierigkeiten bei der Integration, d.h. bei Übergabe von Dateien oder Dokumenten an das Sekretariat bzw. Zugriff auf die Texte anderer Mitarbeiter.

Negative Erfahrungen waren

- Die Verfügbarkeit des Schönschreibdruckers mit Einzelblatteinzug war unbefriedigend.
- Das System verfügt noch nicht über wünschenswerte Anpassungen an deutsche Verhältnisse (Umlaute, Trennungen).
- Bei Ausfall des Rechners ist auch die Textverarbeitung betroffen.
- Die Einführung und Durchsetzung organisatorischer Maßnahmen ist durch die Verlagerung von Funktionen an den Arbeitsplatz aller Mitarbeiter schwieriger geworden.

Auch bei der zusammenfassenden Wertung der Textverarbeitungserfahrungen kann ein positives Resümee gezogen werden, vor allem deshalb, weil der Schritt in die Integration der Textverarbeitung als richtig und wichtig für die vorliegenden Aufgaben angesehen wird und die negativen Punkte·durch gezielte Maßnahmen, an denen gearbeitet wird, bereinigt werden können.

5 Kosten/Nutzen-Überlegungen

5.1 Kosten

Die Kostenstruktur entspricht vergleichbaren Rechenzentren, wobei die beiden größten Kostenblöcke - die Hardware/Software-Abschreibung und die Personalkosten - individuell unterschiedlich aussehen können.

In den folgenden Überlegungen ist eine Abschreibung auf 36 Monate zugrunde gelegt. Es sind nur Personalkostenanteile von Mitarbeitern mit rechenzentrumbezogenen Aufgaben berücksichtigt.

Monatliche Kostenstruktur

	monatliche Kosten	
Hardware/Software	10.000,--	DM
Wartung	4.500,--	DM
Material (Papier, Datenträger, etc.)	500,--	DM
Installation, Reparatur	500,--	DM
Nebenkosten (Energie, Räume, etc.)	1.500,--	DM
Personalkosten	4.500,--	DM
Gesamtkosten	21.500,--	DM

Bei einer Umlage auf gegenwärtig 15 Arbeitplätze ergeben sich ca. 1.500,-- DM pro Arbeitsplatz und Monat. Die monatlichen Mietkosten für Textverarbeitungs-Einzelsysteme vergleichbarer Leistung liegen bei etwa 1.200,-- DM.

5.2 Nutzen

Die Analyse des Nutzens ist nur firmenspezifisch zu sehen. Insbesondere muß bei
DANET als Softwarehaus der Einsatz als Werkzeug für die Softwareentwicklung
neben der schwerpunktmäßigen Nutzung als Büroarbeitsmittel mit betrachtet
werden.

Bei DANET gelten die folgenden Voraussetzungen für eine Nutzenbetrachtung:

- Die Softwareentwicklung für Kunden, die auf UNIX-Systemen basiert,
  beschäftigt durchschnittlich 10 Mitarbeiter.

- Beim Erstellen und Ändern von System-Dokumentationen und Studien
  greifen mit unterschiedlicher Intension 20-25 Mitarbeiter auf das System zu.
  Hierbei ist die integrierte Textverarbeitung und Kommunikation innerhalb
  eines Projektteams sowie zwischen Sachbearbeitern und dem Sekretariat von
  ausschlaggebender Bedeutung.

- Es existieren 3 unabhängige Sekretariate, die mit speziellen Textverarbeitungsterminals an das System angeschlossen sind.

- Für den eigenständigen Bereich "UNIX-Produkte" wird das System zur De-
  monstration bei der Vertriebsunterstützung sowie bei der Pflege und Weiterentwicklung eingesetzt. Nutzung durch etwa 2-3 Mitarbeiter.

Bewertet man die Nutzung aus der Sicht externer Projekte und interner Arbeiten
und rechnet man monatlich mit etwa DM 1.000,-- pro Sachbearbeiterterminalnut-
zung und DM 1.500,-- pro Textverarbeitungsterminalnutzung in den Sekretariaten, so ergibt sich folgende Rechung:

Softwareentwicklung extern

- durch externe Softwareprojekte abgedeckt   4.000,--   DM
  (4 Arbeitsplätze)
- durch Qualitäts- und Produktverbesserungen
  abgedeckt (2 Arbeitplätze)   2.000,--   DM

Softwareentwicklung intern

- Entwicklung eigener UNIX-Produkte
  (2 Arbeitsplätze)   2.000,--   DM

Textverarbeitung

- Nutzung durch Verlagerung an den
  Arbeitsplatz des Sachbearbeiters ermög-
  licht Einsparung von ca. 1.5 Sekretärinnen   6.000,--   DM
- Nutzung von 3 Sekretariaten mit Textsystem

<table>
<tr><td>(3 Arbeitsplätze a 1.500,--DM)</td><td>4.500,--</td><td>DM</td></tr>
</table>

Produktvertrieb

- Demonstrationen, Dokumentation,
  Pflege, Weiterentwicklung
  (3 Arbeitsplätze)   3.000,--   DM
  ____

               Gesamt-Nutzen   21.500,--   DM

Wie diese Nutzenbetrachtung zeigt, werden etwa 50% der Kosten von der reinen Textverarbeitung abgedeckt. Die andere Hälfte muß durch Softwareentwicklungsaktivitäten beigetragen werden.

Aus der Gegenüberstellung von Kosten und Nutzen sind folgende Erkenntnisse abzuleiten:

- Rein rechnerisch ist eine Kostendeckung auch bei der Integration verschiedener Anwendungsfelder in der Anfangsphase schwer zu erreichen. Hierbei muß angemerkt werden, daß insgesamt etwa 40 Mitarbeiter mehr oder weniger das System in seiner Gesamtheit nutzen.

- Für ein Softwarehaus der Größenordnung von DANET im Bereich Darmstadt mit ca. 70 Mitarbeitern ist die Notwendigkeit gegeben, Kosten in erheblichem Umfange Softwareprojekten zuzurechnen.

- Einstiegskosten in neue Märkte (UNIX) sowie Produktentwicklung mit Hilfe von UNIX-Werkzeugen können nur durch Integration anderer Anwendungen, wie beispielsweise der Textverarbeitung, reduziert werden.

- Für eine Grundsatzentscheidung in der Richtung, wie sie DANET mit einem umfassenden und komfortablen UNIX-System getroffen hat, sind eine Reihe von nicht exakt bewerteten Nutzungsfaktoren zu berücksichtigen.

  - Produktqualitätsverbesserung
  - Attraktivität des Arbeitsplatzes
  - zusätzliche Vertriebssegmente
  - Knowhow-Gewinn mit neuen technologischen Entwicklungen

6 Planungen für den weiteren Ausbau

Die Punkte Softwareentwicklung, Büroarbeiten, Verwaltung und Management stellen die unterschiedlichsten Anforderungen. Aus heutiger Sicht sind die folgenden Anforderungen bei einem weiteren Ausbau zu berücksichtigen.

Softwarentwicklung

Für UNIX-Projekte wird oft verlangt, spezielle Systemkonfigurationen zu generieren, die den laufenden Betrieb im Bürobereich unterbrechen. Insbesondere sollen andere UNIX-Versionen wie z.B. Berkeley bsd 4.2 bzw. ULTRIX von DEC verfügbar gemacht werden. Hierzu kommt die Forderung nach begrenzter Bereitstellung des Betriebssystems VMS auf VAX-Anlagen. Diese Anforderungen sind nur durch eine separate Maschine, gekoppelt an das Textverarbeitungssystem IS/3, zu erfüllen. Der Zugang für alle Teilnehmer erfolgt dann über das bestehende IS/3-System.

Eine Entwicklungsgruppe beschäftigt sich mit Softwareentwicklungen ausschließlich auf dem System Honeywell Bull System 6. Zwecks Nutzung eines einheitlichen, mit weiteren Software-Werkzeugen und Managementhilfen ausgerüstetem UNIX-Systems liegt die Kopplung dieses Zielsystems an das UNIX-System nahe.

Bürobereich

Aus dem Bürobereich gibt es seit langem die Forderung nach Hochleistungsdrukkern, die neben grafischen Darstellungen auch verschiedene Drucktypen in unterschiedlicher Größe liefern. Insbesondere kommen diese Forderungen aus dem Management, um Unterlagen für Kundenpräsentationen und Druckvorlagen gestalten zu können. Diskutiert wird der Einsatz von Laserdruckern oder Hochleistungs-Matrixdruckern.

Verwaltung

In der Verwaltung wird für das Finanzwesen ein System HP 3000 eingesetzt. Die der Umsatzermittlung und dem Rechnungswesen zugrunde liegenden Mitarbeiter-Aufwandsnachweise werden bisher manuell erstellt. Es besteht die Überlegung, von jedem Arbeitsplatz aus über das Textverarbeitungssystem die monatlichen Aufwandsnachweise zu erstellen. Diese müßten dann über eine Kopplung in das Finanzbuchhaltungssystem überspielt werden. Diese Kopplung ist auch aus der Sicht des Managements wichtig, um Finanzberichte am Arbeitsplatz zu erstellen und abrufen zu können.

Management

Für Budget-Planungen, Monatsberichte und Projektkalkulationen fordert das Management, Auswertungspakete, wie z.B. MULTIPLAN, LOTUS 1-2-3, Grafikpakete etc., im UNIX-System bereitzustellen. Wie bereits oben gesagt, sollte auch ein Durchgriff auf das Finanzbuchhaltungssystem sowie in das in Vorbereitung befindliche Personal-Verwaltungssystem möglich sein.

Die erste Forderung wird durch die erfolgte Installation des Produktes BRIDGE/86 erfüllt werden. Dieses Produkt realisiert auf dem UNIX-Rechner eine virtuelle MS-DOS-Maschine mit virtuellen Diskettenspeichern, so daß alle am Markt erhältlichen, auf MS-DOS ablauffähigen, Anwenderprogramme einsetzbar und am Arbeitsplatz verfügbar sind.

Bildschirmtext

Im Rahmen eines Kundenprojekts wurde das UNIX-System IS/3 als externer Rechner an den Btx-Dienst angeschlossen. Technisch gesehen könnte bereits heute mit Hilfe dieses Produktes 'DABIT' auch das vorhandene Textverarbeitungssystem an den Btx-Dienst angeschlossen werden. Erst die Zukunft wird zeigen, inwieweit ein wirtschaftlicher Einsatz in bestimmten Anwendungsfeldern wie z.B. Marketing und Bestellwesen sinnvoll ist.

Teletext

Ebenfalls im Rahmen eines Kundenprojekts wurde unter UNIX-IS/3 ein Teletextanschluß (UNITEX) über die Schnittstelle X.21 realisiert. Teletext wäre geeignet, zwischen DANET-Geschäftsstellen Dokumente und aktuelle Berichte schnell auszutauschen.

In der DANET-Geschäftsstelle München wurde vor kurzem eine VAX-11/730 mit VMS und dem UNIX-System IS/WB (Programmers Workbench) installiert. Da diese Anlage einen DATEX-P-Anschluß über X.25 erhält, wäre eine Kopplung des Bürosystems in Darmstadt mit der Anlage in München über DATEX-P denkbar. Die mit dem Produkt UNITEX auf IS/3 realisierte Teletex-Protokolle S. 70/S. 62 könnten ebenfalls unter VMS unter IS/WB installiert werden. Auf diese Weise könnte ein integriertes System zum Austausch von Dokumenten, Texten und notfalls auch Programmen (Sources) implementiert werden. Der Vorteil einer DATEX-P-Nutzung bestünde darin, daß über den gleichen Anschluß auch der Btx-Dienst bedient werden könnte.

Eine Analyse des Bedarfs an Text- und Datenverkehr zwischen diesen beiden Orten rechtfertigt jedoch heute noch nicht den Aufwand für die technisch machbare Integration. Mögliche weitere Ausbaustufen für die UNIX-Systeme für Büro- und Softwareentwicklungsarbeiten zeigt Bild 6.

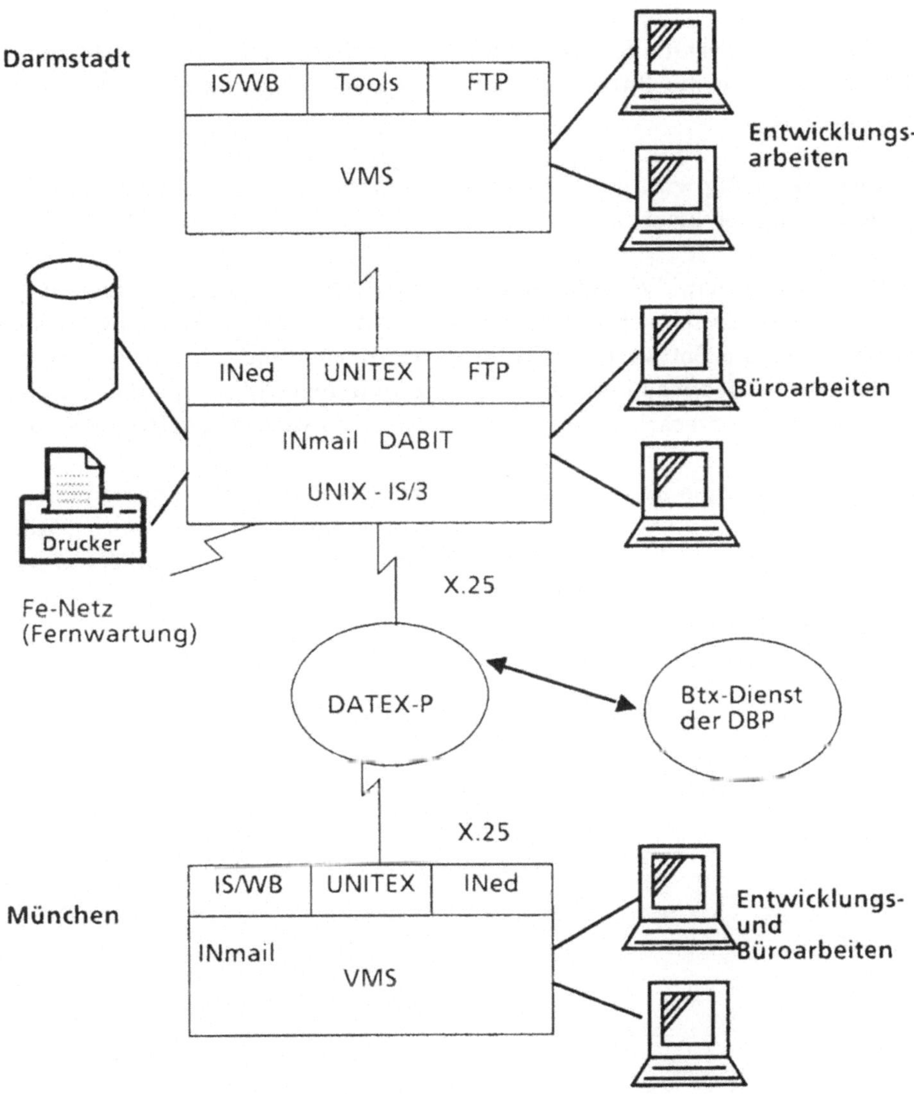

Bild 6: Zukünftige Ausbaustufen

7   Zusammenfassung

Der Beitrag schildert die Kriterien und Entscheidungen, die zur Einführung eines UNIX-Systems für die Büroarbeit und Softwareentwicklung in einem Software-haus führten.

Schwerpunktmäßig wird der Einsatz bei der Textverarbeitung und Dokumentationserstellung beschrieben.

Die Kosten-Nutzenanalyse zeigt, daß ein wirtschaftlicher Einsatz **ausschließlich** für den Bürobedarf schwer erreichbar ist. Es müssen andere Arbeitsbereiche, wie beispielsweise die Softwareentwicklung, zur Kostendeckung mit herangezogen werden. Aus betrieblichen und sicherheitstechnischen Gesichtspunkten muß aber in Zukunft die Textverarbeitung von der Softwareentwicklung getrennt werden.

Aus den Erfahrungen kann das Resümee gezogen werden, daß das heute im Einsatz befindliche UNIX-System sich bewährt hat und aus dem täglichen Arbeitsablauf nicht mehr weggedacht werden kann. In einem Ausblick werden die Anforderungen für den weiteren Ausbau aus Sicht der Entwicklung, Büroarbeit, Verwaltung und des Managements diskutiert.

Verwaltung von Datenbeständen unter UNIX

F. Bach

1 Einleitung

Nachdem UNIX an den Hochschulen etabliert war, wurde 1975 mit der Vergabe der Lizenz für die UNIX-Version6 erstmals ein Vorstoß in den kommerziellen Bereich unternommen. Es dauerte jedoch nochmals vier Jahre, bis UNIX mit Version7 auch im industriellen Bereich weitere Verbreitung fand. Spätenstens ab diesem Zeitpunkt wurde klar, daß die Verwaltung von kommerziellen Daten unter UNIX ein Problem darstellen kann.

UNIX wurde ursprünglich als Werkzeug für die Software-Entwicklung konzipiert und dementsprechend ist auch das Dateisystem angelegt. Das heißt, es wurde weniger Wert darauf gelegt, eine Dateiverwaltung für Massendaten zu entwickeln, sondern man versuchte vielmehr, die Projektarbeit u.a. durch das Dateikonzept optimal zu unterstützen.

Das UNIX-Dateisystem ist ein hierarchisches System. Damit lassen sich Produkt- und Projektstrukturen, die im allgemeinen ebenfalls hierarchisch angelegt sind, auf elegante Weise abbilden (Abb.1).

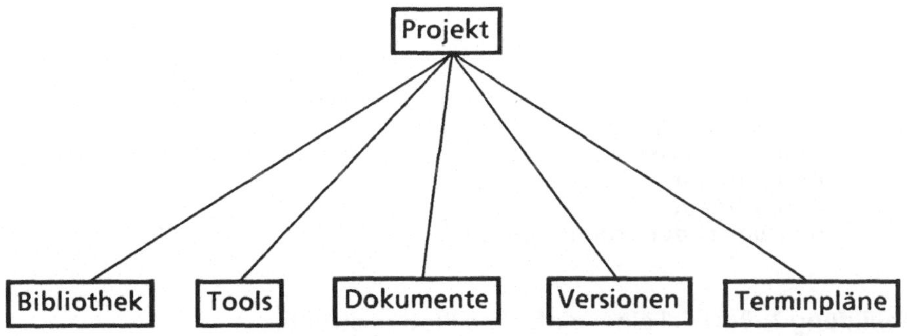

Abbildung 1: Beispiel einer einfachen Projektstruktur

Zudem sind die Zugriffsrechte der verwalteten Dateien nicht nur auf Einzelbenutzer beschränkt, sondern auch auf Gruppen ausgelegt, was dem Projektgedanken entgegen kommt. Ein Beispiel hierzu zeigt Abb. 2.

Benutzer, die sich für UNIX entschieden haben, haben jedoch nicht nur Software zu entwickeln. Sie haben vielmehr - auch beim Übergang von einem anderen System - einen Datenbestand zu verwalten, der im Laufe der Zeit angewachsen ist und eine optimale Unterstützung durch das Betriebssystem erforderlich macht. Solche Daten können zum Beispiel sein:

- Kundendaten
- Personaldaten
- Materialdaten
- Artikeldaten
- Lieferantendaten, etc.

Diese Auflistung kann beliebig fortgesetzt werden und wird nie vollständig sein. Da die einzelnen Datensätze unter Umständen in Abhängigkeit voneinander bearbeitet werden sollen, das heißt, daß sie Beziehungen zueinander unterhalten, werden besonders hohe Anforderungen an eine Datenhaltung gestellt.

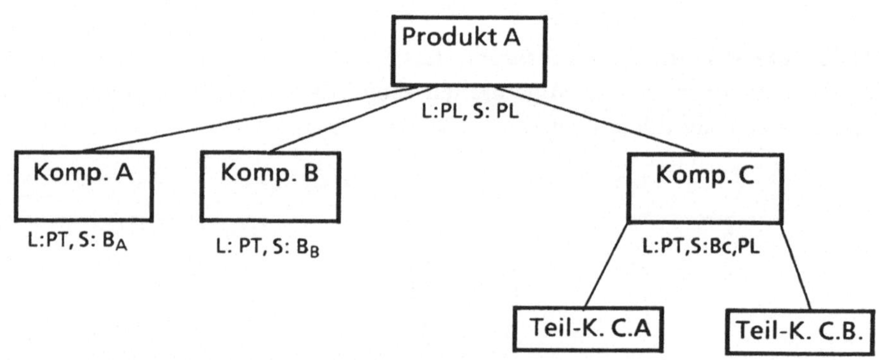

Abbildung 2: Beispiel einer einfachen Produktstruktur

2 Anforderungen an ein Datenhaltungssystem

Von einem Datenhaltungssystem erwartet man im allgemeinen folgende Leistungen:

- Datenschutz und Datensicherheit,
- Datenintegrität und Wiederanlauf bei Systemfehlern,
- Bearbeitung konkurrierender Zugriffe.

Darüber hinaus richten sich die Anforderungen an eine Datenhaltung nach:

- der Art der Daten,
- der Lokalität, an der die Daten benötigt werden,
- der durchschnittlichen Anzahl der Zugriffe und
- der zur Verfügung stehenden Primär- und Sekundärspeicherkapazität.

Ein weiterer und wesentlicher Aspekt einer Datenhaltung ist die Benutzerfreundlichkeit. Der Benutzer ist nicht immer ein DV-Fachmann, sondern häufig ein Sachbearbeiter, dessen Fähigkeiten auf anderen Gebieten liegen als in der Bedienung von DV-Systemen. Eine moderne Datenhaltung wird immer mehr auch unter diesem Gesichtspunkt gesehen und bewertet werden müssen.

Aus den genannten Anforderungen - die keinen Anspruch auf Vollständigkeit erheben - ergeben sich zwei Schwerpunkte:

- die Leistung der zur Verfügung stehenden Software und
- die vorhandene Hardware.

Auf die Hardware und ihre Möglichkeiten bzw. Grenzen wird in diesem Beitrag nur am Rande eingegangen, soweit es zum Verständnis nötig ist.

2.1 Anforderungen an die Software

Die unter Punkt 2 genannten Anfordungen lassen sich auf Großrechnern mit quasi uneingeschränkten Hardware-Ressourcen und einer Vielzahl von Basisfunktionen relativ leicht realisieren. Von Mikrorechnern der 16bit-Serie kann man ähnliche Leistungsfähigkeit nicht erwarten; mit der Entwicklung und dem Einsatz von 32bit-Rechnern wird sie jedoch bald erreichbar sein.

Bei der Konzipierung eines Datenhaltungssystems müssen die Funktionen und die Eigenschaften des zur Verfügung stehenden Betriebssystems genau untersucht werden. Seine Leistungsmerkmale werden auf das Verhältnis Realisierungsaufwand/Qualität des Produkts nicht unerheblichen Einfluß haben.

Im folgenden werden einige Leistungsmerkmale genannt, die entweder vom Betriebssystem erbracht oder im Rahmen des Datenhaltungssystems realisiert werden müssen.

Für die einfachste Form der Datenhaltung genügt als Basis ein Dateisystem, in dem beliebig große Datenmengen abgelegt und wiedergefunden werden können. Dies kann entweder mittels Programm oder eines einfachen Editors geschehen.

Werden einzelne Datensätze verwaltet, so müssen Funktionen für die Behandlung dieser Sätze implementiert sein.

Sind Daten an verschiedenen Rechnern und Orten zu verwalten, so muß das Datei- oder Datenhaltungskonzept eine Verteilung unterstützen. Die Probleme der Datenintegrität und Datenkonsistenz sind in diesem Falle besonders zu berücksichtigen.

Der Datenschutz erfordert einen Mechanismus, der einen unberechtigten Zugriff von Anwendern auf ein Datum zuverlässig verhindert.

Bei "Systemabstürzen" oder ähnlichen Systemfehlern muß ein Wiederanlauf gewährleitet sein, der es dem Anwender erlaubt, seine Daten konsistent weiter zu bearbeiten.

In vielen Anwendungsfällen ist ein gleichzeitiger, also konkurrierender Zugriff auf ein Datum zulässig. In diesem Falle müssen Software-Routinen diesen Zugriff "deadlock-frei" regeln.

Steht genügend Hauptspeicher zur Verfügung, so können bestimmte Daten im Speicher resident gehalten werden, was den schnellen Zugriff auf häufig benutzte Daten unterstützt.

Eine optimale Benutzeroberfläche ermöglicht dem Anwender die Sicht und Behandlung seiner Daten, wie er sie aus seiner Problemwelt kennt. Es sind deshalb Routinen und Mechanismen zur Verfügung zu stellen, die ein gespeichertes Datum in benutzergerechte Form bringen und umgekehrt das Benutzerformat in eine systemeffiziente Darstellung umsetzen.

Letztendlich spielt der Sekundärspeicher für die Datenhaltung eine wesentliche Rolle. Große Speicher ermöglichen eine langfristige online-Speicherung, die ein Auslagern auf Tertiärspeicher auf ein Minimum beschränkt. Damit wird eine hohe Verfügbarkeit gewährleistet.

Die geschilderten Probleme sind sehr kurz gefaßt. Auf einzelne relevante
Kriterien wird in Kapitel 4 noch eingegangen, da sie wesentliche Merkmale eines
Datenbanksystems darstellen und dort erläutert werden.

Wenden wir uns nun UNIX und seinen Möglichkeiten, die Datenhaltung zu
unterstützen, zu.

3   Datenverwaltung unter UNIX

Wie in der Einleitung bereits angesprochen, verfügt UNIX über ein sehr
leistungsfähiges und elegant zu handhabendes Dateisystem. Mit ihm lassen sich
einfache Datenverwaltungsprobleme sehr schnell und sicher lösen. Da UNIX
erfahrungsgemäß sehr robust ist, sind Datensicherheits- und Konsistenzprobleme
selten. Datenschutz wird durch Zugriffsrechte gewährleistet, die für jede Datei
einzeln festgelegt werden können.

3.1 Das UNIX-Dateikonzept

Das UNIX-Dateisystem ist geräteunabhängig, hierarchisch gegliedert und
verwaltet drei Arten von Dateien:

* gewöhnliche Dateien (normal files)
* Dateiverzeichnisse (directories)
* Gerätedateien (special files)

Alle drei Arten von Dateien können in gleicher Weise benannt und prinzipiell
auch gleich verwendet werden. Insbesondere können auch die Zugriffsrechte für
alle Dateiarten in gleicher Weise vergeben werden.

Gewöhnliche Dateien (normal files)

Gewöhnliche Dateien können beliebige Informationen wie Texte, Quellprogramme, Objektprogramme und ablauffähige Programme enthalten. Für das Filesystem sind Dateien "strukturlos", sie werden als reine Bytestreams behandelt
(wahlfreier Zugriff, sequentielle Verarbeitung). Für bestimmte Anwendungen
können Daten formatiert abgespeichert werden. Die Bildung, Interpretation und
Bearbeitung von solchen Dateistrukturen obliegt aber allein den Programmen, die
darauf arbeiten.

Dateiverzeichnisse (directories)

Directories sind Verzeichnisse von Dateien und Unterverzeichnissen (sub-
directories). Sie sind ebenso im Dateibaum angeordnet wir alle anderen Dateien

des Dateisystems. An oberster Stelle im Dateisystem steht das *root directory*
(bezeichnet durch "/"). Von diesem Knoten gehen alle Pfade zu den übrigen
Directories und den Dateien.

Gerätedateien (special files)

Ein großer Vorteil von UNIX besteht darin, daß ein Anwender oder
Anwenderprogramm keinerlei Kenntnis über periphere Geräte (devices) haben
muß. Er spricht jedes Gerät wie eine normale Datei an und kümmert sich nicht
darum, wieviele Zeilen zum Beispiel ein Terminal hat oder ob das Speichermedium
eine Floppy oder eine Platte ist.

Dies geschieht mit Hilfe der Gerätedateien, die im Directory *I dev* zusammengefaßt
sind. Jedes unterstützte Gerät ist mindestens mit einer Gerätedatei assoziert. Ein
Lese- oder Schreibbefehl für eine Gerätedatei aktiviert das zugehörige Gerät. Auf
Geräte und gewöhnliche Dateien kann deshalb auf gleiche Weise zugegriffen
werden.

In Abb. 3 wird der Aufbau des UNIX-Dateisystems mit seinen wichtigsten System-
Directories gezeigt. System-Directories unterliegen denselben Mechanismen wie
alle Directories. Ihre besondere Bedeutung erhalten sie dadurch, daß Informa-
tionen/Kommandos, die für das Gesamtsystem relevant sind, in allen UNIX-
Systemen über denselben Pfad auffindbar sind. Obwohl man ein UNIX-System
auch ohne Kenntnis dieser Directories benützen kann, ist es wertvoll und für fort-
geschrittene UNIX-Benutzer unumgänglich, ihren Inhalt zu kennen.

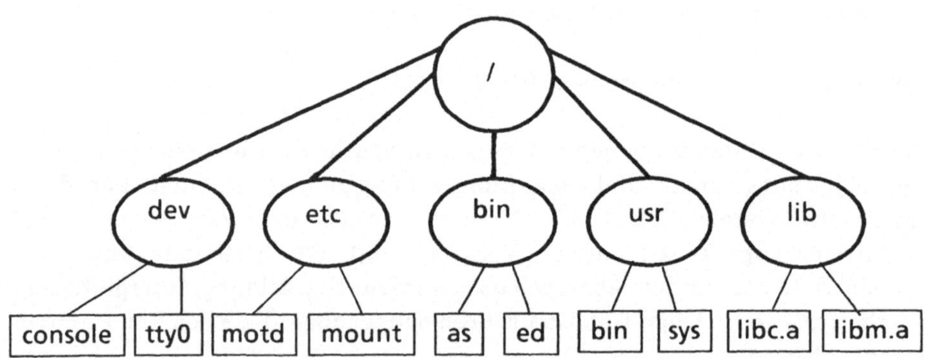

Abbildung 3:   UNIX-Dateisystem mit seinen wichtigsten
System-Directories

Die einzelnen Directories enthalten:

/dev   alle Gerätedateien (z.B. *console, mem, tty0, ...*)

/etc   Dateien *(motd, passwd, group, termcap...)*und Kommandos (*enable, disable, fsck, mount,...*) für den Systemverwalter

/bin   allgemeine, oft benötigte Kommandos (*as, cat, cc, chmod, cp, ed,...*)

/lib   allgemeine, oft benötigte Bibliotheken (*libc.a, libm.a*)

/usr   u.a. *home*-directories aller Benutzer

/usr/bin   allgemein verfügbare, nicht so häufig benötigte Kommandos

/usr/lib   allgemein verfügbare, nicht so häufig gebrauchte Bibliotheken

/usr/doc   UNIX Manual, Vol. II

/usr/man   UNIX Manual, Vol. I

/usr/tmp   temporäre Dateien (werden regelmäßig gelöscht)

/usr/spool Aufträge für Batch-Prozesse (z.B. *lpr, uucp, mail*)

/usr/src   Quellen von UNIX-Kommandos, Bibliotheken, usw.

/usr/sys   UNIX-Kernel

Home Directory

Jedem Benutzer wird vom Systemadministrator ein Directory zugeteilt, welches *home directory* oder *login directory* genannt wird. In der Regel hat es den Namen, mit dem sich der Benutzer in das System einschaltet (*login*). Unter diesem *home directory* kann er sich weitere Directories einrichten und eine beliebige Anzahl von Dateien speichern.

Working Directory

Das Directory, das für den Benutzer gerade aktuell ist, nennt man *working directory*. Zu Beginn eines Benutzerdialogs wird das *home directory* das *working directory*. Der Benutzer kann sein *working directory* aber unter Berücksichtigung von Zugriffsrechten beliebig ändern. Das *working directory* legt die aktuelle Arbeitsumgebung eines Benutzers fest und vereinfacht die Angabe von Zugriffspfaden: Die Datei

    /usr/meier/src/ProgA   (absoluter Pfadname)

kann durch den verkürzten Pfad

    src/ProgA   (relativer Pfadname)

angesprochen werden, wenn **meier** das aktuelle *working directory* ist (vgl. Abb. 4).

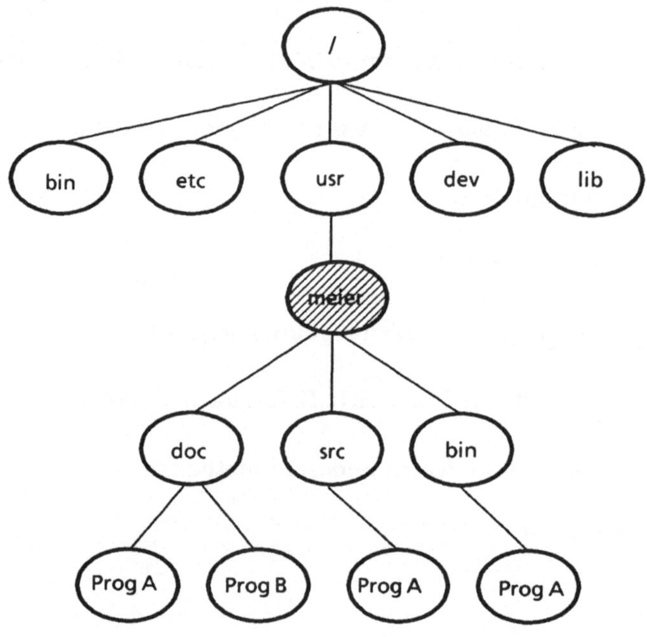

Abbildung 4: *working directory* "meier"

Links

Eine Besonderheit im UNIX-Dateisystem ist die Möglichkeit der Verwendung von Aliasnamen oder "Links". Dateien können dadurch mehrere Namen haben, d.h. in verschiedenen Directories stehen Einträge, die sich auf dieselbe, nur einmal vorhandene Datei beziehen. Dieser Mechanismus kann z.B. genutzt werden bei

Projektdaten. Hier können, je nach Projektsicht, die gleichen Daten mit anderen
für die jeweilige Sicht semantisch bedeutsamen Namen belegt werden.

Zugriffsberechtigung und Schutz

UNIX   bietet   standardmäßg   einen   einfachen,   leicht   hantierbaren
Zugriffsberechtigungs-Schutz. Jeder Datei sind 9 Zugriffsrechte (protection bits)
zugeordnet, die einzeln und unabhängig voneinander festgelegt werden können.
Je drei Bits

     r   (read)
     w   (write)
     x   (execute)

sind für den Eigner, die Gruppe, der der Eigner angehört, und alle anderen
Systembenutzer reserviert. Dabei bedeutet

r   daß diese Datei gelesen werden darf,
w   daß diese Datei geschrieben werden darf und
x   daß diese Datei ausgeführt (z.B. bei ladbaren Programmen) werden darf.

Der Datei-Eigner entscheidet darüber, wer Zugriff auf seine Dateien hat. Die
Zugriffsberechtigung kann von ihm jederzeit geändert werden.

3.2 Organisation des Filesystems

Im allgemeinen wird der Dateibaum nicht auf einem einzigen Dateiträger gespeichert, sondern über mehrere verteilt. Dazu werden einzelne, (beliebige) Unter-
bäume ausgewählt und jeweils auf einem Datenträger abgelegt (die Speicherung
eines Teilbaumes auf einer Platteneinheit nennt man **Filesystem**). Beim Hoch-
fahren des Systems werden die einzelnen Filesysteme zu einem Gesamtdateisy-
stem zusammengefügt. Sie können aber prinzipiell zu jedem Zeitpunkt ein- oder
ausgehängt werden ("mount/unmount"), abhängig davon, ob die Daten benötigt
werden oder nicht.
Jede UNIX-Datei wird durch einen sog. "i-node" im System repräsentiert, der alle
Informationen über die Datei (wie Eigner, Zugriffsrechte, usw.) und die Verweise
auf die Speicherbereiche enthält, wo der Dateiinhalt abgelegt ist. Der Zugriff auf
eine UNIX-Datei erfordert also immer die Lokalisierung des zugehörigen
"i-nodes". Ein Directory ist eine Datei, die zu jedem eingetragenen Namen den
Verweis zum zugehörigen "i-node" enthält (Abb.5).

Jedes Filesystem ist logisch in Blöcke von 512 (in einigen Systemen 1024) Byte
eingeteilt. Die Organisation und Adressierung von Dateien orientiert sich an
dieser Blockstruktur. Die ersten beiden Blöcke eines Filesystems sind für System-

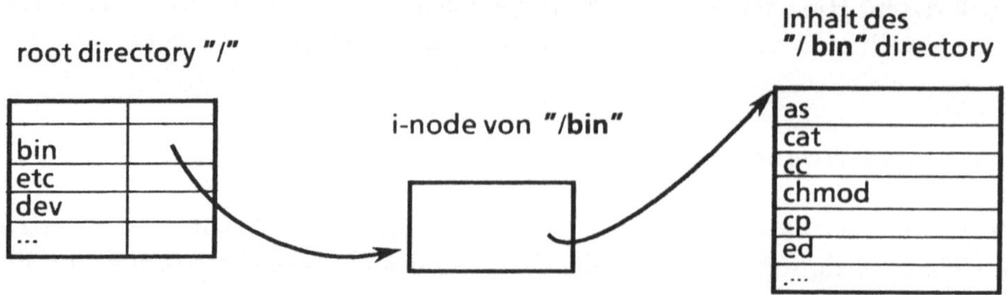

Abbildung 5: Zuordnung von Dateinamen zu Dateiinhalten

zwecke reserviert, eine (bei der Systemkonfiguration festgelegte) Anzahl von Blöcken ist reserviert für die "i-nodes", der Rest steht für die Adressierung und Speicherung von Dateiinhalten zur Verfügung.

Dateiinhalte werden also blockweise abgespeichert (Datenblöcke). Für die Adressierung von Datenblöcken bedient sich UNIX einer abgestuften Vorgehensweise:

In jedem "i-node" ist Platz für 13 Adressen reserviert, über die direkt oder (mehrfach) indirekt auf die Datenblöcke der Datei zugegriffen werden kann. In Abbildung 6 ist das Adreßschema skizziert.

Die Einträge 1-10 beinhalten je einen direkten Verweis auf einen Datenblock (10 x 512 = 5120 Bytes). Der 11. Eintrag adressiert eine Verweistabelle (1 Block) mit 128 Einträgen, die auf 128 weitere Datenblöcke (128 x 512 = 70.656 Bytes) verweisen. Der 12. Eintrag adressiert eine weitere Verweistabelle mit ebenfalls 128 Einträgen, die wiederum auf je eine Verweistabelle zeigen, deren Einträge auf die Datenblöcke (128 x 128 x 512 = 8.459.264 Bytes) verweisen. Der 13. Eintrag adressiert über drei Indexstufen. 128 x 128 x 128 x 512 = 1.082.201.088 Bytes adressiert werden.

Diese Organisationsform ist flexibel und läßt sehr große Dateien zu. Der Zugriff auf große Dateien kann aber recht aufwendig werden, insbesondere wenn man bedenkt, daß für die Lokalisierung eines "i-nodes" u.U. ebenfalls mehrere Zugriffe nötig werden, um die entsprechenden Directories aufzufinden und zu lesen.

Um die Anzahl von physikalischen E/A-Operationen möglichst gering zu halten, unterhält das Dateisystem einen Cache im Hauptspeicher, in dem Kopien der zuletzt referenzierten Plattenblöcke gehalten werden. Bei Zugriffen auf Blöcke, die bereits im Cache sind, entfällt der physikalische Transfer.

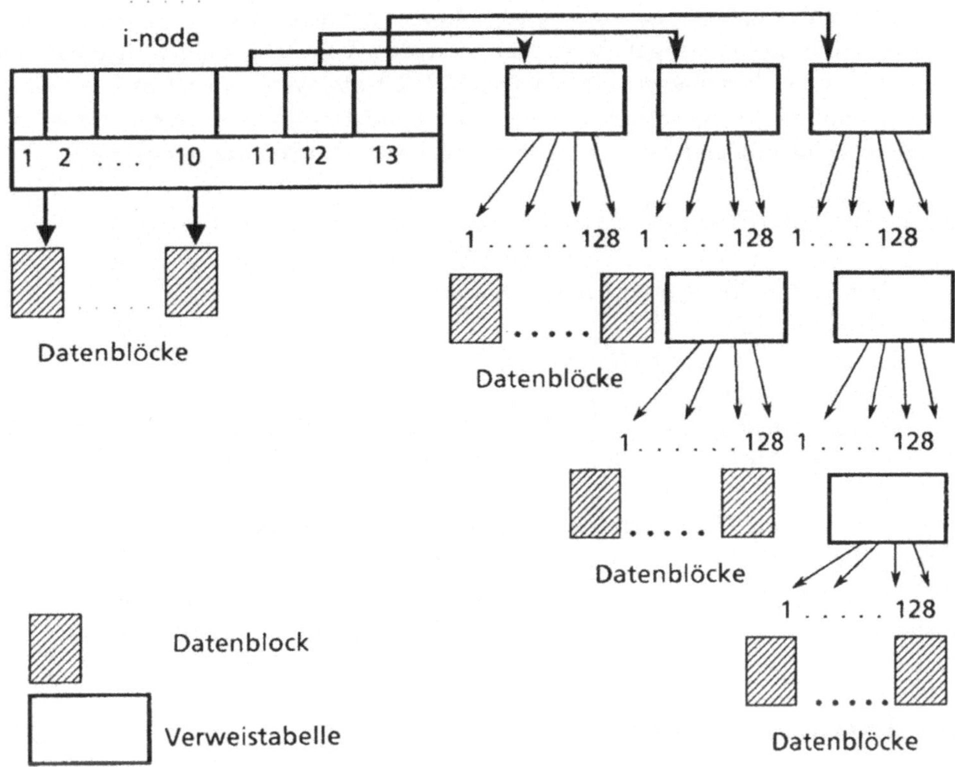

Abbildung 6: Adreßverweise auf Datenblöcke im "i-node"

Der Cachemechanismus bringt aber neben dem Effizienzgewinn auch ein Problem: die im Cache gehaltenen Kopien können verändert werden; die geänderten Puffer werden aber erst dann auf Platte gespeichert, wenn der Puffer anderweitig benötigt wird. Bei Auftreten gewisser Systemfehler kann es deshalb zu Inkonsistenzen im Dateisystem kommen. Die Behebung von Inkonsistenzen kann in der Folge zu Datenverlusten führen.

3.3 Verteilte UNIX-Filesysteme

Über verteilte Dateisysteme wird zur Zeit viel diskutiert. Abgesehen von einzelnen Entwicklungen, gibt es noch wenig Lösungen, die sich bereits im Einsatz befinden. Eine dieser Lösungen ist die **Newcastle Connection** [Brow82], [Uhle83]. Das System basiert auf der Basis eines "Super-Root". Über die lokalen "root-directories" der verteilten Dateisysteme wird ein neues "root-directory"

("Super-Root") gelegt, so daß alle lokalen Dateibäume zu einem neuen
Gesamtbaum zusammengefaßt werden. Für den Benutzer stellt sich damit die
Gesamtheit des Systems wie ein einziges UNIX-Dateisystem dar. Das Konzept ist
sowohl von der Anwendung wie von der Realisierung her sehr einfach und
erfordert keine großen Änderungen in der vorhandenen Softwareumgebung.

Weitere verteilte Dateisysteme (teilweise in Entwicklung) sind:

* Distributed File System (Bell Laboratories)
* NOS (Plexus)
* Netix (Bell Telephone Comp.)
* Worknet (Altos)
* UCLA (Locus)
* Network File System (Sun Microsystems)

Die Diskussionen über verteilte Dateisysteme werden weitergehen und damit
einhergehend wird die Entwicklung solcher Systeme Fortschritte machen. Auch
bei den deutschen Herstellern wird an solchen Systemen gearbeitet und man darf
gespannt sein, wann die ersten ausgereiften Lösungen auf den Markt kommen.

4   Datenbanken

Wir haben im vorigen Kapitel erkannt, daß das UNIX-Dateisystem sehr elegant
und effizient Dateiinhalte kleineren Umfangs bearbeiten kann. Die heutige
Anwendungswelt im kommerziellen Bereich stellt jedoch höhere Anforderungen
an ein Datenmanagement-System. Dies und auch die Erfahrung, die seit 20
Jahren auf dem Gebiet der Datenbank-Technologie gewonnen wurde, hat dazu
geführt, verstärkt auch für Mikro-Computer Datenbanksysteme zu entwickeln.

Beschränkten sich am Anfang die Entwicklungsaktivitäten noch auf die Betriebssysteme CP/M und MS-DOS, so wurde Ende der siebziger Jahre zunehmend auch
auf UNIX entwickelt. Der relativ späte Entwicklungsbeginn rührt vieleicht daher,
daß UNIX zuerst im universitären Bereich für die Softwareentwicklung eingesetzt
wurde, wo eine komfortable Datenhaltung noch nicht den hohen Stellenwert
einnahm.

Heute existiert eine große Anzahl von Datenbanksystemen für die verschiedenen
UNIX-Systeme und Anwendungen. Mit Hilfe solcher Datenbanksysteme ist der
UNIX-Anwender in der Lage, seine Daten so zu organisieren und zu verwalten,
wie er es von anderen Systemen kennt.

Ein Überblick über existierende Datenbanksysteme wird in Kapitel 4.3 gegeben.

Um ein Datenbansystem beurteilen und bewerten zu können, müssen bestimmte Eigenschaften und Kriterien beachtet werden.

Wichtige Kriterien sind:

- das Datenmodell
- Datenschutz und Datensicherheit
- Datenintegrität und Wiederanlauf

Diese Kriterien und Eigenschaften werden kurz erläutert, um die Beurteilung von Datenbanksystemen zu erleichtern.

Weitere Kriterien sind:

- Leichte Bedienbarkeit in der Anwendung
- Data Dictionary
- Schnittstellen zu anderen Programmsystemen

Auf diese Kriterien wird nicht näher eingegangen. Es wird jedoch bei den Kurzbeschreibungen der Datenbanksysteme auf sie verwiesen, soweit sie für das Verständnis nötig sind.

4.1 Datenmodelle

Unabhängig von der physikalischen Datenorganisation, sogar unabhängig von Gesichtspunkten der Datenverarbeitung, müssen auf einer logischen Ebene einmal die Daten eines Unternehmens oder Anwenders mit den speziellen Sichten der verschiedenen Benutzer beschrieben werden [Schl83].

Diese logische Beschreibung ist losgelöst von jeglicher physikalischen Speicherung der Daten. In vielen Konzepten bezeichnet man diese Ebene auch als logische Datenorganisation.

Da die logisch beschriebenen Daten aber in irgendeiner Form computergerecht gespeichert werden müssen, ist ein bestimmter formaler Rahmen notwendig, das sogenannte Datenmodell.

Das Datenmodell gibt an, in welcher Form der Anwender seine Daten sehen will. Um diese Transformationen vornehmen zu können, müssen geeignete Sprachmittel zur Verfügung stehen, die sogenannte Datenbeschreibungssprache (DDL).

In diesem Bericht wird auf Datenbeschreibungs- und Datenmanipulationssprachen nicht näher eingegangen, da sie ein sehr komplexes Thema darstellen und hier deshalb nicht behandelt werden können.

4.1.1 Das hierarchische Modell

Das hierarchische Datenmodell entstand aus konventionellen Dateisystemen zur Verwaltung von Dateien mit variabel langen Sätzen, bei denen beliebig viele Wiederholungsgruppen mit variabler Anzahl von Wiederholungen vorkommen können. Die Grundidee ist die, daß man alle Wiederholungsgruppen vom eigentlichen Satz trennt und jeweils eine eigene sequentielle Datei daraus macht. So erhält man eine Menge sequentieller Dateien aus Sätzen unterschiedlichen Typs, die einander hierarchisch untergeordnet und entsprechend verkettet sind, eine sogenannte Dateihierarchie (Abb. 7).

Entsprechend dieser Herkunft haben Datenbanksysteme auf der Basis dieses Datenmodells eine größere Nähe zur physikalischen Beschreibung. Daraus ergibt sich das Problem, daß eine saubere Trennung der internen und externen Sicht schwer vollziehbar ist.

Man kann das hierarchische Modell auch als einen Spezialfall des Netzwerk-Datenmodells (mit Einschränkungen) sehen, was für die Beschreibung der realen Welt nur sehr bedingt geeignet ist. Es wird daher in Zukunft keine wesentliche Rolle mehr spielen. Das Vorhandensein in existierenden Datenbanksystemen ist nach Meinung des Autors historisch bedingt.

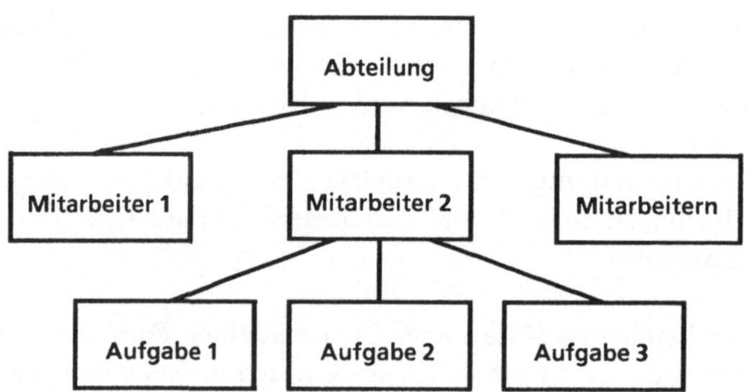

Abbildung 7: Hierarchisches Modell

4.1.2 Das Netzwerk-Modell

Das vernetzte Datenmodell (auch als Netzwerk-Modell bezeichnet) ist die konsequente Weiterentwicklung der rein hierarchischen Datenstruktur aus anwendungsbedingten Anforderungen.

Neben den rein hierarchischen Strukturen können weitere Sets definiert werden, die dann eine vernetzte Struktur darstellen, wie sie für viele Anwendungen, insbesondere unter dem Aspekt der Integration benötigt werden. Ein einfaches Beispiel zeigt Bild 8.

Vernetzte Datenstrukturen haben in Verbindung mit einer Vorgabe für die

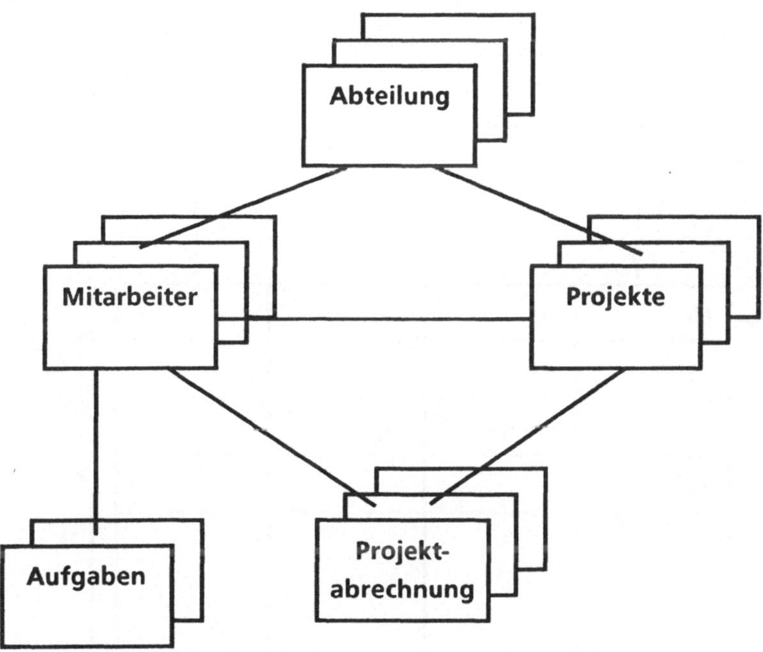

Abbildung 8: Netzwerk-Modell

interne physische Speicherungsform bei einigen vorher genau bestimmten Anwendungen große Vorteile, da man bei geschickter Speicherung der Datensätze teilweise einen sequentiellen und damit sehr schnellen Zugriff zu den Daten realisieren kann.

Das wohl bekannteste Netzwerk-Datenmodell ist das CODASYL-Modell
[CODA71], das Anfang der siebziger Jahre von der CODASYL-Data Base Task
Group (DBTG) vorgestellt wurde.

4.1.3 Das Relationen-Modell

Dieses Datenmodell wird zur Zeit am meisten diskutiert. Es wurde erstmals von
Codd [Codd70] formuliert und ist seitdem Gegenstand zahlreicher praktischer
Implementierungen. Der Vorteil dieses Datenmodells besteht darin, daß es die
einfachste strukturelle Sicht der hier angesprochenen Datenmodelle bietet.
Eine Relation ist eine einfache Tabelle, deren Spalten über den Spaltennamen und
deren Zeilen über einen eindeutigen Schlüssel (Primärschlüssel) angesprochen
werden. Die Datenbank besteht dann aus einer Menge solcher Tabellen, d.h., aus
einer Menge von Relationen (Abb.9)

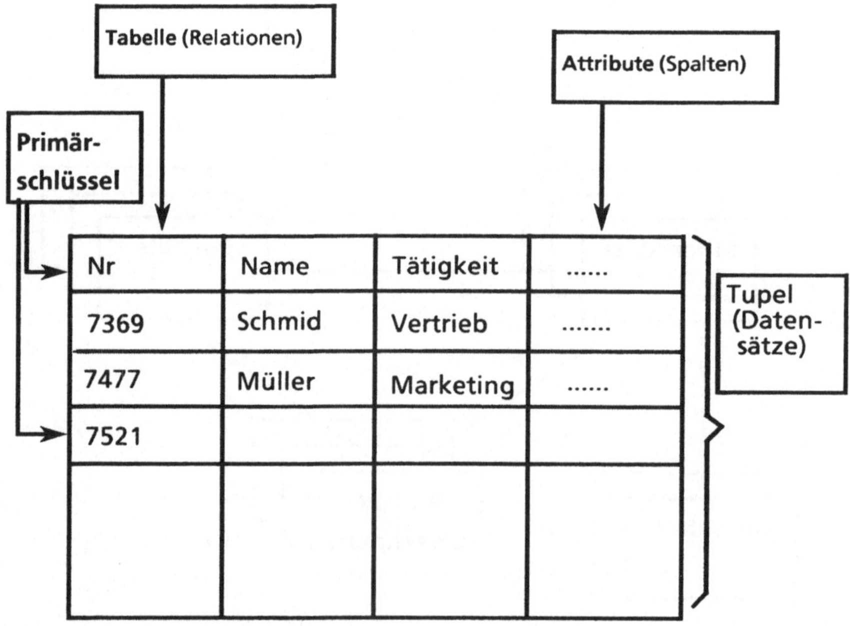

Abbildung 9: Relationen-Modell

Die relationale Datenstruktur kennt keine Hierarchien, es werden nur lineare
Datensätze bzw. Segmente verarbeitet. Im Vergleich zu den vorher beschriebenen
Strukturen der anderen Modelle, findet im relationalen Datenmodell eine
logische, strukturelle Eingrenzung statt, die die Verwaltung der Daten wesentlich
vereinfacht und den Datenbestand fast völlig unabhängig von den Anwendungen
darstellen läßt.

Aus diesen Gründen ist das relationale Konzept zur Zeit wohl zurecht das am meisten implementierte Datenmodell auf Mikro-Rechnern.

4.2 Datenschutz, Datensicherheit und Datenintegrität

Dem Problem des Datenschutzes gegen unberechtigte Zugriffe wird heute auch im Micro-Rechner-Betrieb eine entsprechende Bedeutung zugemessen. Vor allem bei Mehrbenutzersystemen, wo viele Benutzer gleichzeitig auf dieselben Daten zugreifen, die weitgehend redundanzfrei gespeichert sind, müssen Systemkomponenten dafür sorgen, daß Anwender nur die Daten erhalten, die zur Ausführung ihrer Arbeit notwendig sind.

Zusätzlich müssen die Systemkomponenten sicherstellen, daß der Datenbestand jederzeit korrekt und widerspruchsfrei ist [Quie83]. Bei Systemfehlern muß eine Rekonstruktion derart möglich sein, daß ein Wiederanlauf nach einer gewissen Zeit möglich ist. Selbst in einfachen Datenbanksystemen ist jedoch die völlige Integrität des Datenbestandes nicht sicherzustellen, da Programme zwar auf logische Richtigkeit prüfen, diese aber nicht immer feststellen können.

4.3 Datenbanksysteme unter UNIX

Wenn man die Anforderungen betrachtet, die heute an Datenbanksysteme gestellt werden, drängt sich die Frage auf, ob UNIX eine geeignete Basis für die Implementierung eines Datenbanksystemes besitzt.

Im folgenden wird kurz angezeigt, wie sich Probleme bei der Realisierung von Datenbanksystemen darstellen. Für die Beurteilung eines Datenbanksystems kann es durchaus von Bedeutung sein, wie die aufgezeigten Probleme gelöst bzw. umgangen werden.

Eine wesentliche Einschränkung bei der Realisierung von Datenbanksystemen ist das Fehlen eines "record locking" Mechanismus (existiert zur Zeit schon in XENIX und SystemV Rel.3), der die effiziente Behandlung von konkurrierenden Zugriffen und damit einen vernünftigen Multiuser-Betrieb des Datenbanksystems ermöglicht.

Das Problem wird im allgemeinen dadurch gelöst, daß beim Abarbeiten eines Auftrages die gesamte Datei bzw. die Datenbank für den konkurrierenden Zugriff gesperrt wird, was einen erheblichen Performance-Verlust bedeuten kann. Im übrigen wird auch das "file locking" nicht vom UNIX-System direkt unterstützt.

Ein schwieriges Problem wirft der Cache-Mechanismus in Bezug auf die Datenintegrität und den Wiederanlauf des Systems auf, da im Cache gehaltene

Blöcke mit zeitlicher Verzögerung auf die Platte geschrieben werden. Dies kann bei Systemfehlern zu Inkonsistenzen im Filesystem und in den Daten führen.

Dieses Problem kann durch zusätzliche Maßnahmen (wie Audit Trails oder Transaction Logging) oder durch Umgehung des Filesystems und damit des Cache-Mechanismus gelöst werden.

Der Cache-Mechanismus kann zudem für Datenbank-Implementierungen einen Performance-Verlust bedeuten, wenn seine LRU-Ersetzungsstrategie (Least recently used) im Gegensatz zu den optimalen Zugriffsverfahren des Datenbanksystems steht. Auch hier bietet sich der - allerdings wenig portable - Ausweg, das Filesystem zu umgehen und eine eigene, für das System optimale Datenverwaltung zu implementieren.

In den folgenden Abschnitten werden einige im Einsatz befindliche UNIX-Datenbanksysteme vorgestellt.
Es fällt auf, daß fast alle - außer MDBSIII - der vorgestellten Datenbanksysteme relationale Datenbanken sind. Ein Großteil der Systeme arbeitet mit der Abfragesprache SQL, die eine Art informeller Standard ist. Sie ist mit dem IBM System R kompatibel, was vielleicht die Popularität erklären könnte. Mehrere Datenbanksysteme unterstützen den Dialog mit der Datenbank durch moderne Benutzeroberflächen, wie Windows, Menüs und Grafik.
Robuste Transaktionsmechanismen besitzen nur sehr wenige UNIX-Datenbanksysteme. Mit den erweiterten Möglichkeiten der Interprozeß-kommunikation in manchen UNIX-Systemen wird auch hier zunehmend eine effizientere Lösung angeboten.
Die Performance der einzelnen Systeme ist sehr unterschiedlich. Dies hängt zum einen von den Zugriffsverfahren, die in den UNIX-Datenbanksystemen meistens über B-Trees, Hash-Tabellen oder ISAM realisiert sind, und zum anderen vom Datenmodell und seiner internen Speicherstruktur ab. Kann beim Netzwerk-Modell der Anwender die physikalische Speicherstruktur noch wesentlich über eine Speicher-Struktur-Beschreibungssprache (SSL) selbst bestimmen und für seine Anwendung optimieren, so ist beim relationalen Ansatz die physikalische Speicherstruktur für den Anwender nicht beeinflußbar.
Die meisten UNIX-Datenbanksystemen besitzen mehr oder weniger mächtige Report-Writer. Sie können zum Teil in die Applikationen eingebunden werden, wo die erzeugten Daten weiterverarbeitet werden können.
Welche Ausprägungen die einzelnen Systeme haben, wird in den anschließenden Kurzbeschreibungen erläutert. Die Reihenfolge der beschriebenen Systeme ist alphabetisch und enthält keine Wertung.

4.3.1 db + +

Die dem Datenbank-Management-System db + + zugrundeliegenden Ideen wurden von J.R. Ward am internationalen Institut für angewandte Systemanalyse in Laxenburg, Österreich, mit Rückgriff auf experimentelle Datenbank-Implementierungen an der Universität Cambridge, England, entwickelt und sind wahrscheinlich eine Weiterentwicklung von DB von IIASA. db + + ist ein leistungsfähiges, relationales Datenbanksystem, das einen komfortablen Editor und eine leistungsfähige Abfragesprache (leider eine eigene) besitzt. Der Zugriff auf die Datensätze erfolgt über B-Trees.

Ein Reportgenerator unterstützt die Datenbankausgabe. Eine Schnittstelle für Menügeneratoren wird angeboten. Datenschutz, Datensicherheit und Datenintegrität werden durch ein transaktionsorientiertes Bearbeiten von Benutzerfragen (mit Filelocking) gewährleistet. Der Datenschutz findet auf der Ebene der relationalen Tabellen statt.
db + + ist in C implementiert und wird laufend weiterentwickelt.

Hersteller: Concept asa, Software & Consulting GmbH, Frankfurt/Main

4.3.2 INFORMIX

Ein relationales Datenbanksystem mit eigener Abfragesprache, die jedoch zur Zeit auf SQL umgestellt wird. Das Datenbanksystem ist in C implementiert. INFORMIX benützt für den Aufbau und den Zugriff der Daten ISAM-Routinen (C-ISAM). Dies erlaubt den Zugriff auf die Datenbank durch Anwenderroutinen, ohne das gesamte INFORMIX benutzen zu müssen (z.B. COBOL.BASIC,...). Konkurrierende Zugriffe werden durch C-ISAM unterstützt. INFORMIX besitzt eine komfortable Menüoberfläche und ist damit leicht zu bedienen. Der Reportwriter ist sehr mächtig [Deer83]. Die Programmschnittstelle erlaubt jede Art von Zugriff auf die Datenbank.
Das System ist auf allen gängigen UNIX-Systemen verfügbar. Aufgrund dieser weiten Verbreitung ist eine kontinuierliche Weiterentwicklung gewährleistet.

Hersteller: Relational Database Systems, Sunnyvale, CA 94086, USA

4.3.3 INGRES

INGRES ist ein sehr mächtiges Datenbanksystem, das 1973 von der Berkeley University, Californien auf einer PDP-11 implementiert wurde. Es wurde später von Relational Technology Inc. auf eine VAX portiert und in Berkeley 4.2bsd integriert.

Reportwriter, Visual Form Editor, Datenschutz auf Feldebene, C-Schnittstelle, Datenintegritäts-Prüfroutinen und die Möglichkeit der Bildschirmgenerierung sind wichtige Eigenschaften, die INGRES besitzt. Die Abfragesprache ist QUEL. INGRES ist zur Zeit das einzige UNIX-Datenbanksystem, das Transaktionsmechanismen für die Datensicherheit und den Datenschutz besitzt, wie sie Datenbanksysteme auf Großrechnern vorweisen können. Diese Leistungen erfordern aber eine bestimmte Systemleistung der Hardware. Aus diesem Grund ist INGRES mit seiner vollen Leistung zur Zeit nur auf 32bit-Rechnern ablauffähig.

Hersteller: Relational Technology Inc., Berkeley, CA 94705, USA

4.3.4 LOGIX

Ein sehr verbreitetes relationales Datenbanksystem mit einer eigenen Abfragesprache Q, die allerdings nicht sehr mächtig ist. LOGIX nützt die Ressourcen von UNIX [Kali83], wie Filesystem, Shell-Kommandos und C-Schnittstelle. Ein Reportgenerator ist vorhanden. Datenintegrität und Zugriffsschutz sind gegeben. Das System ist für alle bekannten Rechner verfügbar.

Hersteller: Logical Software Inc., Cambigde, MA 02 138, USA

4.3.5 MDBSIII

Das einzige Codasyl-System, das hier aufgeführt ist [Bail83]. Datensicherheit, Integrität und Datenschutz wird über transaktionsorientiertes Verarbeiten von Benutzeranfragen (mit after images) realisiert. Die Abfrage wird über das Query-Reporting-System (QRS), eine SQL-ähnliche Sprache getätigt.
Eine Routine zum Generieren von Bildschirmen ist vorhanden. Ein komfortables Grafiksystem unterstützt die Ausgabe von Grafikinformationen. Utilities unterstützen die Datenbank-Administration. Eine umfangreiche Programmier-schnittstelle erlaubt die Verwendung mehrerer Sprachen.
MDBSIII ist auf mehreren Betriebssystemen verfügbar (CP/M, MP/M).

Hersteller: Micro Database Systems Inc., Lafayete, IN 47902, USA

4.3.6 MISTRESS

Ist im Aufbau ähnlich INFORMIX und besitzt eine mächtige Programmierschnittstelle (M-SQL für die UNIX-Shell, eine C-Schnittstelle und zwei weitere C-Schnittstellen für die Formulierung von komplexen Suchfragen). Die Abfragesprache ist SQL. Ein Reportgenerator und Menü-Routinen unterstützen Ausgabe und Abfrage. Zugriffe auf Datensätze erfolgen über B-Trees.

Hersteller: Rhodnius Inc., Ontario, Canada M 1R 4Y7

4.3.7 ORACLE

Ein relationales Datenbanksystem, das in C geschrieben ist und nach langer Ankündigung nun auch auf UNIX verfügbar ist. Aufgrund seiner Leistungsfähigkeit ist es zur Zeit nur auf 32bit-Rechnern (Amdahl) im Einsatz.
Es besitzt Netzkommunikation-Routinen, Grafikbausteine, Report-Writer, Schnittstellen für mehrere Programmiersprachen und Anwendungen. Die Abfragesprache ist SQL. Datensicherheit und Datenschutz sind durch"record-locking" gewährleistet.
Eine Besonderheit bei ORACLE ist das Konzept des "Shared memory". Mit dieser Technik ist eine echte Parallelarbeit mit der Datenbank möglich.

Hersteller: Oracle Corporation, Menlo Park, CA, USA

4.3.8 UNIFY

Ein relationales Datenbanksystem, welches speziell im OEM-Bereich eine große Verbreitung findet [Nier83]. Menüoberfläche und Maskenbildschirme erleichtern den Dialog mit der Datenbank. Die Abfragesprache ist SQL. Schnelle Zugriffe (über Hash, B-Trees und Pointer) ergeben eine beachtliche Performance. Das Filesystem von UNIX kann durch raw I/O umgangen werden. Automatische Rekonfiguration nach Änderung des Datenbankschemas.

Hersteller: North American Technology, Sacramento, CA, USA

4.3.9 Weitere Datenbanksysteme

Zusätzlich zu den vorher kurz beschriebenen Datenbanksystemen gibt es weitere Datenbanksysteme, über die nicht genügend Informationen vorliegen, die jedoch der Vollständigkeit wegen kurz erwähnt werden.

DB

DB ist ein relationales Datenbanksystem, das bildschirmorientiert arbeitet und einen Reportgenerator besitzt. Die Abfragesprache (Db) ist eine Eigenentwicklung. Das System ist auf DEC VAX- und PDP-Anlagen verfügbar.

Hersteller: IIASA, A-2361 Laxenburg

dBaseII

Dieses populäre relationale Datenbanksystem ist nun auch auf UNIX verfügbar. Es besitzt eine eigene (Pascal-ähnliche) Abfragesprache. Informationen über die Implementierung liegen nicht vor.

Hersteller: Ashton-Tate, Culver City, CA, USA

PROGRESS

Ein relationales Datenbanksystem, das eine eigene Abfragesprache (Progress) und einen Reportgenerator besitzt. Es arbeitet bildschirmorientiert und besitzt einfache Transactionmechanismen (mit Before-images), die eine gewisse Systemrobustheit und Datenintegrität gewährleisten.

Hersteller: Data Language Corp., Billerica, MA 01821, USA

RDB

RDB ist ein relationales Datenbanksystem und auf jedem UNIX-System ablauffähig. Die unterstützte Sprache ist C. Es besitzt einen Reportgenerator und eine eigene Abfragesprache.

Hersteller: UniPress Software Inc., Edison NJ 08817, USA

RDHS

RDHS ist ein Realtime-Datenhaltungssystem und befindet sich zur Zeit im Zustand der Portierung auf UNIX. Es wird bereits auf VAX-Anlagen unter VMS und auf Intel unter RMX 11 M eingesetzt. Die Abfragesprache ist SQL. Unterstützte Sprachen sind Pascal und Fortran. Weitere Informationen liegen nicht vor.

Hersteller: mbp Mathematischer Beratungs- und Programmierdienst GmbH, Frankfurt/Main

RUBIX

Ist ein relationales Datenbanksystem mit einer eigenen Abfragesprache (Q). Es besitzt einen Reportgenerator. Für den Dialog mit der Datenbank wurde ein eigenes Interface (PREFIX) entwickelt. Die unterstützte Programmiersprache ist C.

Hersteller: Infosystems Technology, Greenbelt, MD, USA

5 Zusammenfassung

Dieser Bericht hat nur die Oberfläche des Problemgebietes der Datenhaltung unter UNIX erläutern können. Man kann jedoch sagen, daß kommerzielle Benutzer von UNIX, sich mit dem Problemfeld der Datenbanksysteme beschäftigen müssen. Nur Datenbanksysteme erlauben es einem Anwender in Zukunft, seine Daten unter Datenschutz, Datensicherheits- und Datenintegritätsbedingungen zu organisieren und zu verwalten. Die heute entwickelten Datenbanksysteme reichen aber in vielen Fällen für die oben aufgeführten Anforderungen noch nicht aus.
Die zukünftige Entwicklung und Weiterentwicklung von Datenbanksystemen unter UNIX wird sich mit dem Problem des Datenschutzes, der Datenintegrität und Datensicherheit verstärkt beschäftigen. Die Verteilung von Datenbanken, die Verbesserung der Benutzeroberfläche durch Unterstützung von Windows und Grafik wird in Zukunft eine wesentliche Rolle spielen. Bedingt dadurch werden auch erhöhte Anforderungen an das Betriebssystem gestellt. Ob UNIX als Betriebssystem dazu in der Lage sein wird, die nötigen Ressourcen zur Verfügung zu stellen, kann aus heutiger Sicht noch nicht beurteilt werden.

Ich danke Frau Weng-Beckmann für die kritische Durchsicht des Manuskripts und für die vielen Anregungen und wertvollen Hinweisen zum Inhalt.

Literatur

[Bail83]   Bailey, R.: "The Extended Network Architecture of MDBSIII",
                /usr/group CommUNIXations, April/May 83
                pp. 26-27

[CODA71]   CODASYL Data Base Task Group, Report
                April 1971, ACM New York

[Codd70]   Codd, E.F.: "A Relational Model for large shared data banks"
                CAM 13:6, 1970, pp. 377-387

[Deer83]   Deerwester, S., Tuthill, B.: "Database Management Systems
                Under UNIX", /usr/groupCommUNIXatiuons, April/May 83, pp.
                5-7

[Härd79]   Härder, T.: "Die Einbettung eines Datenbanksystems in eine
                Betriebssystemumgebung", ACM-Bericht 2, 1979, pp. 9-24

[Kali83]   Kalish, D.: "Symbiotic Software: LOGIX", /usr/group
                CommUNIXations, April/May 83, pp. 15-16

[Nier83]   Nierenberg, N.: "Multiple Access Methods For Flexibility and
                Performance: UNIFY", /usr/groupCommUNIXations, April/May
                83, p. 18

[Quie83]   Quiel, G.: "Datenbanksysteme", Verlag: Rudolf Müller 1983, pp.
                32-54

[Schl83]   Schlageter, G.: "Datenbanksysteme: Konzepte und Modelle",
                Teubner-Verlag 83, pp. 57-162

[Uhle83]   Uhlenberg, M.: "Newcastle Connection und USENET-
                Erfahrungen mit UNIX-Netzen", UNIX-Mail 2/83, pp. 13-19

[Ullr83]   Ullrich, G.: "Datenbanken auf dem Prüfstand", UNIX-Mail 83,
                Sonderausgabe, pp. 16-25

[Weng82]   Weng-Beckmann, U.: "Interne Strukturen des UNIX-Systems",
                UNIX-Konzepte und Anwendungen, ACM-Bericht 12, 1982, pp.
                17-48

UNIX in der Software-Entwicklung

Dr. H. Heintke

1 Vorbemerkung

Über das Software-System UNIX[TM] ist viel geschrieben worden[1], und es wird viel
darübergeredet. Die Entstehungsgeschichte von UNIX ist wohlbekannt und jeder-
mann in der EDV-Branche weiß, daß es etwas völlig anderes ist, als das gewohnte
Betriebssystem. Mindestens den Eingeweihten ist aber darüber hinaus bekannt,
daß die große Verbreitung von UNIX an dessen guter Eignung für die Software-
Entwicklung liegt. Seine große Beliebtheit bei der Jugend rührt andererseits von
seiner großen Verbreitung an amerikanischen und englischen Universitäten her.
Ob es noch weitere Gründe für die Akzeptanz von UNIX hierfür gibt, mögen
Psychologen ergründen. Sicherlich spielt aber die leichte Erweiterbarkeit von
UNIX dabei eine entscheidende Rolle.

Aus heutiger Sicht betrachtet stellte UNIX in seinen Anfängen einen Personal
Computer dar, der einem Wissenschaftler bei der Durchführung schwieriger Berechnungen diente. Die Hardware Basis war ein softwaremäßig unzureichend aus-
gestatteter Mini-Computer. Wegen der erwähnten Vorzüge seiner Grundkonzep-
tion - aber auch weil es von Anfang an als Mehrbenutzer-System konzipiert war -
mauserte es sich in jahrelangem Einsatz in Forschungs- und Entwicklungsberei-
chen zu einem hochgradig interaktiven und funktionsreichen Timesharing-Sy-
stem. Schließlich wurde es vermarktet.

Seitdem setzt die Diversifikation ein: die gute Idee, die UNIX einmal war, ver-
krustet zu einer Vielzahl mehr oder weniger (nicht) kompatibler Produkte[2]. Für
Mikrocomputer-Entwicklungssysteme ist es absoluter Standard und auch bei
Mini-Computern gewinnt es zunehmend an Bedeutung - hier jedoch meist als
Option neben dem eigenen Betriebssystem des Herstellers. In diesen beiden
Einsatzgebieten dient UNIX seinem eigentlichen Zweck, der Unterstützung bei
der Software-Entwicklung. Inwieweit seine Verbreitung bei Personal Computern
zunehmen wird, sei dahingestellt; eines ist aber klar: die heutigen Anwender von
Personal Computern haben nicht mehr viel gemein mit den Forschern der
Sechziger Jahre.

In den folgenden Kapiteln werden - ohne jedoch in die Details zu stark einzudrin-
gen - die UNIX unterliegenden Konzepte erläutert. Danach setzen wir uns mit den
für die Software-Entwicklung verfügbaren Mechanismen auseinander. Abschlies-
send wird beschrieben, wie man mit dem Instrumentarium UNIX effizient und
wirkungsvoll umgeht.

2 Konzepte

2.1 Übersicht

Die Konzepte, die UNIX zu dem machen, was es ist, sind:

- das zeichenweise Ansprechen von Dateien und Peripherie
- das hierarchische Dateisystem
- die Kommandosprache *shell*
- die einfache Möglichkeit, Kommandos zu schaffen und zu verknüpfen
- das Umlenken der Ein- und Ausgabe von Kommandos
- das Kommando *make*, das gemäß der aktuell vorliegenden Konstruktionsvorschrift aus den gültigen Bausteinen (Dateien)ein Softwareprodukt (Datei)
  erzeugt

Die erstgenannte Eigenschaft des grundsätzlich zeichenweisen Ansprechens der
Dateien und Peripherie bedeutet, daß mit dem Standard UNIX einerseits keine
intelligenten Terminals betrieben werden können, und daß andererseits die für die
kommerzielle Datenverarbeitung unerläßliche transaktions-orientierte Satzbear
beitung nicht unterstützt wird: In COBOL ist eine Datei als eine Menge von
Sätzen definiert, in UNIX als Zeichenkette.

Bevor die erwähnten Konzepte im einzelnen besprochen werden sei darauf
hingewiesen, daß das als letztes genannte Kommando *make* den eigentlichen Ge-
niestreich in UNIX darstellt. Dieses Kommando ist bei richtiger Anwendung der
zentrale Mechanismus für die effiziente und qualitätsgerechte Software-
Produktion.

2.2 Dateisystem

Eine Datei ist der Behälter für alle Arten von Daten, die man in UNIX behandeln
kann. In vielen Betriebssystemen wird zwischen Bibliotheken und Dateien
unterschieden. In ersteren werden Prozessoren, Kommandos, Prozeduren oder
Programme abgelegt, während Dateien reine Benutzerdaten darstellen, die von
den Anwenderprogrammen bearbeitet werden. Das ist in UNIX nicht der Fall.

Hier ist eine Datei eine Kette von Bytes mit folgenden Eigenschaften:

- sie hat eine Länge, einen Besitzer und eine Erstellungszeit
- sie besitzt einen Zugriffsschutz
- ihr Inhalt ist ein Dateiverzeichnis oder es sind normale Daten in ihr.
- In diesem Fall ist sie entweder ausführbar oder nicht.

Da diese Eigenschaften nur das allerwichtigste einer Datei charakterisieren, spricht man von den "eigenschaftslosen Dateien" in UNIX [Kern81]. Sie besitzen keine Struktur außer der unabdingbaren, eine Zeichenkette zu sein. Sie haben keinen Typ, wie etwa "source", "object" oder "text", und ihnen ist keine Zugriffs-art zugeordnet, wie es z. B. in COBOL der Fall ist.

Stattdessen besitzen die Sprachprozessoren - also z.B. Compiler und Interpreter - , die ja als Eingabe eine Datei erwarten, ihre eigenen Konventionen, gültige Eingabedaten zu erkennen. So setzt der Kommando-Interpreter *shell* von der Kommando-Prozedur-Datei nur voraus, daß sie ausführbar ist. Bei den Compilern und *make* dagegen spielen Namenskonventionen eine Rolle. Der C-Compiler zum Beispiel akzeptiert nur solche Dateien zur Übersetzung, deren Name mit ".*c*" endet. *make* kennt darüber hinaus implizite Abhängigkeiten zwischen Dateien sonst gleichen Namens, aber unterschiedlicher Anhängsel ".*c*" und ".*o*" und gestattet weitere zu vereinbaren.

Wir haben noch nicht gesagt, daß das hierarchische Datei-System als Baumstruktur von Dateiverzeichnissen ("Directories") gebildet wird.
Unterhalb eines Dateiverzeichnisses befinden sich weitere Directories, aber vor allem Dateien. Jedem Benutzer ist ein "Heimat"-Dateiverzeichnis zugeordnet, in dem er sich automatisch nach dem "einloggen" befindet. Unterhalb dieses *home directories* kann der Benutzer weitere Dateiverzeichnisse anlegen, in denen er z.B. thematisch oder projektorientiert seine Dateien anlegt. Darüber liegen die System und Projekt-Dateiverzeichnisse. Inwieweit der einzelne Benutzer Zugang zu anderen Directories oder Dateien hat, regelt deren Zugriffsschutz.

Dieser ist wirkungsvoll und sehr einfach zu verstehen; er stellt sich aber als unzureichend heraus, wenn es im System Benutzer gibt, die an mehreren Projekten arbeiten. Die Benutzungsrechte an einer Datei werden von ihrem Besitzer eingetragen, der dem System unter einem bestimmten Namen, dem *"login"*-Namen bekannt ist[3]. Der Besitzer kann für sich, die Kollegen in seiner Gruppe und alle anderen Benutzer am System getrennt das Lese-, Schreib- und Ausführungsrecht an einer Datei festlegen. UNIX kennt also den Begriff der "Gruppe" als Zusammenfassung mehrerer Benutzer gleicher Privilegien.

Idealerweise werden alle an einem bestimmten Projekt mitarbeitenden Kollegen in einer solchen Gruppe organisiert. Da ein System-Benutzer nur Mitglied genau einer Gruppe sein kann, besteht der Nachteil, daß ein erfahrener Kollege, der schon an mehreren Projekten mitgearbeitet hat, mehrere *login*-Namen besitzt. Das ist natürlich hinderlich, da man so nie weiß, unter welchem seiner verschiedenen Hüte - sprich *"login-names"* - man was darf. Insbesondere gibt es keine Systematik für die Ablage projekt-übergreifender, persönlicher Arbeitsergebnisse.

Ein typisches, etwas systematisiertes Beispiel einer UNIX-Dateistruktur zeigen
Bild 1 und 2.

```
    /  System-Wurzel "root"
  + dev
     ... Directory der Devices
  + bin
     ... Directory der wichtigsten Kommandos
  + etc
Directory fuer Systempflege
       + local
          ...
        *ac
        - group
        - passwd
        - dump
        - backup
        - motd
          ...
         + usr  Allzweck-Directory
        + adm
          ...
        + bin
          ...
        + man
           ...
        + local
          *  (lokale, selbstgeschriebene Kommandos)
          +  src       Directory deren Quellprogramme
            ...
         - telefon
        + u0        Benutzer-Dateisystem, enthaelt Anwender-Dateien
          ...
        + u1        wie u0, siehe  Abb. 2
          ...
        + da        Dummy-Filesystem

         vmunix
```

+ ein Dateiverzeichnis
* ein Kommando
- einen Text

Bild 1: Beispiel für ein UNIX-Dateisystem

```
+ u1
   + u11
      ...
   + u12
      + g21
         + Helmut
            + tools
               ...
            + p1
               ...
            + p2
               + ...
                  + ...
            + privates
               ...
         + elke
            ...
         + hgh
            ...
         + Hans
            ...
      + u13
         ...
      ...              (Es gibt noch z.B. u2 und u3)
```

Bild 2: Beispiel eines Anwender-Dateisystems

Die in einem UNIX-System installierte Hierarchie von Dateien ist normalerweise auf mehrere logische Platten[4] abgebildet. Diese wiederum sind den aufgestellten Plattenlaufwerken zugeordnet - beispielsweise wie in Bild 3 angegeben. Auf einer physischen Platte können mehrere logische liegen, aber eine logische Platte kann nicht auf mehrere physische Platten verteilt werden.

```
Festplatte 1 :    root. u0           (vgl. Bild 1)
Festplatte 2 :    da
Wechselplatte 1:  usr, tmp, u1
Wechselplatte 2:  u1, u3
```

Bild 3: Die Allokation von logischen Dateisystemen auf Platten

Die auf einer logischen Platte allokierten Dateien können unter verschiedenen
Namen angesprochen werden. Unter verschiedenen Namen - insbesondere in verschiedenen Dateiverzeichnissen - kann sich folglich ein und derselbe physische Datenbestand befinden. Man sagt, daß zu einer allokierten Datei mehrere "links" bestehen. Dieser Mechanismus, den kein anderes Betriebssystem zur Verfügung
stellt, ist - wie man leicht einsehen kann - gerade für die Software-Entwicklung
sehr wichtig.

Bei der Arbeit an einem Software-Projekt wird die durch die Entwurfsarbeit ent-
standene funktionale Zerlegung auf einen Teilbaum abgebildet. Die Realisierung
der an den Zweigen dieses Baumes befindlichen Moduln schreitet unterschiedlich
schnell voran und der Test erfordert eine schrittweise Integration. Mit dem Mechanismus der "links" wird nun erreicht, daß es genau eine kon-solidierte Fassung des
Projekt-Baums gibt, die allen Projektbeteiligten zur Ver-fügung steht, als wäre es
ihre eigene - mit zwei wichtigen Ausnahmen allerdings: man kann sie nicht zerstö-
ren, und sie nimmt keinen Platz ein. Im Zusammenhang mit der folgenden Diskussion des *make*-Mechanismus und der Editoren wird die Methodik, die dabei zu be-
folgen ist, verständlich.

Wir hatten eingangs gesagt, daß Dateien Zeichenketten sind. Diese Feststellung
bedeutet nun nicht, daß Platten-Dateien auch etwa zeichenweise gelesen würden,
wie das z.B. von Tastaturen oder Bildschirmen der Fall ist. Diese werden vielmehr
in Blöcken von 512 Bytes gelesen und geschrieben. Der Zugriff geschieht gepuffert.
Dieser Vorteil eines im Mittel schnelleren Zugriffs wird aber mit gewissen Nach-
teilen verbunden. die in der original UNIX-Dokumentation genau beschrieben
werden [Thom]. Diese Nachteile bestehen darin, daß im Fall eines Hardware-Feh-
lers nicht genau feststellbar ist, welche Daten z.B. noch korrekt geschrieben werden konnten. Man muß folglich in solchen - glücklicherweise der Erfahrung nach
seltenen Fälle - auf Datensicherungen zurückgreifen.

Zu seiner Zeit waren die Nameskonventionen in UNIX ein großer Fortschritt. Sie
können wirklich lang genug werden, um aussagekräftig zu sein. Groß- und Kleinbuchstaben werden unterschieden und Sonderzeichen sind nicht tabu. Aber natürlich kommen gerade bei der Verwendung von Sonderzeichen die oben erwähnten
Konventionen zum Tragen. In den verschiedenen Dateiverzeichnissen können Dateien gleichen Namens vorkommen. Eindeutigkeit wird durch vollständige Quali-
fikation erzeugt. Innerhalb der UNIX *system directories* gibt es z.B. üblicherweise
mehrere *directories* mit Namen *src, bin* und *local*. In vielen Dateiverzeichnissen ist
eine Datei *READ.ME* enthalten und ein *makefile* (s. u.).

2.3 Die Einrichtbarkeit von UNIX

Die Kommandosprache *shell* ist - wie ihr Name andeutet - so konzipiert, daß sie die "Innereien" des Systems vor unerwünschten Eingriffen seitens des Benutzers schützt. Sie ermöglicht den schnellen Zugriff zu den Systemleistungen, kann diese konditional verknüpfen und kann vor allem an die persönlichen Belange des Bedieners oder die Projektzwänge angepaßt werden. Die durch die *shell* realisierte Benutzeroberfläche von UNIX ist einrichtbar.

Diese Einrichtbarkeit bedeutet, daß

- nicht allen Benutzern alle Kommandos zur Verfügung stehen müssen
- man sich als Benutzer eigene Kommandos schaffen oder
- bestehende Kommandos umbenennen oder umstrukturieren kann.

Dem UNIX System-Manager, der "super-user" heißt, fällt in diesem Zusammenhang eine sehr verantwortungsvolle Rolle zu. Er ist notwendigerweise derjenige, der alle Rechte hat - insbesondere auch das, die Rechte jedes Benutzers zu ändern. Natürlich wird er davon nur sinnvoll Gebrauch machen, da er einerseits dafür verantwortlich ist, das System gegen Störeinflüsse seitens der Benutzer unempfindlich zu machen und andererseits dem Programmierer eine den Projektzwängen angepaßte effiziente und produktive Entwicklungsumgebung zur Verfügung zu stellen. Das meinen wir mit "Einrichten". Die jeweilige Projektleitung muß folglich sehr effizient mit dem *super-user* zusammenarbeiten. Die Flexibilität, die die *shell* zusammen mit den darunterliegenden Systemleistungen hierfür bereithält ist beeindruckkend.

Das wichtigste grundlegende Konzept der *shell* stellen die *"I/O-redirection"* und die *"pipes"* dar. Nahezu alle Kommandos eines Betriebssystems arbeiten auf von vorneherein nicht feststehenden, erst vom Benutzer benannten Dateien. Sie lesen sie, tun etwas damit und schreiben das Ergebnis weg - häufig auf Drucker oder Bildschirm. Die schon angesprochene hohe Symmetrie, die jedoch in UNIX zwischen Dateien und Peripheriegeräten besteht, erlaubt es nun darüberhinaus, diese im Allgemeinverständnis so unterschiedlichen Mechanismen "Datei" und "Gerät" gleichzubehandeln. *shell*-Kommandos lesen von einem logischen *"standard input"* und schreiben nach *"standard output"*[5]. Erst bei Ausführung des entsprechenden Kommandos, wenn die angesprochenen Dateien und Peripherie bestimmt ist, findet die notwendige Verknüpfung zwischen Funktion und Datenquelle bzw. Datensenke statt. Diese Kommandos werden *"filter"* genannt. Wenn für sie nichts anderes vereinbart wird, ist die Standard-Eingabe die Tastatur und die Standard-Ausgabe der Bildschirm.

Für die Bestimmung von *standard input* und *standard output* stehen einfache Operatoren zur Verfügung. So zeigt z. B. das Kommando *ls* die Liste der Dateien, die im aktuellen Dateiverzeichnis enthalten sind, normalerweise auf dem Bildschirm. Gibt man jedoch *ls > l* ein, so wird die Datei *l* angelegt und die Ausgabe von *ls* in sie geschrieben. Spezifiziert man *ls >> l,* so wird angenommen, daß die Datei *l* schon existiert, und die Ausgabe von *ls* wird an den bestehenden Dateiinhalt angehängt.

Das Kommando *cat* ist ein noch deutlicheres Bespiel für die Umlenk-Möglichkeit der Standard Ein- und Ausgabe in UNIX. Ohne weitere Parameter eingegeben - also *cat* - erwartet es nach Drücken der RETURN-Taste (selbstverständlich) Daten von der Tastatur. Nach Eingabe des Dateiende-Zeichens erfolgt die Ausgabe des Eingegebenen auf dem Bildschirm. Gibt man aber *cat < A >> B* ein, so wird der Inhalt der Datei *A* an den von *B* angehängt.

Nun zu den *pipes.* Eine *pipe* stellt die enge Kopplung zweier Kommandos über ihre Standard-Ein- und Ausgaben dar: die Ausgabe des ersten Prozesses wird die Eingabe. des zweiten Prozesses. Dabei werden die Prozesse, aus denen beide Kommandos bestehen, gleichzeitig gestartet. Die vom ersten Kommando erzeugte Ausgabe kann folglich *"portionsweise"* vom zweiten Prozeß sofort weiter verarbeitet werden.

Zwei Beispiele mögen genügen, um die Leistungsfähigkeit dieses Konzepts zu beschreiben.

1. Mit *ps -ax*[6] bekommt man eine Liste aller laufenden Prozesse im System - pro Prozeß eine Zeile. Verbindet man dieses Kommando mit einem weiteren das z.B. Zeilen zählt: *ps - ax / wc,* so erscheint auf dem Bildschirm die Zahl der Prozesse. Trägt man

```
(date; ps -ax | wc) >> Systemauslastung
```

   zusammen mit Zeitintervall-Vorgaben in eine Auftragstabelle des Systems ein, so erhält man eine Fortschreibung der Zahl der aktiven Prozesse über die Zeit in der Datei *Systemauslastung*.

2. Die folgende - aus der Literatur übernommene - Aneinanderreihung der Kommandos *deroff, sort, uniq* und *pr* ergibt die in Bild 4 auszugsweise gezeigte Häufigkeitsverteilung von Worten der Datei *23.t*[7]

```
deroff -w 23.t | sort | uniq -c | pr -3.
```

```
Oct 17 14:51  1984    Page 1
```

1 Filter	2 Systems	1 bestehen
1 Flexibilitaet	2 Tastatur	1 bestehende
1 Fortschreibung	1 Taste	1 bestehenden
1 Gegensatz	1 Text	1 besteht
2 Gibt	1 Traegt	1 bestimmt
1 Haeufigkeitsverteilg	1 UNIQ	2 cat
1 Im	8 UNIX	1 charakteristisch
1 In	1 Umlenk	2 dafuer
2 Inhalt	1 Und	1 damit
1 Innereien	1 Verbindet	1 dar
1 Input	3 Verfuegung	7 das
1 Kapitels	1 Vorgaben	4 dass
5 Kommando	1 Wenn	1 date
10 Kommandos	1 Wie	3 dem
1 Kommandosprache	1 Worten	7 den

Bild 4: Auszug der Häufigkeitsverteilung von Worten in einem Text

2.4. Die Kommandosprache SHELL

Im vorstehenden Kapitel ist schon das wichtigste über die *shell* gesagt worden: sie ermöglicht die Kommunikation des Benutzers mit den Kommandos und gestattet dabei, die Laufzeitumgebung eines Kommandos zu bestimmen. Um einen Gesamteindruck dieser Kommandosprache zu geben, wird in Bild 5 ein kleines Programm gezeigt.

```
for i in $*
  do
    if test -d $i              # Test, ob Datei $i ein "directory" ist
    then
      ls $i | wc -l            # Zaehlt die Zeilen des Verzeichnises
      echo files in directory: $i # Text erscheint auf dem Bildschirm
    else
      echo $i is a file
  fi
done
```

Bild 5: *shell*-Prozedur, die die Zahl der Dateien pro *"directory"* zählt

Dieses Beispiel ist insofern typisch für die *shell* als es zeigt, daß ihre Operationen darauf abgestimmt sind, Kommandos und Dateien zu verknüpfen. Die eigentliche Leistung einer *shell*-Prozedur wird durch die darin aufgerufenen Kommandos bewirkt: Das *shell*-Programm bewirkt "nur" die konditionale Verknüpfung, sowie die Ein- und Ausgabe dieser Kommandos. Daten brauchen nicht definiert zu werden. Das ist anders als bei "normalen" Programmiersprachen, mit denen man neue Funktionen dadurch schaffen kann, daß man mächtige Datenstrukturen und Algorithmen aus einfachen Grundstrukturen aufbaut.

Die *shell* ist eine Kommandosprache. Folglich wird ein *shell*-Programm inter-pretiert. Es gibt also keinen *shell*-Compiler, der zunächst den Programmtext auf syntaktische und z. T. auch auf semantische Richtigkeit überprüft, ehe er es dem System zur Ausführung "mundgerecht" vorlegt. U. a. aus diesem Grund ist der Sprachumfang der *shell* so klein wie möglich gehalten. Dinge, die man anders - z.B. durch Schreiben eines C-Programms - machen kann, sind weggelassen worden.
shell-Programme sind - wie oben schon gesagt wurde - ganz normale Dateien, die allerdings nach Erstellen ausführbar gemacht wurden. Gibt man den Namen einer solchen Datei dann ein, wenn die *shell* einen Kommandonamen erwartet, so ist er zum Kommando geworden. Kommandos werden normalerweise zur Aus-führungs-zeit mit Parametern versorgt. Diese Parameter sind die wichtigsten Variablen in einem *shell*-Programm. Daneben gibt es eine kleine Zahl von fest vereinbarten System-Variablen, die für das Schreiben sinnvoller Prozeduren unentbehrlich sind. Der Programmierer kann sich selbst Variable definieren. Diesen können aber nur Texte zugewiesen werden, z.B. das Ergebnis von Kommandos.

Dabei besteht - neben der oben besprochenen Erweiterbarkeit - der wichtigste Aspekt darin, schnell und einfach Lösungen für schwierige Probleme zu finden - also sogenannte Probe-Implementierungen oder Prototypen zu erstellen. Um das tun zu können, ist es natürlich nicht notwendig, daß nun alle Programmierer im Projekt zusätzlich auch noch die *shell* beherrschen, sondern es ist ausreichend, wenn man eine kleine Gruppe von guten UNIX-Experten zur Verfügung hat. Diese muß nicht unbedingt zum Projekt gehören; es reicht, wenn es in der Organisation vier bis fünf derartige Kollegen - quasi als Dienstleistung - gibt. In diesem Zusammenhang muß nochmals betont werden, daß die Programmierung in der *shell* im wesentlichen bedeutet, in UNIX vorhandene Kommandos den vorgegebenen Anforderungen gemäß zu verknüpfen. Es ist also bei der Bildung derartiger Prototypen nicht damit getan, nur die recht kleine Programmiersprache *shell* zu kennen, sondern man muß vor allem im großen Feld der einigen hundert UNIX-Kommandos Bescheid wissen. Das ist bei den normalen Anwendungsprogrammierern, die unter einem UNIX-Entwicklungssystem ar-beiten, normalerweise nicht der Fall.

Es ist typisch für die Architektur von UNIX, daß der Interpreter der *shell* selbst ein Kommando der *shell* ist. Bei seinem Aufruf kann man Parameter mitgeben und auf diese Weise die Ausführungsumgebung festlegen. Ein Programmierer kann mit mehreren *shell*s quasi gleichzeitig arbeiten. So ist es insbesondere beim Ausprüfen von selbstgeschriebenen *shell*-Prozeduren sinnvoll, zusätzlich mit einer speziellen Test-*shell* zu arbeiten.

Der Kommando-Interpreter *shell* bildet die Schnittstelle zwischen dem Menschen und einem EDV-System, das als interaktives System ausgelegt ist. Die Philosophie dahinter ist, daß der Aufruf eines Kommandos eigentlich eine Anfrage an das System bedeutet, deren Antwort in Sekundenschnelle vorliegen soll. Im normalen interaktiven Betrieb startet die *shell* die meisten Kommandos als eigenen Prozeß und wartet auf dessen Beendigung. Es besteht aber auch die Möglichkeit, Kommandos oder Kommando-Prozeduren, die notwendigerweise länger dauern wie z.B. das Compilieren oder Formatieren, im Hintergrund zu starten, so daß man während deren Ausführung weiter am Bildschirm arbeiten kann.

Die Mechanismen der Programmausführung sollen hier nicht weiter vertieft werden, da dies vom eigentlichen Thema wegführen würde.

Die Mensch-Maschine-Schnittstelle von UNIX, die im wesentlichen durch die *shell* bestimmt ist, wird viel kritisiert. Wesentlicher Kritikpunkt ist die ungewöhnliche, mathematische Darstellungsweise gepaart mit einer mindestens nicht sofort einsichtigen Wahl der Kommando-Namen. Es ist aber auch unbestritten, daß der geübte Benutzer mit dieser Struktur so gut wie keine Probleme hat, und daß sogar der Umgang mit dieser Kommandosprachs sehr effizient und produktiv ist.

Gerade bei der Diskussion der Bedienbarkeit der *shell* muß erwähnt werden, daß es recht erfolgreiche Arbeiten gibt, sie zu verändern und zu verbessern. Mehrfenster-Technik, Führung mittels "help-menues" und graphische Gestaltung sind hierfür die Stichworte. Bei der Besprechung der Editoren kommen wir darauf zurück.

Grundlegend erscheint uns in diesem Zusammenhang die Schaffung der C-*shell*, die im "Berkeley UNIX" und seinen Derivaten angeboten wird. Diese hat zwei für die Bedienung wichtige Bereicherungen gegenüber der "normalen" *shell*[8], ist aber auch in ihrer Funktionalität leistungsfähiger. Ihr Name rührt daher. daß ihre Grammatik an die der in UNIX wichtigen Programmiersprache C angelehnt ist.

Die für die Bedienbarkeit so wichtigen Konzepte der C-*shell* sind der *alias*- und der *history*-Mechanismus. Mit dem *alias* kann der Benutzer nur für ihn gültige Namen statt der Standard-Kommandonamen vereinbaren. Typische Beispiele sind in Bild 6 gezeigt.

```
alias rm rm -i

alias b14 printfont -I10 B.14

alias p pr6 -nmg

alias a alias
```

Bild 6: Der *alias*-Mechanismus der C-*shell*

Nach Ausführung dieser *alias*-Kommandos hat also z. B. der Aufruf *rm* die Wirkung von *rm -i* und der von *p* die von *pr6 -nmg*.

Das *history*-Kommando hält in einer system-internen Datei die letzten z. B. hundert in einer Sitzung ausgeführten Kommando-Aufrufe gespeichert. Diese kann man relativ oder absolut als Kommando addressieren. Gibt man z. B. als Kommandos *!c* ein, so wird das zuletzt ausgeführte Kommando, das mit *c* beginnt, ausgeführt. Gibt man *!-2* ein, so ist es das vorletzte und bei *!12* das zwölfte. Hilfreich ist, daß man die Kommandos vor Ausführung noch editieren kann, um beispielsweise gewisse Parameter oder die adressierten Dateinamen ändern zu können.

Zum Abschluß sei, um einen gewissen Eindruck dieser Kommando-Sprache zu vermitteln, in Bild 7 eine C-*shell* Prozedur angegeben.

```
#
#  I copy C programs listed as arguments to the directory ~/C.BAK
#  if they differ from the files contained already in ~/C.BAK.
#
foreach i ($argv)
    if ($i:r.c != $i) continue - # argument not a .c-file. ignored

    if (! -e  ~/C.BAK/$i:t  ) then
        echo -n $i:t not in ~/C.BAK ok to copy '?' :
        set c=$<
        if ($c == "y") goto copy
        echo $i:t not copied
        continue
    endif
copy:
    cmp -s $i ~/C.BAK/$i:t     # to see, if there are differences
    if ($status != 0) then
        echo new backup of: $i
        cp $i ~/C.BAK/$i:t
    endif
end
```

Bild 7: Ein Beispielprogramm in C-*shell*

2.5 MAKE, ein Programm zur Pflege von Computer-Programmen

Die Überschrift ist die wörtliche Übersetzung der Original-Veröffentlichung
[Feld], in der diese in den Augen vieler wichtigste Funktion des Software-Ent-
wicklungswerkzeugs UNIX beschrieben wurde. Die Notwendigkeit und zugleich
die Begründung für das Kommando *make* läßt sich möglicherweise am besten mit
den Worten des Autors Feldman angeben.

"Es ist die übliche Praxis, große Programme in kleinere, besser handhabbare Teile
zu zerlegen. Die Teile können eine recht unterschiedliche Behandlung erfordern:
einige müssen vielleicht durch einen Makroprozessor geschickt werden, und
andere sind vielleicht von einem anspruchsvollen Programm-Generator (z. B. *yacc*
oder *lex*) zu verarbeiteten. Die Ausgaben dieser Generatoren sind dann zusammen
mit speziellen Optionen sowie gewissen Definitionen und Vereinbarungen zu
kompilieren. Der aus diesen Transformationen entstehende Code mag dann -
wieder gesteuert durch spezielle Optionen - zusammen mit gewissen Bibliotheken
zu laden sein. Die damit verbundenen Wartungs-Aktivitäten umfassen die Pflege
komplizierter Test-Beschreibungen und die Installation validierter Moduln.

Unglücklicherweise fällt es einem Programmierer sehr leicht, zu vergessen, welche Dateien von welchen anderen abhängen, welche Dateien kürzlich modifiziert wurden und wie die richtige Operationsfolge verläuft, die für die Erzeugung oder das Ausprüfen einer neuen Version des Programms notwendig ist. Nach einer langen interaktiven Sitzung kann man sehr leicht die Übersicht darüber verlieren, welche Dateien geändert wurden und welche Objekt-Moduln noch gültig sind, denn die Änderung einer Deklaration kann ein Dutzend anderer Dateien obsolet machen. Ein Teilprogramm, das geändert wurde oder die geänderten Vereinbarungen benutzt, zu übersetzen zu vergessen, resultiert unweigerlich in einem Programm, das nicht läuft und in einem Fehler, der sehr schwer rückzuverfolgen ist. Andererseits ist es sehr verschwenderisch, nur um sicher zu sein, immer alles Vorliegende zu übersetzen".

Soweit das Zitat aus einer Schrift des Jahres 1978, das sehr gut die Hauptproblematik der Software-Entwicklung beschreibt. Dieser Vorgang der konsistenten Integration abhängiger Programmteile ist so gut verstanden, daß er sich algorithmisch beschreiben läßt. Deshalb gelingt eine Mechanisierung dieses Vorgangs in Form des *make*. In den Worten des zitierten Werks stellt sich folglich der Software-Entwicklungs-Zyklus sich als eine Iteration über die Folge

　　　Denken - Editieren - *make* - Testen - Integrieren

dar.

Das Prinzip der Wirkungsweise von *make* ist sehr einfach: Man beschreibt in einer Datei mit dem Namen *makefile* erstens die Abhängigkeiten der Dateien voneinander und zweites die Kommandofolgen mit allen ihren Optionen und Parametern, die die abhängigen Dateien aus den Quellprogrammen erzeugen. *make* erwartet diesen *makefile* im aktuellen Dateiverzeichnis und erzeugt dann, wenn es notwendig ist, eine neue Fassung eines abhängigen Programms gemäß der im *makefile* enthaltenen Vorschrift. Notwendig ist die Neu-Erstellung eines Programms, wenn sich mindestens eine der Dateien, aus denen es sich ableitet, seit seiner Erstellung geändert hat.

Das Beispiel in Bild 8 zeigt die Wirkungsweise dieses Prinzips.

Angenommen der *makefile* enthält die gezeigte Konstruktionsvorschrift für das ausführbare Kommando *a*, so wird dieses neu erzeugt (durch *link*) wenn sich eines der Objekte *o1, o2, o3, o4* nach dem letzten Erstellen von *a* ändert. Ändert man *q3* seit dem letzten *link* von *a*, so führt *make* die Kompilation *fcomp* aus und bindet neu, ändert man die Datei *h*, die z.B. ein "Include-File" ist, so wird vor dem Binden *q4* sowie *o2* erzeugt.

```
        q1 ASMBL   o1 )
    h, q2 CCMOP    o2 ) LINK  a
        q3 FCOMP   o3 )
  h, s4 LEX q4 CCOMP   o4 )
```

Diese Notation wird nicht wirklich in einem *makefile*
verwendet, sondern ist der dort verwandten nur semantisch
äquivalent.

Bild 8: Das Prinzip eines *makefiles*

Die Konstruktionsvorschrift, die der *makefile* enthält und die *make* interpretiert,
stellt natürlich eine Programmierschnittstelle dar. Diese Sprache hat zwei Aspekte: erstens die Beschreibung der Abhängigkeiten zwischen den Dateien und
zweitens die Angabe der Kommandos, die von *make* gegebenenfalls, um Konsistenz zu erzeugen, auszuführen sind. Diese sind (natürlich) *shell*-Kommandos, so
daß sie bei Nichterfülltheit der Konsistenz an die *shell* einfach durchgereicht
werden können; der erstgenannte Sprachaspekt muß mit *make*-eigenen Sprachmitteln geschehen. Zusätzlich gibt es die sehr wichtige Möglichkeit, "Macros" zu
vereinbaren. Das Beispiel in Bild 9 zeigt einen echten *makefile*. "Macros" sehen
wir in Abb. 10. Bei den dort gezeigten *makefiles* handelt es sich um exemplarische
Beispiele aus der Praxis.

```
Mache: Eins  Zwei   Drei

Eins:      eins.o a.o b.o c.o d.o
           cc -O eins.o a.o b.o c.o d.o -o Eins

Zwei:      zwei.o d.o
           cc -O zwei.o d.o -ltermlib -o Zwei

Drei:      drei.o b.o c.o
           cc -O drei.o b.o c.o -o Drei
```

Bild 9: Ein einfacher *makefile*

Man kann sich leicht vorstellen, daß es nicht einfach ist, echte *makefiles*, wie sie in Projekten vorkommen, zu lesen. Entsprechend erfordert ihre Erstellung und Pflege große Sorgfalt.Natürlich müssen sie (wie jedes Programm) gut getestet werden. Führt man in einem Projekt ein neues Quellprogramm ein - z.B. aufgrund einer Änderung des Entwurfs, oder auch nur weil ein anderes zu groß geworden ist - muß unweigerlich der *makefile* geändert werden. Nach dem hier Gesagten ist das selbstverständlich. In der Praxis erfordert die Einhaltung dieser Regel jedoch viel Diziplin und Methode. Das liegt insbesondere daran, daß der Programmierer normalerweise nicht gewohnt ist, in Kategorien wie der einer Konstruktionsvorschrift zu denken. Er ändert spontan.

Wenn man ein Projekt strukturiert und es auf die Baumstruktur von UNIX abbildet, erstreckt es sich selbstverständlich über mehrere Dateiverzeichnisse. Ordnungskriterium hierbei ist die funktionale Zerlegung des zu schaffenden Produkts und die Zuordnung der entsprechenden Subsysteme und Komponenten zu Programmierern. Die sich daraus ergebende Regelung der Verantwortlichkeiten muß im Zusammenhang mit *make* diskutiert werden. Der einzelne Programmierer ist nicht frei in der Anlage seiner *makefiles*. Spätestens, wenn das von ihm erstellte Subsystem integriert wird, muß auch der dieses erzeugende *makefile* integriert werden.

```
#
# Makefile to create either a Z80 or a iAPX186 program
#
# make's parameter:  p == 80; for z80 output (80.out)
#                    p == 86; for 186 output (86.out)
#
# makefile will be called as: make p=80 [p=86]
#


OBJ80    =  ptr2.80 ptr3.80
OBJ86    =  ptr2.86 ptr3.86
CC80     =  zc -0 -c
LD80     =  ld80 -r -X
CC86     =  cc86 -vcpm
LD86     =  csh2sh ld86 -o


always:   $(p).out


.SUFFIXES:
.SUFFIXES: .80 .86 .c


.c.80:
```

```
        $(CC80) $<
        ∂mv $*.o $*.80

.c.86:
        $(CC86) $<
        ∂mv $*.o $*.86

80.out: $(OBJ80)
        $(LD80) $(OBJ80) -o 80.out -lz

86.out: $(OBJ86)
        $(LD86) 86.out $(OBJ86)


#
# Makefile to create a program by calling make
# recursively to generate the object-fields
# residing in subdirectories dir-1, ..., dir-n
#
OBJ   = dir-1/1.o ... dir-1/m.o
        dir-2/1.o ... dir-2/j.o
        ...
        dir-n/1.o ... dir-n/p.o

always: chuggalong out

chuggalong: out
        cd dir-1; make -k
        cd dir-2; make -k
           ...
        cd dir-n; make -k

out: $(OBJ)
        cc -o out $(OBJ)
```

Bild 10: Zwei echte *makefiles* aus der Praxis

In einem Projekt bedeutet die Erzeugung von Komponenten und Subsystemen
durch *make* normalerweise den Aufruf von *make* in untergeordneten Dateiverzeichnissen. Technisch ist das möglich. Da in einem *make*-Programm die ganze
shell zugelassen ist, kann dort natürlich auch wieder *make* aufgerufen werden -
sinnvollerweise nachdem man vorher in ein anderes Dateiverzeichnis umgeschal-
tet hat; siehe Bild 10, zweites Beispiel.

Die Diskussion des methodisch sinnvollen Einsatz von *make* wird am Schluß vertieft, denn hierfür ist die Verknüpfung mit Funktionen zur Versionen- und Variantenbildung von Dateien wichtig, die *make* selbst nicht unterstützt.

Ausdrücklich wollen wir aber abschließend auf die Allgemeingültigkeit des *make* hinweisen. Es wurde hier als Werkzeug zur Erzeugung von Programmen diskutiert, aber die Funktionalität ist so universal, daß auch Dateien mit ganz anderer Bedeutung aus Einzelteilen konsistent erzeugt werden können. Das für die Software-Entwicklung in diesem Zusammenhang wichtigste Beispiel ist das Erstellen von Dokumentation, siehe Bild 11.

```
#Das Dokument entsteht aus den Dateien *.t, die mit dem
#Editor erstellt werden. Das Kommando Form führt gewisse
#Prüfungen durch. Für das Dokument  sind alle *.v-Dateien
#aneinanderzureihen, nroff ist der Formatierer,das Vor-
#filter kümmert sich um deutsche Umlaute, das Nachfilter
#macht Anpassungen an den Drucker.


TDATEIEN  =  1.t 2.t 21.t 22.t 3.t 4.t
VDATEIEN  =  1.v 2.v 21.v 22.v 3.v 4.v

Mache: Dokument

.SUFFIXES:
.SUFFIXES:  .t .v

.t.v:
    Form < $*.t > $*.v

Dokument: cat $(VDATEIEN) > a
          Vorfilter < a > b
          rm a
          nroff -md < b > a
          Nachfilter < a > Dokument
          rm a b
```

Bild 11: Ein *makefile* für die Erstellung von Dokumentation

3 Sprachen in UNIX

3.1 Übersicht

Unter UNIX gibt es eine ganze Anzahl von Programmiersprachen; aber nicht alle vorhandenen Sprachen werden gleich gut unterstützt. Nur gewisse Programmiersprachen sind typisch für UNIX. Andere sind nach UNIX portiert worden, weil sie einen hohen Stellenwert haben. Die sich hier andeutende Abstufung ist im Vergleich zu den Betriebssystemen der EDV-Hersteller absolut unüblich. Wenn ein Hersteller XYZ sagt, er bietet unter seinem Betriebssystem die Sprachen COBOL, FORTRAN und PASCAL an, so kann man im Allgemeinen davon ausgehen, daß die entsprechenden Compiler im Prinzip gleich gute Qualität haben und höchstens deshalb unterschiedlich gut gepflegt werden, weil die jeweilige Kundenbasis unterschiedlich groß ist.

In aller Kürze läßt sich die Stellung dieser Sprachen zu UNIX wie folgt charakterisieren:

- C ist die Basis von UNIX.
- *akw* wurde für UNIX gemacht.
- PASCAL, LISP, PROLOG sind wichtig unter UNIX.
- FORTRAN, BASIC sind unter UNIX verfügbar.
- COBOL ist der Grund für spezielle UNIX-Systeme.

Diese Pointierung weist aus, daß UNIX und C sehr eng miteinander verwoben sind. C ist die Systemsprache von UNIX. Ein Entscheidungsgrund für UNIX ist auch einer für C und umgekehrt. Hat man ein UNIX-System zur Verfügung, kann es aber durchaus gute Gründe geben, gewisse Software in PASCAL zu schreiben. Für bestimmte Problemlösungen bietet sich *akw* an; es sollte aber nur für "Einmal-Lösungen" oder Probe-Implementierungen verwendet werden, da es interpretiert wird und entsprechend langsam ist. Wegen FORTRAN sollte man UNIX nicht als Entwicklungssystem wählen und wenn man UNIX hat, müßte es schon einen sehr guten Grund geben, es zu verwenden. LISP als wesentliche Sprache im Anwendungsgebiet "Künstliche Intelligenz" wird unter Berkeley UNIX sehr gut unterstützt. Für die Unterstützung von COBOL werden in zunehmenden Maß gerade von europäischen Unternehmen UNIX-Erweiterungen vorgenommen. Es wurde oben schon erwähnt, daß es hierfür nicht ausreicht, einen Compiler zu bauen, vielmehr muß UNIX um den index-sequentiellen Zugriff zu Sätzen und den notwendigen Transaktionsschutz erweitert werden.

Wenn man die Eignung von UNIX für die Software-Entwicklung diskutiert, so stellt das Programmiersystem, das um eine Sprache herum aufgebaut ist, einen wichtigen Einflußfaktor dar. Ob dieser Punkt wichtiger ist als das Verwaltungssystem, zu dem MAKE und einiges weitere gehört, das im folgenden noch zu besprechen sein wird, sei dahingestellt. Jedenfalls ist es aber nicht die Sprachen allein, die es dabei zu werten gilt, sondern das ganze "Tooling" um sie herum.

3.2   Die Systemsprache C

Das Software-System UNIX ist nahezu ausschließlich in C geschrieben. Es besteht aus rund 600.000 Zeilen C-Code und nur etwa 2.000 Zeilen Assembler-Code, womit eigentlich das wichtigste über den Stellenwert von C gesagt ist. Diese Sprache hat folglich eine beachtliche wirtschaftliche Bedeutung, da sie in der Lage ist, die Programmierung in Assembler auf ein Minimum zu reduzieren.

C ist eine Sprache für Programmierer, die eine knappe und präzise Ausdrucksweise lieben und nicht lange "um den Brei herum reden". Es wird allgemein gesagt, C sei schwer lesbar. Richtiger ist wohl die Feststellung, daß C-Programme oft schwer verstehbar sind. Es gibt nur wenige Schlüsselworte aber viele symbolische Operatoren. Im Vergleich zu FORTRAN, PASCAL und vor allem COBOL ist C eine sehr wortkarge Programmiersprache. C ist jünger als die genannten Sprachen. Es entstand erst 1978. Man kann in C alles ausdrücken, was man in PASCAL oder FORTRAN formulieren kann - aber eleganter. Das liegt an der hohen Systematik (Orthogonalität) und Allgemeingültigkeit dieser Sprache, die relativ wenig Regeln umfaßt und vor allem kaum Einschränkungen kennt. Man kann - wie in PASCAL - mächtige Datentypen vereinbaren, kennt aber nicht dessen strenges Regelwerk im Zusammenhang mit Wertzuweisungen. Wichtig für die Eignung von C als Systemprogrammiersprache ist, daß sie die Architektur der unterlegenden Maschine sichtbar machen kann. Man kann einzelne Bytes ansprechen und z.B. "schnelle" Daten in Registern allokieren.

Die Sprache C hat ähnlich wie PASCAL eine Blockstruktur. Die folgenden Beispiele stellen solche Blöcke dar: Ein Block ist eine Folge von Datenvereinbarungen gefolgt von einer Befehlsfolge, die von den geschweiften Klammern umhüllt ist. Das noch wichtigere Strukturelement sind jedoch Funktionen. Diese geben einem Block einen Namen und eröffnen die Möglichkeit der Parameter-Übergabe[9]. Drei kleine Programme mögen die Leistungsstärke von C charakterisieren.

Das erste Programm

```
main ( )  {
          printf ("hello, world\n");
          }
```

schreibt auf jedem Computer, für den ein C-Compiler existiert, "hello world" in den *standard output* (und macht danach einen Zeilenvorschub).*printf* ist eine

Funktion. Man schreibt einfach ihren Namen hin. Ein *call* wie in den anderen
genannten Sprachen ist nicht notwendig.

Etwas mehr zeigt das zweite Programm:

```
#include <stdio.h>
main ( ) { /*copy std.input to std.output */
      int c;
      while ( ( c = getchar ( ) ) ! = EOF)
      putchar(c);
      }
```

Dieses Programm kopiert den *standard input* nach *standard output*. Wenn also
das durch Übersetzen hieraus entstehende ausführbare Programm *copy* hieße, so
würde das *shell*-Kommando *copy* <A >B die Datei *B* anlegen und den Inhalt von A
dort hinein kopieren - wie *cat* (s.o.). Wichtig an diesem Beispiel ist der Ausdruck,
der die Bedingung, unter der das *while* läuft, bestimmt. Das gibt es in keiner der
anderen erwähnten Programmiersprachen, daß eine Wertzuweisung - hier

```
      c = getchar ()
```

in einem Ausdruck verwendet werden kann.

Hier steht also: lies mit *getchar ( )* von *standard input* ein Zeichen, bringe dieses
nach c und mache weiter, wenn es nicht gleich dem Datei-Endezeichen *EOF* ist.
Die Datei *<stdio.h >* enthält die Vereinbarungen, die für die Übersetzung von
Ein- und Ausgabeprogrammen notwendig sind. Hier wird es wegen der Konstan-
ten *EOF* und der Definition von *getchar()* und *putchar()* gebraucht.

Ein letztes Beispiel zeigt eine typische Systemfunktion, die als "Unterprogramm"
strcat (t,s) geschrieben ist und nicht als Hauptprogramm *main ( )*. Sie hängt die
Zeichenkette *s [ ]* und *t[ ]* an wobei bei Programm-Aufruf die Zeiger auf die An-
fangsadresse beider Zeichenketten in Register stehen.

```
strcat(t, s)
      register char *t:          /*     first      string      and
                                 target*/
      register char *s;
      {
        while (*t++);          /* find end of first string*/
        for (t--; *t++ = *s++;);/* append second string*/
      }
```

Um dieses Beispiel zu verstehen, müssen die wichtigsten Konzepte von C plausibel gemacht werden. Der Ausdruck *t+ + ergibt das Zeichen, auf das t zeigt, bevor dieser um Eins hochgezählt wird. Wird das Ende-Zeichen der Zeichenkette, das den Wert NULL hat, erreicht, bricht die *while*-Schleifen ab, und t zeigt dorthin. Die - in diesem Beispiel im Vergleich zu ihren generellen Möglichkeiten stark verstümmelte - *for*-Schleife setzt nun bevor sie startet den Zeiger t sinnvollerweise um Eins zurück (t--) und weist dann in jedem Interationsschritt das Zeichen *s+ + dem Zeichen *t+ + zu. Abgebrochen wird diese *for*-Schleife, wenn das Endezeichen von *s[]* transportiert wurde.

Die Diskussion dieser drei kleinen Beispiele ergibt einen gewissen Eindruck von den Fähigkeiten dieser Sprache. Will man C lernen, kommt man nicht umhin, das Standardwerk [Kern78] über C durchzuarbeiten, dem auch die ersten beiden Beispiele entnommen wurden.

3.3   Ein C-Programm

Ein C-Programm ist eine Aneinanderreihung von "externen" Vereinbarungen, denen normalerweise Anweisungen für den Precompiler (s.u.) vorangestellt sind. Diese Vereinbarungen sind Funktionen oder betreffen Daten, die allen - im gleichen Programmtext - nachstehenden Funktionen bekannt sind. Eine dieser Funktionen muß den Namen *main* haben. Mit deren Code beginnt bei Ausführung des übersetzten Programms dessen Lauf.

Unter Programmtext verstehen wir eine Datei, deren Name mit .c endet - also eine C-Datei. Alle Vereinbarungen, die ein C-Programm ausmachen, brauchen nun nicht in einer einzigen C-Datei enthalten sein. Im Sinne einer modularen Programmierung unter Einsatz von *make* wäre das auch absurd; vielmehr verteilt man sie geschickt über verschiedene Dateien, so daß Funktionen, die gemeinsame externe Daten besitzen in einer Datei zusammengefaßt sind. Würde das zu große Übersetzungseinheiten geben, so legt man sich *include*-Dateien - wie *<stdio.h>* im dritten Beispiel - an.

Bei der Organisation von Problemlösungen durch C-Programme ist es üblich, Bibliotheken für den C-Compiler zu vereinbaren. Das sind Dateiverzeichnisse, in denen der Compiler *include*-Texte und die Objekte von Funktionen sucht, die ein für allemal festliegen.

Ein einfaches Beispiel soll diese Vorgehensweise verdeutlichen. Es soll das Programm *tuedas* geschrieben werden. Aus dem Entwurf der Problemlösung ergibt sich, daß dazu die sieben Funktionen *f1, f2, ..., f7* zu schreiben sind. Die Funktion *f1* ist das Hauptprogram *main* und wegen der Verwendung gemeinsamer Daten werden *f1* bis *f3* in der Datei *t.c* zusammengefaßt. Da *f4* sehr komplex und damit schwer auszutesten ist, bildet sie eine eigene Kompilier-Einheit *u.c* und die restlichen Funktionen liegen in e.c. Die nötigen *include*-Dateien und weitere Hilfsroutinen, die für das Testen wichtig sind und über konditionale Compilierung (s.u.) angesteuert werden, liegen in dem Dateiverzeichnis *mylib*. Der Aufruf des C-Compilers *cc* lautet dann

```
cc t.c u.c e.c -lmylib -o tuedas
```

Das Programm wird in dem gerade aktuellen Arbeits-Directory erzeugt, und wenn die *shell* so eingerichtet wurde, daß sie auch hierin Kommandos sucht, ist *tuedas* zu einem neuen UNIX-Kommando geworden.

Man sieht also, daß eine gewisse Methode angebracht ist, um einen Programm-Entwurf effizient in ein UNIX-Programm zu überführen. Drei Abbildungen müssen dabei beherrscht werden:

Entwurf	--->	C-Programm
C-Programm	--->	C-Datei
C-Datei	--->	ausführbares Programm.

Die erste Abbildung stellt einen reinen Denkprozeß dar, der meist "Detail Design" genannt wird. Die zweite Transformation ist ebenfalls ein Denkprozeß. Diesen könnte man sich im Prinzip sparen, wenn man das ganze C-Programm in eine C-Datei stecken würde. Eine effiziente Programmentwicklung setzt aber voraus, daß man sich bei dieser Zerlegung des Problems in Kompilier-Einheiten große Mühe gibt. Die dritte Abbildung schließlich beinhaltet

- die Verwendung von *make*,
- die geeignete Parametrisierung des Compilers,
- die konditionale Compilierung der C-Dateien, um Test-Instrumentierungen zu erzeugen und schließlich
- die Verwaltung von unterschiedlichen Ständen des mehr oder weniger fertigen Programms.

Hierbei handelt es um den Schnitt der Software-Produktion, der reproduzierbar sein muß.

3.4 Werkzeuge für C

3.4.1 Der Pre-Compiler

Für die sinnvolle Arbeit mit einer Programmiersprache benötigt man mehr als einen Compiler. Mit dem Precompiler kann man Quelltexte von der eigentlichen Compilation verändern oder ergänzen. Eine in vielen Organisationen anfänglich

für sinnvoll gehaltene Anwendung des Precompilers besteht darin, mittels
Precompiler-Konstanten das Erscheinungsbild eines C-Programms PASCAL
ähnlicher zu machen; schließlich ist in [Kern78] (in etwa) folgendes Beispiel
angegeben:

```
#define BEGIN   {
#define END     ;}
#define IF      if
#define THEN
```

Mit diesen Vereinbarungen kann man z.B. ein *if*, das einen zusammengesetzten
Befehl (*compound statement*) enthält, wie folgt schreiben:

```
IF (i > 0) THEN
   BEGIN
     a = 1;
     b = 2
   END
```

Die andere wichtige Anwendung des Precompilers besteht in der konditionalen
Übersetzung. Auch das ist nichts UNIX-spezifisches, sondern etwas "Alt-
Bekanntes". Mit

```
#if ausdruck
   ...C-code...
#endif
```

oder

```
#if ausdruck
   ...C-code-a...
#elseif
   ...C-code-b...
#endif
```

kann man in Abhängigkeit des Wahrheitswertes von *ausdruck* die genannten
Code-Stücke in das Quellprogramm einbetten oder nicht. Der *ausdruck* wird
selbstverständlich gemäß der normalen C-Syntax gebildet. Die Werte - Schalter -,
die man hier abfragen möchte, werden in komplizierten Fällen in kleinen *include*-
Dateien gesetzt und in einfachen Fällen mittels der Compiler-Option *-D*. Ein
komplizierter Fall wäre, wenn man mehrwertige Teststufen-Schalter hätte und
vielleicht auch noch orthogonal dazu die Funktionalität des erzeugten Programms
bestimmen will. Ein einfacher Fall wäre der folgende:

Compileraufruf:

```
cc-DTEST -o pp
```

Programm-Beispiel:

```
#include <stdio.h>
#include <local/check.h>

main(){
   int i;
   int *p1 = &i, *p2;
#if TEST
   *P_CHK(p1) = 1;            /* *p1 = 1; */
   *P_CHK(p2) = 100;           /* falsch */
#else
   *p1 = 1;
   *p2 = 100;
#endif
}
```

Falls der Schalter *TEST* mittels der *"debug option"* -*D* gesetzt wurde, wird der instrumentierte Code übersetzt. Dabei dient die selbstgeschriebene *pre prozessor* Funktion *P_CHK()* der Überprüfung der Wertzuweisung zu Pointern. Die zweite Wertzuweisung **p2 = 100* ist falsch, da *p2* nicht mit der Adresse einer Date verbunden wurde. Im *TEST*-Fall bekommt man eine Fehlermeldung, im Normalfall nicht.

An diesem Beispiel sieht man die dritte und vielleicht wichtigste Verwendungsart das *pre compilers*. Diese besteht darin, Standard-Funktionen zu vereinbaren, die man z.B. zur Test-Instrumentierung heranzieht. Sehr nützlich sind dabei Routinen zur Überprüfung von Wertzuweisungen zu Zeigern, die Überwachung von Feldgrenzen und das *assert*, mit dem redundanter Code in das Programm eingeführt werden kann.

3.4.2 Das Ausführungsprofil

Mit der Compiler-Option -*p* kann man den Compiler dazu veranlassen, zusätzlichen Code zu erzeugen, mittels dem während der Programmausführung die relative und absolute Häufigkeit von Funktionsaufrufen durch das Programm gezählt wird. Die Funktion *monitor* erfaßt die Programmdynamik und *profile* erstellt das Histogramm. Diese Funktionalität kann sehr gut dazu verwendet werden, Programme zu testen, indem die Testüberdeckung ermittelt wird, sowie um ein Programm zu "tunen".

3.4.3 Die Debugger

Mittels der Compiler-Option *-g* wird das erzeugte Programm mit Symboltabellen
versehen, die für das "Debuggen" notwendig sind. Zu der Technik und den Fähigkeiten dieser Werkzeuge braucht wenig gesagt zu werden, denn hier gibt es nichts
UNIX-spezifisches. Der in jedem UNIX vorhandene "Absolute Debugger" heißt
adb. Seit Berkeley UNIX gibt es einen "Symbolischen Debugger", *sdb*, der die
Zuordnung von ausführbarem Code zu Quellzeiten kennt, Mit beiden "Debugger"
ist es allerdings nicht möglich, auf einfache Art und Weise eine Mitschrift einer
"Debug"-Sitzung zu erhalten.

3.4.4 Semantische Programmanalyse

Das außer dem Compiler wichtigste und interessanteste Werkzeug für C ist der semantische Analysator *lint*. Angesteuert durch die verschiedensten Optionen ist
dieser in der Lage, ein C-Programm hinsichtlich "Ungereimtheiten", also möglicherweise unbeabsichtigten oder falschen semantischen Aussagen zu kommentie-
ren.

Wir haben schon darauf hingewiesen, daß in C sehr vieles erlaubt ist. Mit anderen
Worten, der Compiler führt so gut wie keine semantischen Prüfungen durch. So
läßt es der Compiler zu, eine Funktion, die beispielsweise mit zwei Parametern
vereinbart ist, nur mit einem aufzurufen. *lint* diagnostiziert dagegen diesen Fall.

Neben der UNIX grundsätzlich innewohnenden Philosophie, das alles erlaubt ist,
was nicht verboten ist, kommt hier noch ein anderes Grund-Prinzip von UNIX zum
Ausdruck, nämlich daß Funktionen, die unabhängig voneinander und insbesondere auch unterschiedlich häufig angewendet werden können, auch getrennt realisiert sind. Im Falle von *lint* und *cc* wird das besonders deutlich: die recht aufwendige Programmanalyse durch *lint* ist bestimmt nicht bei jeder Compilation
während des Austestens eines Programms notwendig.

Ein besonders wichtiger Prüfaspekt von *lint* ist das Feststellen von Code-Stellen,
an denen die Portabilität des vorliegenden Programms erschwert wird.

3.5   AWK und "Rapid Prototyping"

In dem Namen des Werkzeuges *awk* sind die Anfangsbuchstaben seiner Autoren
(siehe [Aho]) verschlüsselt. Es wird als "pattern matching and report writing tool"
eingestuft und spielt in UNIX eine wichtige Rolle, wenn man schnell ein Programm machen muß, das eine Datei hinsichtlich bestimmter Inhalte auswertet
und in Abhängigkeit von gewissen Schlüsselworten unterschiedliche Entscheidun-

gen trifft, bzw. Handlungen ausführt. In diesem letzten Punkt überschreitet ein durch *awk* bestimmtes Filter die Fähigkeiten eines auf *grep* und seinen Varianten *egrep* und *fgrep* oder *sed* (s. u.) beruhenden.

Der typische Anwendungsfall von *awk* ist das Verarbeiten einer Liste - also einer Datei mit beliebig vielen Zeilen (Sätze meist gleicher Struktur). Das Lesen dieser Liste geschieht automatisch. Die Felder (Daten), die eine Zeile bilden, stehen in der *awk*-Sprache unter festen Namen *$1, $2,...* zur Verfügung. In Abhängigkeit vom Wert eines solchen Feldes kann man eine beliebige Aktion programmieren. Allgemein gesehen stellt *awk* zwei Gruppen von Sprachmitteln zur Verfügung, "Muster" und "Aktionen", so daß ein *awk*-Programm aus einer Folge

```
Muster {Aktion-1}
   . . .
```

besteht. Beispiele von sehr kleinen *awk*-Programmen, die wir aus [Aho] entnommen haben, zeigt Bild 12. Diese Programme lassen sich auch mit den anderen erwähnten Filtern lösen.

In [Aho] wird diskutiert, daß eine Problemlösung durch *awk* zwar schnell formuliert ist, daß aber die Ausführungszeit eines solchen Programms - auch verglichen mit den anderen Filtern - relativ groß ist. Deshalb ist *awk* ein typisches Werkzeug für "Einmal"-Software und ist nicht unbedingt für die Produktion von Software geeignet.

Beispiel 1: Zählt die Zahl der Zeilen der Eingabe-Datei

```
END {print NR}
```

Beispiel 2: Schreibt alle Zeilen, die "weg" enthalten

```
/weg/
```

Beispiel 3: Schreibt alle Zeilen, die "weg" oder "str" oder "allee" enthalten

```
/weg|str|allee/
```

Beispiel 4: Schreibt das dritte Feld jeder Zeile

```
{print $3}
```

Beispiel 5:   Schreibt erst das dritte, dann das zweite Feld jeder Zeile

```
{print $3, $2}
```

Beispiel 6:   Hängt alle Zeilen, die "weg" enthalten, an die Datei "d-weg" an usf.

```
/weg/      {print > "d-weg"}
/str/      {print > "d-str"}
/allee/    {print > "d-allee"}
```

Beispiel 7:   Schreibe jeder Zeile die Zeilennummer gefolgt von ":" voran

```
{print  NR ":" $0}
```

Beispiel 8:   Summiere das vierte Feld aller Zeilen

```
       {sum = sum + 4$}
END    {print sum}
```

Bild 12: Beispiel von AWK-Programmen aus [Aho]

awk eignet sich gut für das viel-zitierte "Rapid Prototyping". Hierunter versteht man in der modernen Software-Entwicklung eine Vorgehensweise, die es erlaubt, schnell eine Realisierung einer Idee zu erhalten, denn häufig bildet erst ihre - auch noch so flüchtige - Verwirklichung die Voraussetzung für einen Entscheidungsprozeß über das weitere Vorgehen mit ihr.

Für die Dialogverarbeitung spielen Probe-Implementierungen eine große Rolle, denn gerade die Dynamik des Dialogs ist - insbesondere hinsichtlich der Akzeptanz der Dialogform - anders nur schwer zu beurteilen. Es ist heute allgemeines Verständnis, daß das schwer vorstellbare und schwer formal beschreibbare Kommen und Gehen von Information auf dem Bildschirm (in Zusammenhang mit Eingaben seitens des Bedieners und den internen Zusänden des zu erstellenden Programms) notwendigerweise durch Prototypen modelliert werden muß.

Selbstverständlich ist die Durchführung eines derartigen Modellierungs-Vorgangs nur vertretbar, wenn ihre Kosten akeptabel sind; sie müssen sehr klein im Verhältnis zu den Gesamtkosten sein. Das ist mit *awk* der Fall, denn wenn man diese Sprache gut beherrscht und ihren Stellenwert innerhalb der Möglichkeiten von UNIX gut einordnen kann, ist man in der Lage, schnell auch für recht komplexe Listenverarbeitungs-Probleme zu realisieren.

An dieser Stelle muß darauf hingewiesen werden, daß wir in dieser Diskussion etwas über das Ziel hinausgeschossen sind. Es ist richtig, daß *awk* ein "Tool" für die

Erstellung von Prototypen sein kann. Es ist aber nicht richtig, zu vermuten, daß es auch zur Modellierung von Dialogen gut geeignet wäre. Diesbezüglich gibt es in UNIX keine Werkzeuge oder "Tool"-Fragmente. *awk* ist eben zur Zeit entstanden, als es noch keine Dialogverarbeitung gab und es muß bedauerlicherweise festgestellt werden, daß trotz der großen Aufmerksamkeit, die UNIX seither gewidmet wird, ihm wenig neue, innovative Funktionalität zugefügt worden ist. Die EDV-Welt gibt sich damit zufrieden, es auf immer weitere Computer-Hardware zu portieren. Das ist aber möglicherweise zuwenig, um es auf Dauer am Leben zu erhalten.

3.6   LEX und YACC

Diese beiden Werkzeuge werden immer in einem Atemzug genannt. Sie dienen der Erstellung von Übersetzern oder Programmen, die ihren Eingabestrom nach festen Regeln analysieren oder interpretieren. *lex* und *yacc* sind demnach Werkzeuge für Leute, die eine Software-Entwicklungsumgebung einrichten oder selber Werkzeuge bauen. Es sind typische Tools für die berühmten UNIX-"gurus".

yacc steht für "yet another Compiler-Compiler" und erstellt demnach aus einer formalen Beschreibung der Grammatik einer Sprache, ein C-Programm, das das "front-end" eines Compilers bildet. Dieses erzeugte Programm kann also die eingegebenen Texte gemäß der erwähnten Grammatik zerlegen, um sie einer weiteren Verarbeitung zuzuführen. Hierbei handelt es sich dann typischerweise um die Übersetzung in eine andere Sprache oder die Interpretation des eingegebenen Texts.

Dieser besteht natürlich aus einzelnen Zeichen, die im *standard input* vorliegen. Die erwähnte Grammatik legt aber Regeln für daraus zusammengesetzte Worte oder "tokens" fest. Daraus folgt zwangsläufig die Notwendigkeit, vor dem von *yacc* erzeugten Compiler-"frontend" (oder besser: Parser) ein weiteres Programm einzuschalten, das die Bildung von Worten der beschriebenen Sprache aus den einzelnen Zeichen, oder - wie man sagt - die lexikalische Analyse bewirkt. Für die automatische Erzeugung dieses Programms wiederum aus einer formalen Beschreibung dient *lex*.

Der Vollständigkeit halber sei erwähnt, daß *lex* und *yacc* keine ohne weiteres lauffähigen Programme erzeugen, sondern in der Sprache C abgefaßte Quellprogramme. Diese sind dazu geeignet, mit den Quellprogrammen, die die weiteren Aufgaben erfüllen und die von Hand erstellt werden müssen, zusammengefügt und danach übersetzt zu werden.

yacc kann Parser für LALR(1) Grammatiken erzeugen. Die formale Beschreibung, gemäß der *lex* arbeitet, besteht aus *regular expressions* mittels denen bei vielen UNIX-Filtern die Steuer-Information beschrieben wird.

Das beschriebene Zusammenspiel von *lex* und *yacc* wird in Bild 13 schematisch dargestellt.

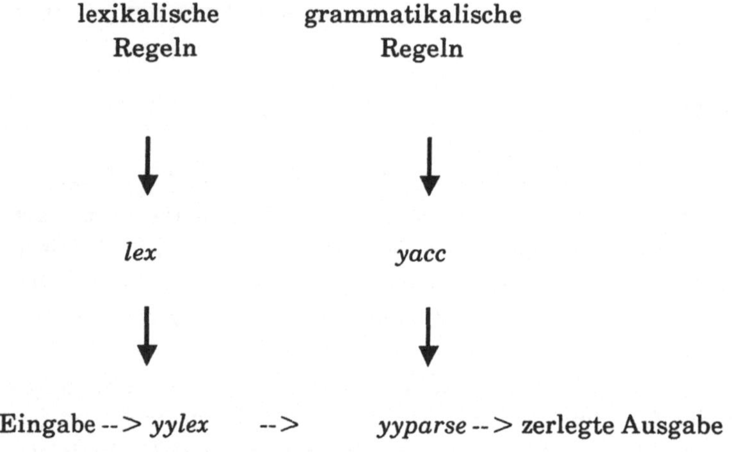

Bild 13   Zusammenspiel von *lex* und *yacc*

yacc ist bei der Erstellung der wichtigsten Compiler in UNIX und anderen Werkzeugen verwendet worden. Es wird berichtet, daß man mit Hilfe dieser Werkzeuge einen Assembler z.B. innerhalb einer Woche bauen kann. Natürlich hat solch ein halb-automatisch erstellter Übersetzer nicht die Funktionalität wie ein von guten und erfahrenen Ingenieuren gemachter, aber er hat den Vorzug, sehr schnell verfügbar und stabil zu sein und ist mit Sicherheit besser als ein Produkt, daß ein mittelmäßiges Team erstellt.

Das Stichwort "Rapid Prototyping" klingt auch hier wieder an. Aber der Grundtenor ist bei diesen Werkzeugen eigentlich ein anderer. Es ist der einer automatischen Software-Produktion.

4   Editieren

4.1 Die Standard Editoren und Filter

Die Editoren sind nicht UNIX' stärkste Seite. Das liegt daran, daß UNIX entstanden ist, als Bildschirmarbeitsplätze noch nicht gang und gäbe waren, sondern Fernschreiber ("tty's") das normale System-Terminal bildeten. Für derartige Geräte ist der standard Editor *ed* geschaffen worden, der auch heute noch zur Grundausstattung jeder UNIX-Installation gehört. Er hat neben den normalerweise aber hauptsächlich eingesetzten Bildschirm-Editoren seine Berechtigung, da man mit ihm kleine Textänderungen sehr schnell durchführen kann - häufig in kürzerer Zeit als das Laden eines Bildschirm-Editors benötigt.

Um mit diesem Editor arbeiten zu können, muß man eine Menge von sog. *regular expressions* lernen, die ähnlich den bei *lex* und *grep* verwendeten sind. Es sind aber genau die gleichen wie bei den anderen Bildschirm-Editoren und dem "stream"-Editor *sed*. Es lohnt sich also, sie zu lernen.

sed ist ein typisches Filter, mit dem man alles an dem im *standard input* vorliegenden Eingabestrom machen kann, was man auch mit *ed* könnte, nur tut man es nicht interaktiv und kann die Zeilen - wie in der Stapelverarbeitung üblich - nur in aufsteigender Reihenfolge bearbeiten. *sed* ist das ideale "Tool" für einfache Textformatierungs-Aufgaben. Vieles von dem, was *akw* kann, geht auch mit *sed*. Eine sehr gute Diskussion der Einsatzschwerpunkte dieser beiden Filter und ihrer Abgrenzung gegeneinander und z.B. zu den verschiedenen *grep's* findet man in [Kern84].

Von den verschiedenen in UNIX vorhandenen Bildschirm-Editoren *ex, edit* und *vi* ist der letztgenannte der leistungsstärkste. Da bei diesen Editoren mit wachsender Leistungsstärke auch die Belastung für den Rechner stark ansteigt, ist *vi* meist nur auf großen UNIX Installationen vorhanden. Er stammt nicht aus den Bell Laboratories sondern von der University of California, Berkeley. Alle diese Editoren entsprechen dem heutigen "state-of-the-art" wie man ihn auch bei anderen Systemen gewohnt ist, so daß über sie nicht mehr gesagt werden soll.

Ein Bildschirm-Editor soll aber etwas ausführlicher besprochen werden, weil er Eigenschaften besitzt, die noch nicht selbstverständlich sind. Dieser heißt *emacs* und stellt - wie die folgenden Ausführungen zeigen werden - eigentlich eine vollständige Programmierumgebung dar. Diese beeinflußt die Benutzer-Oberfläche von UNIX dahingehend, daß sie den Editiervorgang in die Interaktion mit den UNIX-Kommandos einbezieht. Es ist leicht einzusehen, daß dadurch die Produktivität bei der Software-Erstellung weiterhin gesteigert werden kann.

4.2 Der Editor EMACS

emacs ist ein Editor, der ursprünglich im MULTICS Projekt entworfen wurde [Stal81]. Der Name drückt aus, daß hierbei ein erweiterbares Paket von Editier-"Macros" eine wichtige Rolle spielt. Seither ist vor allem im Universitätsbereich viel an diesem Produkt getan worden. Heute ist es ein Produkt geworden, das zusammen mit seinen Quellprogrammen kommerziell vertrieben wird.

Seine Funktionalität und seine Erweiterbarkeit machen diesen Editor zu einer wichtigen Ergänzung von UNIX, zumindest bei dessen Verwendung als Software-Entwicklungsumgebung. Die reine Editierfunktion ist sehr bequem und benutzerfreundlich, denn der Editor arbeitet immer im sog. "Insert"-Modus und ist zeichenweise interaktiv. Er umfaßt eine sehr große Zahl von Kommandos und stellt dafür eine ausgewogene Erläuterungs- und Hilfsfunktion zur Verfügung. Die wichtigsten weiteren Funktionsmerkmale, die über das reine Erstellen von Texten hinausgehen, sind die Interaktion mit *make* und der Kommandosprache *shell*, sowie die Mehrfenster-Technik. Für das Erstellen von PASCAL-, C- und LISP-Programmen wird eine gewisse grammatikalisch gestützte Editierhilfe angeboten. *emacs* kennt darüber hinaus verschiedene Anwendungsmodi und Dienstfunktionen, z.B. für die Textverarbeitung und -verwaltung.

Die Erweiterbarkeit umfaßt drei Aspekte. Erstens kann man neue Modi hinzufügen, indem man in einem LISP-Dialekt geschriebene Programme in den Editor einbettet. Die zweite Möglichkeit betrifft die Einstellbarkeit der Zuordnung von *emacs*-Kommanods zur Tastatur. Zunächst ist diese standardmäßig gut gelöst. Aber gerade, wenn man ein Terminal mit ladbaren Tasten zur Verfügung hat, kann man leicht an das Tätigkeitsprofil und das Benutzerprofil angepaßte Umbelegungen vornehmen. Diese lassen sich darüber hinaus, z.B. durch die Art der jeweils bearbeiteten Datei[10] variabel einstellen. So kann man sich beispielsweise eine Formatierungs-Taste schaffen, die bei C-Dateien eine standardmäßig vereinbarte Einrückung und Ausgleichung des linken Rands vornimmt, während sie bei Textdateien einen Ausgleich am rechten Rand durchführt.

Der dritte Gesichtspunkt der Erweiterbarkeit umfaßt die Anbindung von interaktiven *shell*-Kommandos an den Editor. Hier kann die Standard Ein- und Ausgabe eines Kommandos - möglicherweise auch gefiltert - an *emacs*-Puffer gebunden werden. Vorbild hierfür ist die Verknüpfung mit *make*, die kurz beschrieben werden soll, weil durch sie ein sehr effizientes Arbeiten in der Testphase von Programmen ermöglicht wird.

Man bearbeitet eine C-Datei. Diese ist in einem *emacs*-Fenster auf dem Bildschirm zu sehen. Mit dem dafür vorgesehenen *emacs*-Kommando ruft man *make* auf. Dadurch wird zusätzlich im Editor einen Puffer eingerichtet, der die Ausgaben, die durch *make* verursacht werden, aufnehmen soll. Der Inhalt dieses Puffers erscheint in einem Fenster, das auf dem Bildschirm zusätzlich eröffnet wird. *make* führt nun (s. 2.5) - die im *makefile* enthaltenen Compilationen aus. Eventuelle Fehlermeldungen stehen danach in dem neuen Fenster. Die unterliegende *emacs*-Funktion bewirkt weiterhin, daß man mittels eines weiteren *emacs*-Kommandos zu der jeweils nächsten falschen Zeile im C-Programm, das ja im ersten Fenster zu sehen ist[11], springt. Man versucht, den jeweils angemahnten Fehler zu korrigieren und drückt danach wieder die *"make"*-Taste, solange, bis die Fehlerliste abgearbeitet ist.

Aufgrund der Mehrfenster-Technik kann man mit *emacs* mehrere Dateien gleichzeitig in Bearbeitung haben und dabei auch nebeneinander sichtbar machen. Das Grundprinzip dahinter ist, daß einer Datei ein *emacs*-Puffer zugeordnet ist, von dem ein Ausschnitt in einem (oder mehreren) Fenster stehen kann.

emacs macht Sicherungskopien von den in Bearbeitung befindlichen Dateien. Es wird die Originalversion des Texts gehalten sowie der Zwischenstand, wie er sich nach einer vorgegebenen Anzahl von Anschlägen ergibt. Für die Konsistenz in Mehrbenutzer-Projekten ist es wichtig, daß der Editor die Sicherungskopien so anlegen kann, daß sie im Projektbaum die Stelle der Originalversion einnehmen. Für diese ist ja ein gewisser Zugriffsschutz sowie *links* (s. 2.2) vereinbart. Deshalb muß sie so lange erhalten bleiben, bis die Änderung validiert und für das Projekt freigegeben ist.

5 Formatieren

In UNIX gibt es zwei Kommandos, die Texte druckfertig ausrichten. Sie heißen *nroff* und *troff*. Der Unterschied zwischen beiden besteht darin, daß die Ausgabe von *nroff* für normale Drucker geeignet ist, während *troff* Texte für ein spezielles Photosatz-Gerät erzeugt. Abgesehen davon sind sie sehr ähnlich und der Eingabe-Text kann für beide gleich sein. Sprechen wir also nur noch von *nroff*.

Es ist ein *"batch-tool"*, dessen Eingabe-Datei vorher mit Anweisungen für *nroff* gespickt werden muß. Anhand dieser nimmt *nroff* seine Formatierungen vor. Eine solche *nroff*-Anweisung besteht aus einem Punkt, der von zwei Kleinbuchstaben gefolgt wird, z.B. ".na", und muß allein in einer Zeile ganz vorne stehen.

Es gibt einige "-zig" derartiger Anweisungen z.B. für die Steuerung der Fonts und Zeichensätze, der Seitengröße, der Zeilenbreite, des Zeilenabstands und der Zahl der Druckspalten pro Seite. Blocksatz ist normal und die Trennregeln lassen sich beeinflußen. (Die Möglichkeiten dafür reichen aber nicht, um die Trennung nach deutschen Regeln vornehmen zu lassen.) Ferner kann man Seitenköpfe und -füße gestalten und die Nummerierung von Kapiteln automatisch vornehmen lassen, so daß auch ein Inhaltsverzeichnis erzeugt werden kann.

Diese große Funktionsvielfalt bedeutet, daß der Umgang mit *nroff* gelernt und gut geübt sein will. Die *nroff*-Kommandos sind in ihrer Wirkung sehr elementar. D.h., für die Lösung eines ganz normalen Textgestaltungsproblems müssen sehr viele solcher Kommandos programmiert werden. Das Austesten ist recht langwierig, da wegen der Einsteuerung der Kommandos im Text häufig unerwünschte Fernwir-

kungen auftreten. Nicht zuletzt deswegen ist die Möglichkeit vorgesehen, sich
"Macros" zu definieren, die mächtigere Funktionen auslösen können. Diese sind
dann aber nur für spezielle Einsatzfälle geeignet. Standardmäßig gibt es in UNIX
"Macros" für die Erstellung der UNIX-Handbücher, wissenschaftlicher Papiere,
Tabellen und mathematischer Formeln (nur im Zusammenhang mit dem Pho-
tosatz-Werkzeug *troff*). Es ist nicht schwer, sich eigene "Macros" zu schaffen, um
den haus-eigenen Dokumentationsvorschriften Genüge zu leisten.

Zusätzlich zu den Kommandos gibt es noch Sonderzeichen, die mit einem "\" beginnen und mit denen man über dem ASCII-Zeichensatz hinausgehende Zeichen und
Alphabete vereinbaren kann. So steht "\(Co" beispielsweise für das "copyright"-
Zeichen "©" und das "\(*D" für das Griechische "Δ". Auf diese Weise kann man so
ziemlich alles drucken - bis auf die (deutschen) Umlaute, die es im Englischen
nicht gibt. Um diese dennoch durch *nroff* durchzuschleusen, muß man eine Vor-
und Nachbehandlung des Textes vornehmen. Das tat der *makefile* in Abb. 11.

Schließlich müssen noch die *nroff*-Steuerzeichen erwähnt werden, die der Font-
Umschaltung dienen und mit denen man auch die Trennung von Worten am
rechten Rand regeln kann.

Eine leicht lesbare und didaktisch gute Einführung in den Umgang mit *nroff* ist in
[Bour82] enthalten.

6 Versionsverwaltung

Bei der Diskussion von *make* (s. 2.5) wurde die Problematik angesprochen, daß im
Laufe der Erstellung und Weiterentwicklung von Software bekanntlich
verschiedene Stände und Varianten entstehen. Das ist bei allen Industrie-
produkten so, und wenn man komplexere Güter erstellt und vertreibt, so muß
deren Stammbaum ausweisen, aus welchen Ständen der einzelnen Bauelemente
und Baugruppen sich ein bestimmtes Marktmodell zusammensetzt. Für die
Erstellung von Software wird dieses Problem mit dem "Source Code Control
System" (*sccs*) von UNIX teilweise gelöst.

Das *sccs* besteht aus zwölf *shell* Kommandos, die dem Zweck der kontrollierten
Änderung und Verwaltung von Quellprogrammtexten dienen.

Eine Synopsis wird in Bild 14 gezeigt, um einen schnellen Eindruck von der
Leistungsfähigkeit dieses Verwaltungssystems zu geben. Es ist Bestandteil des
Original-UNIX, ist aber nicht in allen kommerziell erhältlichen Systemen
vorhanden.

admin	Create new *sccs* files and change parameters of old ones
cdc	Change the delta commentary
comb	Combine *sccs* deltas
delta	Make a change to an *sccs* file
get	Create a text file from an *sccs* file
prs	Print an *sccs* file
rmdel	Remove a delta from an *sccs* file
sact	Inform the user of any impending deltas to a named *sccs* file
sccsdiff	Compare two versions of an *sccs* file and generate a list of the differences
unget	Undo a previous *get* of an *sccs* file
val	Determine if a specified *sccs* file meets characteristics by the argument list
what	Identify *sccs* files

Bild 14:   Synopsis der *sccs* -Kommandos

Ordnungskriterien sind die Versionsnummer und das Änderungsdatum. Ferner wird pro aufbewahrter Datei der Änderungsgrund und der Name desjenigen, der die Änderung durchgeführt hat, vermerkt. Da solche Archive sehr schnell astronomische Größen annehmen, werden im *sccs* nicht alle Versionen als Ganzes gespeichert, sondern es wird nur die erste Version komplett gehalten und von den weiteren Versionen die von Mal zu Mal geänderten Textzeilen. Daraus können alle Versionen rekonstruiert werden.

sccs hat zwei Nachteile. Erstens ist es recht schwerfällig und nicht einfach zu bedienen und zweitens ist es sehr CPU-intensiv und folglich langsam. Letzteres liegt vor allem daran, daß gerade das relativ häufige Generieren der aktuellsten Version das Durchspielen der meisten Änderungen bedeutet. In großen Organisationen, die *sccs* professionell für ihr Configuration Management einsetzen, wird dafür oft eine komplette VAX[12] 11/780 eingesetzt.

Aufgrund dieser Eigenschaften wird *sccs* nur selten während der Entwicklung von Software eingesetzt. Es ist ein reines Verwaltungs-"Tool" für die Software-Produktion und Wartung geblieben.

Seit einigen Jahren gibt es ein weiteres Software-Verwaltungssystem, das ähnlich wie der Editor *emacs* nicht zum Lieferumfang von UNIX gehört, seiner Wichtigkeit halber aber hier erwähnt werden muß. Dieses Kommando-Paket heißt "Revision Control System"*rcs*. Die Ideen dahinter sind in [Tich82] beschrieben. Das RCS hat aus der Erfahrung mit dem *sccs* gelernt und ist folglich sehr viel einfacher und interaktiver in seiner Handhabung. Unserer Erfahrung nach reicht es völlig für die professionelle Verwaltung von Software aus und kann zusätzlich auch den Programmierern für ihre eigene Versionsverwaltung zur Verfügung gestellt werden. Vor allem wird es in der Integrationsphase von Projekten eingesetzt.

Die Funktionsweise des *rcs* ist schnell erklärt. Es gibt fünf Kommandos, wovon zwei, das *checkin* und das *checkout* die eigentliche Arbeit machen. Die anderen führen Hilfsfunktionen durch. Mit dem *checkin* wird die aktuelle Version einer Datei als neue "Revision" in ihren *rcsfile* übernommen. Die Datei selbst wird vernichtet. Mit diesem Kommando kann man spezifizieren, welche Revisionsnummer die neue Version erhalten soll, z.B. "2.5", oder "4.1". Diese Version ist damit für immer (im *rcsfile* der vorliegenden Datei) archiviert. Möchte man nun ausgehend von einem bestimmten Stand (z.B. "2.5") eines C-Programms weiterarbeiten, so macht man einen *checkout* für diese Revision und erhält so das gewünschte C-Programm. Die *checkout*-Befehle werden sinnvollerweise in den *makefile* übernommen; das *checkin* wird jedoch immer eine "einsame" Entscheidung sein. In den Dateien, die durch das *rcs* verwaltet werden -den *rcsfiles*-, sind variable Texte enthalten, die die jeweilige Revision identifizieren.
Ein wichtiger Punkt bei der Diskussion der Versionsverwaltung ist die Tatsache, daß diese mehrdimensional ist. In der kommerziellen EDV-Welt hat man gewöhnlich von einem Produkt mehrere "Releases" im Feld, die der Wartung unterliegen. Deshalb gibt es dann einen "XYZ-Rel. 2.5" neben dem "XYZ Rel. 4.1". Diese Zwei-Dimensionalität unterstützt *rcs* und auch die neueren Versionen von *sccs*. Eine dritte Dimension, für die aber auch Bedarf besteht, ist nicht vorgesehen. Dieser Bedarf rührt z.B. daher, daß man von einem Produkt beispielsweise nationale Ver

sionen zu pflegen hat. Das bedeutet also, daß z.B. von dem Produkt "XYZ, Rel. 4.1" eine Version mit englischen und eine mit deutschen Dialogen erzeugt werden kann.

7 Entwicklungssysteme

In diesem abschließenden Kapitel wollen wir die Schwerpunkte im Einsatz von UNIX als Software-Entwicklungssystem beleuchten.

7.1 Firmware-Erstellung

Oben wurde nebenbei erwähnt, daß UNIX ein wichtiger Industrie-Standard für Mikroprozessor-Entwicklungssysteme darstellt. Bis auf ganz wenige Ausnahmen findet man bei allen Herstellern UNIX vor. Diese Entwicklungsgeräte dienen zusätzlich zu der in den vorstehenen Kapiteln geschilderten "reinen" Software-Entwicklung die Integration von Software in Hardware. Für den Test derartiger Firmware[13] gibt es spezielle Adaptoren und Echtzeit-Tester[14] verbunden mit den für ihre Ansteuerung und Handhabung notwendigen UNIX Kommandos, die die normalen "Debugger" *abd* und *sbd* ergänzen.

Zusätzlich ist es wichtig, Compiler zu beschaffen oder zu erstellen, die Code für die neue Ziel-Hardware erzeugen, denn der Code, den der normale C-Compiler *cc* erzeugt, läuft nur auf dem Entwicklungssystem selber. Dieser neue Compiler[15] sollte zusätzlich Symboltabellen für den "Debugger" erzeugen, der mit der Testhardware - also z.B. dem ICE - arbeitet. Denn gerade bei den hohen Qualitäts-Anforderungen, die für Firmware gestellt werden, ist symbolisches Debuggen unabdingbar. Geht diesem ein - an sich selbstverständliches - systematisches Austesten der einzelnen Module unter UNIX voraus, so kann sich das "Debuggen" auf der Zielhardware auf ein Validieren der Funktionen unter Echtzeit-Bedingungen beschränken.

Bei derartigen Mikroprozessor-Entwicklungssystemen ist es im allgemeinen damit getan, daß der Code, den derartige "Cross"-Compiler erzeugen, auf der nackten Hardware läuft.

7.2 Software-Erstellung

Bei der Entwicklung von Software, z.B. für einen anderen Computer, bestimmt dessen Betriebssystem das Format der Datei, die den erzeugten Code enthält. In der heutigen Welt der verschiedenen Industrie-Standard Prozessoren und Betriebssysteme benötigt man infolgedessen ein ziemlich großes Repertoire von "Cross"-Compilern. Da es unter UNIX zusätzlich zu *lex* und *yacc* einen portabeln C-Compiler gibt, ist es aber nicht allzu teuer, C-Compiler für neue Prozessoren und

Betriebssysteme zu erstellen. Auf diese Weise erhält man "Cross"-Compiler, deren Sprachanalyse - das sog. "front-end" - identisch mit dem des *cc* Compiler auf dem Entwicklungssystem ist.

Es gibt einen gut florierenden Markt der "Cross"-Compiler und zugehöriger Assembler und Binder. Zusätzlich deutet sich an, daß ein brauchbarer Baukasten für die Erzeugung von "Cross"-Compilern entsteht. Dieses ist der "Amsterdam Compiler Kit" ACK (siehe [Tane81]), der unter UNIX läuft. Es wird seit Jahren daran gearbeitet, brauchbare Compiler aus vorgefertigten Teilen zusammenzusetzen. Daß so etwas möglich ist, zeigt sich in UNIX: Der PASCAL-Compiler verwendet - als "back-end" - den gleichen Code-Generator wie der C-Compiler. Das ACK geht noch einen Schritt weiter. Dort gibt es einen Satz von "front-ends" für die wichtigsten Sprachen und einen Satz von "back-ends" für die wichtigsten Prozessoren und ein und dasselbe "Mittelstück", in das jede Kombination eines "front-ends" und "back-ends" paßt. Die ACK-Compiler sind aber noch nicht lange genug im Einsatz, um ihren Erfolg abschließend bewerten zu können.

Die typischen Software-Entwicklungssysteme, die unter UNIX laufen, findet man im Forschungs- und Entwicklungsbereich sowohl in Universitäten wie in Industrie. Im großen Feld der Erstellung von Software für kommerzielle Anwendungen ist UNIX jedoch kaum vertreten, da die Unterstützung von COBOL durch UNIX (noch) nicht gegeben ist. Die traditionelle Hardware-Basis für UNIX-Entwicklungssysteme stellen die Rechner PDP 11 und VAX dar.

7.3 Rechner-Verbund

Ein wichtiges technisches Problem bei einer "Cross"-Entwicklung von Software stellt die Verbindung des UNIX-Entwicklungsrechners mit dem Zielsystem dar. Bis dato sind dafür immer noch V.24-Leitungen Standard, über die ein unsicheres Protokoll viel zu langsam gefahren wird. Breitbandigere "local area networks" beginnen sich durchzusetzen. Aber es ist leider noch nicht soweit, daß man ohne großen eigenen Aufwand auf diese Weise z.B. einen Kopplung einer VAX unter UNIX mit einem IBM-Großrechner durchführen könnte.

Ein anderer Punkt muß in diesem Zusammenhang beachtet werden. Die häufige Übertragung von großen Datenmengen - wie sie bei einer vernünftigen "Cross"-Entwicklung notwendig ist - belastet einen typischen UNIX-Rechner sehr stark. Dessen Architektur ermöglicht nicht den direkten Transport von Daten aus dem Speicher auf die Leitung, sondern nur einen Transport unter Mitwirkung der CPU, die deshalb dann sehr häufigen Unterbrechungen ausgesetzt ist. Rechner mit verteilter Intelligenz sind noch selten und vor allem ist für diese ein ziemlich weitgehend überarbeitetes UNIX notwendig.

Wenn auch der schnelle breitbandige Anschluß von Zielsystemen an UNIX noch nicht standardmäßig gelöst ist, so ist er doch an vielen Stellen der industriellen Welt und in der Forschung durchgeführt worden. Reiche Erfahrung besteht hinsichtlich der engen Kopplung mehrerer UNIX-Systeme untereinander. Ausgangspunkt hierfür waren die ersten Realisierungen in den Bell Laboratories, wo man 1977 durch die Zusammenschaltung von PDP 11 und System/360 und System/370 Computern eine "Programmer's Workbench (PWB)" für etwa 1000 Benutzer geschaffen hat [Dolo78].

Ein weiterer wichtiger Schritt in die Richtung verteilter UNIX-Systeme ist die "Newcastle Connection" [Brow82]. Diese stellt ein reines Software-System dar, das auf Basis der verschiedensten "local area" oder "wide area" Netzwerke ein durchgängig adressierbares aber verteiltes UNIX darstellt. Das Prinzip ist sehr einfach: oberhalb der "root" der verschiedenen lokalen UNIX-Systeme befindet sich eine "super-root", s. Bild 15.

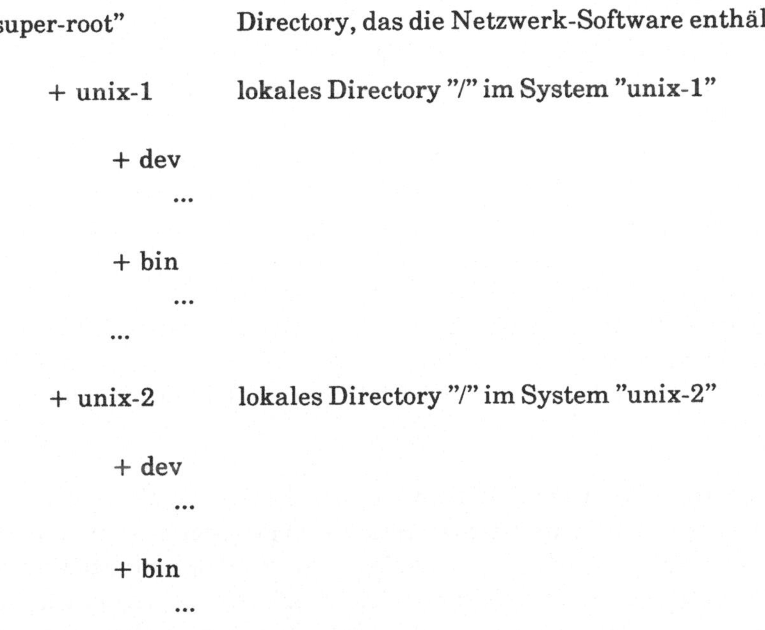

Bild 15:   Schema der "Newcastle Connection" (vgl. Bild 1)

Es werden also die Datei-Bäume der verbundenen lokalen UNIX-Systeme über ihren Wurzeln zusammengeschlossen.

Der vorläufig letzte Schritt hinsichtlich der Erweiterung von UNIX auf verteilte Systeme ist mit dem schon erwähnten "Berkeley UNIX bsd 4.2" vorgenommen worden. Neben der Möglichkeit, eine durch die *pipes* zwischen zwei Prozessen zu kommunizieren gibt es hier sehr viel leistungsfähigere Mechanismen für die Inter-Prozeß-Kommunikation als in den anderen UNIX-Arten.

7.4 Methodisches Vorgehen

Abschließend soll das Prinzip des methodisch sinnvollen Umgangs mit UNIX besprochen werden.

Ein am Software-"lifecycle" orientiertes Vorgehen ist heute allgemeines Gedankengut. Es ist aber viel zu häufig nur ein Lippenbekenntnis, da nämlich die dahinterstehenden Methoden noch nicht durchgängig genug sind und häufig nur auf der Errichtung von Hürden und dem Aufbau von Zwängen beruhen. Ferner ist der Software-"lifecycle" insofern nicht typisch für die Entwicklung von Software, als er genau so gut z.B. für den Hausbau zutrifft. Auch bei diesem werden, obwohl es einen großen Unterschied zwischen beiden gibt, die gleichen Fehler gemacht und ähnliche Terminüberschreitungen beobachtet wie bei der Software-Entwicklung. Dieser große Unterschied besteht in der Art der Materialisierung des Produkts: bei Software wird diese automatisch mit Hilfe von Compilern etc. vorgenommen.

Weil es also so einfach und verglichen mit dem Hausbau auch relativ sehr billig ist, Software-Produkte aus ihren Beschreibungen - das sind die Quellprogramme und *makefiles* - zu realisieren, sollte man diesen Vorzug auch methodisch nützen.

Die Empfehlung heißt, Probe-Implementierungen durchzuführen und anhand der Erfahrung mit diesen die Realisierungsvorschriften zu verfeinern. Zwei UNIX-Väter [Kern78] haben diese Methode formuliert, und das Schöne an ihr ist, daß sie von der großen UNIX-Gemeinde nahezu von selbst - also ohne großen Schulungsaufwand befolgt wird.

Bei dieser Vorgehensweise unterscheidet man vier Schritte. Der erste Schritt besteht in einer Probe-Implementierung der wesentlichsten geforderten Funktionen mit der *shell*. Diese besitzt - wie wir gesehen haben - starke Programmier-Eigenschaften und der Funktionsvorrat von Kommandos ist nahezu unerschöpflich. Im zweiten Schritt merkt man, daß die gewünschte Funktion nicht vollständig aus shell-Kommandos zusammengesetzt werden kann. Was fehlt, macht man also selbst - am Besten in C. Somit hat man eine erste Realisierung des geforderten Produkts vor dem geplanten Fertigstellungstermin erhalten.

Der dritte Schritt besteht nun darin, mit diesem "Prototyp" zu arbeiten. Insbesondere muß der Auftraggeber mit ihm konfrontiert werden, denn es ist eine bekannte Tatsache, daß dieser oft seine Anforderungen bei dem Umgang mit dem neuen Produkt ändert. Die Berücksichtigung dieser Änderungswünsche kann recht aufwendig werden, da nun das eine oder andere verwendete *shell*-Kommando umgeschrieben oder ersetzt werden muß. Nachdem man so die geforderte Funktion - hoffentlich ohne allzu viel weitere Iterationen - realisiert hat, folgt der letzte Schritt des "Tuning". Der bedeutet, daß möglicherweise übriggebliebene *shell*-Prozeduren nun noch in C umgeschrieben werden und C-Programme anhand ihrer Ausführungsprofile lokal schneller gemacht werden.

Die hohe Produktivität dieser Vorgehensweise, die auf der Anfertigung von Prototypen und der Verwendung vorhandener Software beruht, ist in vielen Organisationen bewiesen worden. Zahlen, die dieses belegen, sind jedoch auch hier schwer anzugeben, denn bei der Erstellung von Software-Produkten gilt grundsätzlich, daß der einzelne Programmierer mit seinen Fähigkeiten die Funktion und Qualität des Produktes in einem viel stärken Maß bestimmt als das bei jedem anderen Industrieprodukt möglich ist, und er ist es auch, der das Tempo der Realisierung erheblich beeinflußt.

Ich danke Frau Wellershaus sowie Herren Lange, Kolvenbach und Seedig für wichtige Korrekturen, Ergänzungen und Hinweise.

Literatur

[Aho]   A. V. Aho; B. W. Kernighan; P. J. Weinberger
AWK - A Pattern Scanning and Processing Language in [UNIX].
Vol 2A

[Brow82] D. R. Brownbridge; L. F. Marshall; B. Randell,
The Newcastle Connection or UNIXes of the World Unite!,
Software-Practice and Experience.
Vol. 12, 1147-1162 (1982)

[Bour82] S. R. Bourne
The UNIX System, Addison-Wesley Publ. Comp.,
London, 1982

[Dolo78] T. A. Dolotta; R. C. Haight; J. R. Mashey,
UNIX Time-Sharing System: The Programmers's Workbench,
Bell System Techn. J., Vol. 57, 2177-2200 (1978)

[Feld]   S. I. Feldman
MAKE - A Program for Maintaining Computer Programs
[UNIX], Vol. 2A

[Gulb84] J. Gulbins
UNIX, Springer Verlag, Berlin, 1984

[John80] S. C. Johnson
Language Development Tools on the UNIX System,
COMPUTER, No. 8, 16 - 21 (1980)

[Kern81] B. W. Kernighan;J. R. Mashey,
The UNIX Programming Environment
COMPUTER, No. 4, 12 - 24 (1981)

[Kern84] B.W. Kernighan; R. Pike
The UNIX Programming Environment
Prentice-Hall, Englewood Cliffs NJ, 1984

[Kern78] B. W. Kernighan; D. M. Ritchie,
The C Programming Language
Prentice Hall, Englewood Cliffs NJ, 1978

[Stal81]   R. M. Stallman
           EMACS, the extensible, customizable self-documenting display editor,
           SIGPLAN Notices, Vol. 16, 147 - 156 (1981)

[Tane81]   A. S. Tanenbaum; H. van Staveren; E. G. Keizer; J. W. Stevenson,
           A Practical Toolkit for Making Portable Compilers,
           Vrije Univ. Amsterdam, Rapport Nr. IR 74, Oct. 1981

[Thom]   K. Thompson
           UNIX Implementation, in [UNIX], Vol. 2A

[Tich82]   W. F. Tichy
           Design, Implementation, and Evaluation of a Revision Control System,
           Proc. 6th Int'l Conf. on Software Engineering, IEEE 1982

[UNIX]   ---------, UNIX Programmer's Manual, Seventh Editiom,
           Bell Laboratories, Murray Hill, 1979

Fußnoten zu Originalseiten

1)   Als Lehrbücher können [Bour84], [Kern84] (in englisch) und [Gulb84] (in deutsch) empfohlen werden.

2)   Die alle meinen wir, wenn im folgenden von UNIX die Rede ist.

3)   In Berkeley UNIX 4.2bsd entfällt dieser Nachteil

4)   in UNIX-Terminologie: *file-system*

5)   Fehlermeldungen gehen nach *"standard error"*

6)   Mit *"-"* werden in der *shell* Parameter identifiziert

7)   Es handelt sich hierbei um einen Auszug aus einer frühen Version des Textes dieses Kapitels 2.3

8)   Nach ihrem Autor auch "Bourne-Shell" genannt; der Autor der C-*shell* ist W.N. Joy

9)   In C findet grundsätzlich ein "call by value" statt

10)   Hier helfen Namenskonventionen. Anhängsel wie ".c", ".p" oder ".t" können *emacs* umschalten

11)   Das ist insbesondere deswegen wichtig, weil die Fehlermeldungen des Compilers die Nummer der falschen Zeile angeben, die man bei der normalen Arbeit mit dem Editor jedoch nicht kennt.

12)   Würde man die aktuellste Version komplett aufheben und deren Vorgänger durch Einspielen der Änderungsabschnitte daraus dynamisch erzeugen, wäre man viel schneller und damit auch interaktiver. Das im folgenden beschriebene *rcs* geht tatsächlich derart "rückwärts" vor.

13)   Firmware ist in Hardware eingebettete Software. Diese gelangt also nicht auf einem magnetischen Medium zum Kunden, sondern bereits mit der Hardware. Die Reparatur eines Fehlers in der Firmware ist folglich mit sehr viel höheren Kosten in der Logistik verbunden als bei Software.

14)   Bei INTEL z.B. heißen diese "In-circuit Emulater", kurz ICE

15)   Solche Compiler nennt man "Cross"-Compiler

Integration von UNIX in bestehende DV-Systeme

Dr. Ing. Helmut Schäfer

1 Einführung

Die Integration, d.h. Einbettung von Computersystemen in die vorhandene EDV-Infrastruktur eines Unternehmens ist ein zentraler Aspekt jeder EDV-Investitionsentscheidung, vor allem in mittleren und großen Betrieben. Der Grund hierfür ist einfach: Im Zuge der Entwicklung vieler Betriebe von der zentralen Rechenzentrums-EDV zur teil-dezentralen EDV haben sich bedingt durch die unterschiedlichen Anwenderwünsche in verschiedenen Unternehmensbereichen - Computerinseln herausgebildet, die oft ziemlich isoliert nebeneinander stehen. Daraus resultierte zunehmend der Wunsch - vor allem des (EDV-) Managers - nach der Anschaffung standardisierter Systeme. Das UNIX-Betriebssystem ist, wie schon in vielen anderen Publikationen deutlich gemacht wurde, der Betriebssystem-Standard, der ein sehr breites Spektrum an Rechnerleistung überdeckt.

Betrachten wir als Beispiel die EDV-Anwenderbereiche und die zugehörigen Computerspezies in einem Fertigungsunternehmen, Bild 1.

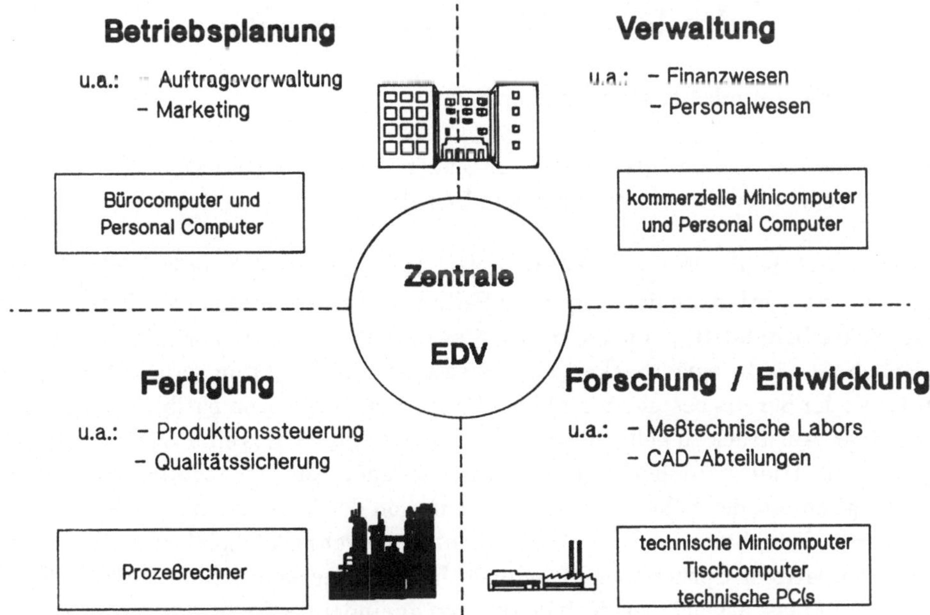

Bild 1: EDV –Anwendungsbereiche eines Fertigungsbetriebes und typische Computerspezies

Gewiß entspricht die gezeigte Inhomogenität nicht immer der Wirklichkeit. Häufig ist sie noch viel größer! Schließlich ist tatsächlich kein Computerhersteller heute in der Lage, alle Stufen des geforderten Leistungsspektrums mit homogener Betriebssystem- und Netzwerksoftware abzudecken. Herstellerübergreifende Standards sind also gefragt. Grundsätzlich könnte jede der gezeigten Computerspezies mit UNIX betrieben werden. Zwar schließt die fehlende Echtzeit- und Stapelverarbeitungsfähigkeit der Standard-UNIX-Implementierungen ihren Einsatz in der Prozeßautomatisierung einerseits und in Rechenzentren andererseits teilweise aus, doch nimmt die Zahl der echtzeitfähigen UNIX-kompatiblen Betriebssysteme zu und es gibt auch UNIX-Implementierungen auf Großrechnern. (An dieser Stelle erfolgt gewöhnlich ein Hinweis auf AMDAHL und CRAY.)

Unsere Problemstellung wird dadurch zweiseitig: Zum einen gilt es herauszufinden, wie sich UNIX-Systeme in die Nicht-UNIX-Umgebung einfügen. Zum anderen erhebt sich die Frage, wie sich UNIX-Systeme in UNIX-Welten integrieren lassen. Gewiß könnte noch weiter unterschieden werden, z.B. zwischen kommerziellen und technisch-(natur-)wissenschaftlichen EDV-Umgebungen. Da eine solche Verfeinerung hier mehr die wissenschaftliche Akribie als die Einsicht fördert, wird sie hier nicht vorgenommen.

2   Bestandteile der System-Integration

Zwei Fragen (mindestens) drängen sich auf:

1)   Bedeutet System-Integration nur System-Kommunikation?
2)   Was ist hier überhaupt unter dem Begriff System zu verstehen?

Bild 2 soll beide Fragen beantworten. Die gezeigten Aspekte der System-Integration werden auf den folgenden Seiten entweder nur angesprochen oder ausführlicher behandelt, je nachdem wie dies in diesem Rahmen möglich ist. Grundsätzlich ist die Integrierbarkeit eines Systems eine Funktion seiner Verträglichkeit mit der bereits bestehenden Umgebung, d..h. seiner Kompatibilität, um einen gängigen Ausdruck zu gebrauchen. Wie Bild 2 zeigt, ist dies eine vielschichtige Eigenschaft. Hier wird der Versuch unternommen, sie so aufzubauen, daß die Verträglichkeit der höheren Schichten u.U. von der Verträglichkeit der darunter liegenden Schicht(en) abhängt, aber nicht umgekehrt. Beispielsweise bringt ein voll kompatibler Sprachübersetzer noch lange keine kompatible Datenaufzeichnung auf Massenspeichern, doch begünstigt er eindeutig die Austauschbarkeit von Anwendungsprogrammen, d.h. die Verträglichkeit auf der nächst höheren Ebene.

Betrachten wir nun, von der Datendarstellungsebene aufsteigend, die (Un-) Verträglichkeit gleichrangiger Ebenen zweier Systeme, wobei wir - wie gesagt - zwischen dem Fall "UNIX-System in fremder Umgebung" und dem Fall "UNIX-System in UNIX-Umgebung" unterscheiden werden, wo immer dies notwendig erscheint.

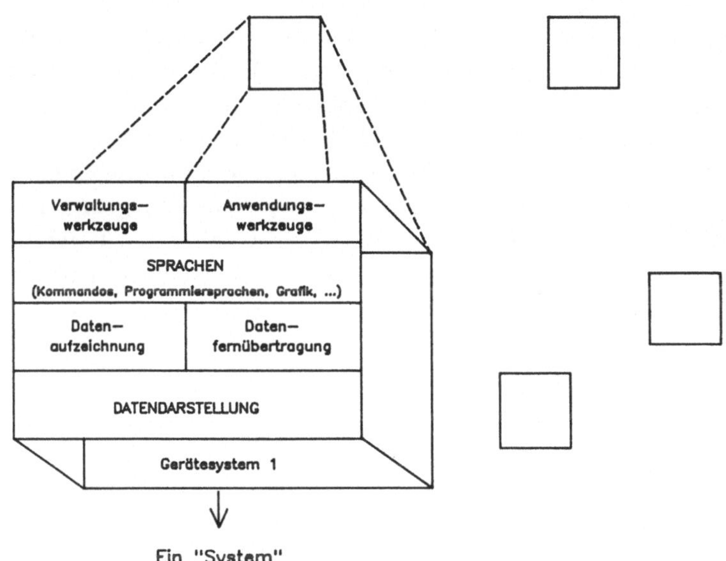

Bild 2: Aspekte der Systemverträglichkeit

3 Verträglichkeit

3.1 Datendarstellung

Die systeminterne Datendarstellung, d.h. die verwendeten Codes für numerische Daten und Texte, hängt primär von der Gerätetechnik ab. Dies ist ganz evident für die Peripheriegeräte wie Terminals und Drucker. Es gilt aber genauso auch für den Prozessor, der über gewisse Elementardaten verfügt, die er mit dem Speicher oder einem Interface austauschen kann oder auf die er gewisse arithmetische oder lexikalische Operationen (z.B. Verketten, Übersetzen) anwenden kann. Die darüber liegenden Softwareschichten können diese Datencodes erweitern. So erzeugt bei Prozessoren ohne Gleitkomma-Datentyp oft die Betriebssoftware diesen Datentyp und stellt die erforderlichen Arithmetikoperationen als Bibliothek bereit. Aus diesem Grunde und vor allem auch wegen der großen Bedeutung der Codeverträglichkeit für die Ausnutzung der Kompatibilität der nächst höheren Ebene (Datenaufzeichnung/Datenfernübertragung) werden in Bild 3 die häufig verwendeten Elementardatentypen noch einmal in Erinnerung gerufen. Die gebräuchlichsten dieser Darstellungen beruhen meist auf einem bestehenden oder vorgeschlagenen internationalen Standard und sind hier durch Einrahmung hervorgehoben. Festkommazahlen werden überwiegend im Zweierkomplement dargestellt, wobei meist zwei oder mehr Wortlängen zur Auswahl stehen. Dies gilt gleichermaßen für UNIX-betriebene wie für andere Systeme. Bei den Gleitkommazahlen setzt sich innerhalb und außerhalb der UNIX-Welt der Standardvorschlag IEEE P754 durch (zumindest bei Systemen jüngeren Ursprungs), dies wohl auch deshalb, weil zunehmend Gleitkommaprozessoren verfügbar werden, die diesen Standard unterstützen (z.B. NS16081, HP9000/500 INTEL 8087 und andere). Die numerischen Datenformate spielen für die Systemintegration nur dann eine Rolle, wenn numerische Daten in interner Darstellung zwischen Systemen ausgetauscht werden sollen und sich eine Umwandlung in die - eher verträglichen - Textdaten aus Effizienzgründen verbietet. Dies ist aber vergleichsweise selten der Fall.

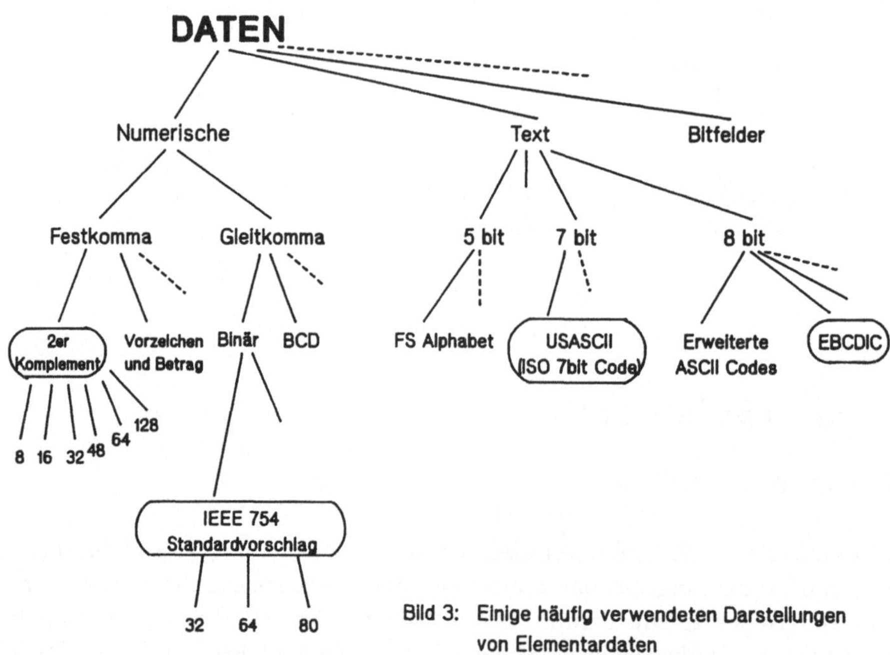

Bild 3: Einige häufig verwendeten Darstellungen von Elementardaten

Viel häufiger wird der Austausch von Textdaten verlangt, die ja ebenfalls numerische Informationen enthalten können. Hier hat sich schon früh der sog. USASCII-Code durchgesetzt (ein ISO-Standard), der bekanntlich 128 Zeichen umfaßt und keine europäischen Sonderzeichen enthält. Dies gilt auch für UNIX-betriebene Systeme. Seit Beginn der 80-er-Jahre sind einige Anbieter kommerzieller Systeme im europäischen Markt dazu übergegangen, ein achtes Bit an den USASCII-Zeichensatz anzuhängen und dadurch auch nationale, europäische Sonderzeichen (Umlaute, Akzentzeichen usw.) darzustellen. Die meisten UNIX-Implementierungen haben diesen Schritt jedoch noch nicht getan und sind deshalb bezgl. der Textdaten sehr gut verträglich - wenngleich die einheitliche Implementierung eines internationalen Zeichensatzes die wirklich wünschenswerte Entwicklung sein muß. Daneben gibt es - wieder vorwiegend bei kommerziellen Systemen, die auf dem europäischen Markt angeboten werden - den 8-bit-EBCDI-Code (mit leichten Variationen). EBCDIC-Text kann in den typischerweise auf ASCII-Basis arbeitenden UNIX-Systemen beim Datei-Import und -Export mittels Datenträger durch das Kommando ⟨dd⟩ übersetzt werden, das im nächsten Abschnitt im Zusammenhang mit dem Lesen und Beschreiben von Datenträgern beschrieben wird. Erfolgt der Dateiaustausch durch die Emulation von Stapelverarbeitungsterminals (z.B. IBM 2780 oder 3780), so erlaubt die Emulationssoftware normalerweise ebenfalls die EBCDIC/ASCII Umsetzung in beiden Richtungen.

Zusammenfassung:
Bezüglich der numerischen Datenformate sind UNIX-Systeme so gut und so schlecht einzubetten wie andere Betriebssysteme. Bei den Textdaten besteht durch die Adhäsion am 7-Bit-ASCII Code grosse Einheitlichkeit innerhalb der UNIX-Welt, doch ist bei Textdaten, die europäische Sonderzeichen enthalten, mit Schwierigkeiten zu rechnen.

3.2 Datenaufzeichnung

Wichtigstes Medium für die Datenaufzeichnung und physische Datenübertragung ist seit Jahrzehnten schon das 1/2-Zoll, 9-Spur Magnetband. Durch standardisierte Aufzeichnung wie z.B. 1600bpi/Phasencodierung oder 6250bpi/GCR Code (ANSI Standards) ist die physikalische Beschreib-/ und Lesbarkeit eines Bandes auf verschiedenen Systemen gesichert. Für das Lesen und Beschreiben "fremder" Bänder (Bild 4), stellt UNIX das Kommando ⟨dd⟩ bereit, [Bell84], das zumindest bei den BELL SYSTEM III-Derivaten erwartet werden darf. ⟨dd⟩ besitzt eine Fülle von Optionen, z.B. auch zur Festlegung der Blockgrößen des Eingangs- und Ausgangsstromes (für "rohes" Lesen/Schreiben), zur Umwandlung von Zeichensätzen (ASCII/EBCDIC) u.v.a.m. Außerdem eignet sich ⟨dd⟩ natürlich auch für andere Bandgeräte, wie z.B. Disketten. Zur Steuerung eines Bandgerätes (File- und Satzpositionierung) steuert die UNIX-Entwicklung der Universität Berkeley noch das Kommando ⟨mt⟩ bei, das allerdings nicht bei allen UNIX-Implementierungen zu finden ist. Im UNIX-Softwaremarkt werden darüberhinaus auch Routinen zum Lesen und Beschreiben von Bändern in ANSI-Format und IBM-Format angeboten.

Für den Austausch von Bändern zwischen UNIX-betriebenen Systemen zeigt Bild 4 neben ⟨dd⟩, ⟨mt⟩ die bequemeren Hilfsmittel ⟨tar⟩ (tape archiver) und ⟨cpio⟩ (= copy in/out). Beide sind Bestandteile von BELL SYSTEM V, doch findet sich ⟨tar⟩ in älteren BELL-Derivaten wegen seiner Berkeley-Herkunft teilweise nicht. Keines der beiden Kommandos kann das andere ganz ersetzen.

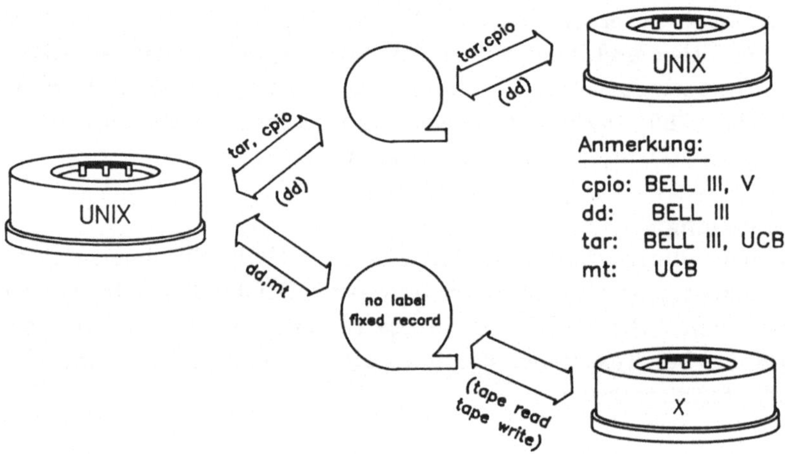

Bild 4:   Kompatible Daten—MAZ

3.3 Datenfernübertragung

Wahrscheinlich denkt man bei dem gestellten Thema ”Integration von Systemen” zuerst an diesen Aspekt, wohl auch wegen des allgemein erheblich gestiegenen Interesses an Netzwerken.

Betrachten wir zunächst einmal die gewünschten Dienste. Vorrangig sind meist:

Virtuelles Terminal: Die Ressourcen des fernen Systems stehen am lokalen Terminal zur Verfügung.

Dateiübertragung: Es können Dateien von einem beliebigen System auf ein anderes kopiert werden. Diese Dateien können Text- oder Binärdaten enthalten.

Zugriff auf Peripherie: Benutzung der Ausgabegeräte eines fernen Systems wie lokale Geräte.

Kommandoausführung: Die Möglichkeit, Programme auf einem fernen System zu starten, ohne dort eine Terminalsitzung zu eröffnen. Die vom Programm benutzten Dateien können u.U. auf beliebigen anderen Systemen liegen.

Dateizugriff: Die Dateien des fernen Systems stehen wie lokale zur Verfügung.

Andere Dienste sind Prozeß-zu-Prozeß Kommunikation, ferne Prozeßmanipulation, ferner Datenbankzugriff, ferner Kaltstart u.a.m.

In Bild 5 sind die DFÜ-Lösungen zusammengestellt, die in BELL-UNIX Derivaten zu erwarten wird. Neben der Unterscheidung zwischen homogener (UNIX zu UNIX) und inhomogener Verbindung wird auch noch nach Verbindungstyp (grob) differenziert zwischen - in aller Regel langsamen - Fernnetzen und den schnelleren lokalen Netzen. Die DFÜ-Dienste von UNIX sind Ferndienste, entwickelt für das Telefonnetz. Es handelt sich im Einzelnen um: <cu> ("call up another system"): Funktion des virtuellen Terminals. <uucp> ("unix-to-unix copy"): Beinhaltet den Dateitransfer und auch die ferne Kommandoausführung (<uux>):

<uucp> ist auch die Basis des weltweiten UNIX-Netzwerkes USENET, über das mehr als 1000 UNIX-betriebene Systeme unterschiedlichster Herkunft weltweit Informationen austauschen. Die Dienste dieses in Europa EUNET genannten Netzes sind elektronische Post und schwarzes Brett [MCA83]. <uucp> erlaubt auch die Übertragung von Binärdaten.

Im Gegensatz zu <uucp> eignet sich <cu> auch für die Aufschaltung auf fremde Systeme.

Das Programm <rje> erwartet dies sogar: Es emuliert eine Stapelverarbeitungsstation mit mehreren Peripheriegeräten und komponiert Jobs für das Stapel-Jobeingabesystem (Typ IBM/HASP) des Gastrechners. Einige UNIX-Implementierungen bieten statt der Multileaving-Station die Emulation der Einzelstapel-Terminals IBM 2780/3780 an. Diese Stapel- oder "Batch"-Terminals erlauben ebenfalls die Übertragung von Binärdaten und führen außerdem die ASCII/EBCDIC-Umwandlung durch, falls erforderlich.

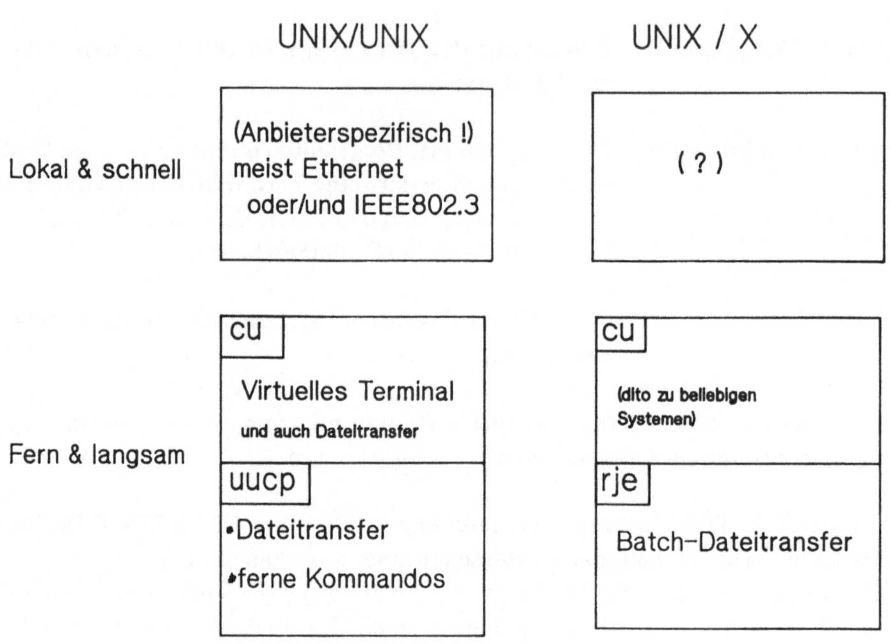

Bild 5 : Datenfernübertragung mit BELL–UNIX

Neue Entwicklungen außerhalb des UNIX-Standards:

Standard-UNIX - auf dem Stande von System V, Release 2 betrachtet - läßt offensichtlich noch einigen Raum für die Fortentwicklung auf dem Gebiet der Datenfernübertragung, wie

- Aufbau eines standardisierten, gemäß dem ISO-OSI Modell geschichteten Netzwerkkonzeptes (OSI = Open System Interconnection).

- Bereitstellung weiterer Dienste, wie v.a. Dateizugriff, Prozeß-zu-Prozeß Kommunikation und Prozeßmanipulation.

- Unterstützung schneller, lokaler Netze (Ethernet, IEEE802.x, Billig-LANs, Breitbandnetze, Nebenstellenanlagen).

- Unterstützung von Daten-Netzen (vorrangig des X.25 Netzwerkstandards).

Einige Implementatoren haben diesen Raum bereits genutzt und können heute schon Lösungen für einen Teil oder alle diese Punkte vorweisen.

Im Hinblick auf die Einbettung unterschiedlicher Systeme ist hier natürlich wieder von besonderem Interesse, inwieweit DFÜ-Standards verwirklicht werden. Bild 6 zeigt die von der ISO standardisierte Architektur für Rechnernetze, die in der Industrie weitgehend als Basis für eine modulare, geschichtete Netzwerk-Software- und Hardware dient. Gleichzeitig zeigt Bild 6, welche Schichten die heute tatsächlich verwendeten DFÜ-Standards in diesem Modell repräsentieren. (Die Schichten des Modells sind hier durch ihre wesentlichen Aufgaben wiedergegeben.) Es ist offensichtlich, daß die von der DV-Industrie anerkannten Standards bisher nur die gerätenahen, unteren Schichten des ISO-Modells definieren, also diejenigen, die das physikalische Interface, die DFÜ-Prozedur und ggf. die Wegewahl und Vermittlung bestimmen. Zwar gibt es eine Reihe von Vorschlägen auch für die höheren Ebenen (z.B. die einheitlichen höheren Kommunikationsprotokolle "EHKP" für die Schichten 4 bis 6, [Koeh84] und die Vorschläge der ECMA für Lokale Netze [Kafk84]), doch sind diese von einer industrieweiten Implementierung noch weit entfernt. Die Folge ist, daß die Netzwerkdienste verschiedener Anbieter zwar auf den Netzen gegeneinander kommunizieren können (d.h. sich Bandbreite oder Pakete und Leitungen teilen) aber nur in Sonderfällen auch miteinander (!) kommunizieren können. Es sind allerdings unter dem Druck mächtiger Anwender auch schon hersteller-übergreifende Netzwerke entstanden (z.B. Das MAP Netz bei General Motors).

Es sei darauf hingewiesen, daß die Aussagen des vorstehenden Abschnitts natürlich unabhängig von UNIX gültig sind. Ein gemeinsames Betriebssystem ist in jedem Falle eine sehr gute Basis für einheitliche höhere Protokollschichten.

Welche Lösungen gibt es nun?

- Lokale Netze:
  Die Mehrheit der Anbieter unterstützt den ETHERNET de-facto Standard oder/und den damit eng verwandten IEEE 802.3-Standard. Im deutschen Markt sind dies u.a. DG, DEC, Intel, ICL, NCR, Nixdorf, NS, PCS, Siemens, Tektronix, XEROX. Teilweise sind es nicht UNIX-kompatible, sondern

anbieterspezifische Betriebssysteme, die das CSMA/CD-BUS-LAN unterstützen. Gefördert wird dieses Konzept noch durch folgende Umstände:

- Bereitstellung von hochintegrierten Bausteinen für die Interfaces durch
  mehrere namhafte Halbleiterhersteller.

- Entwicklung eines Standards für ein Billig-LAN (THINNET oder auch
  CHEAPERNET genannt) auf der Grundlage des IEEE802.3.

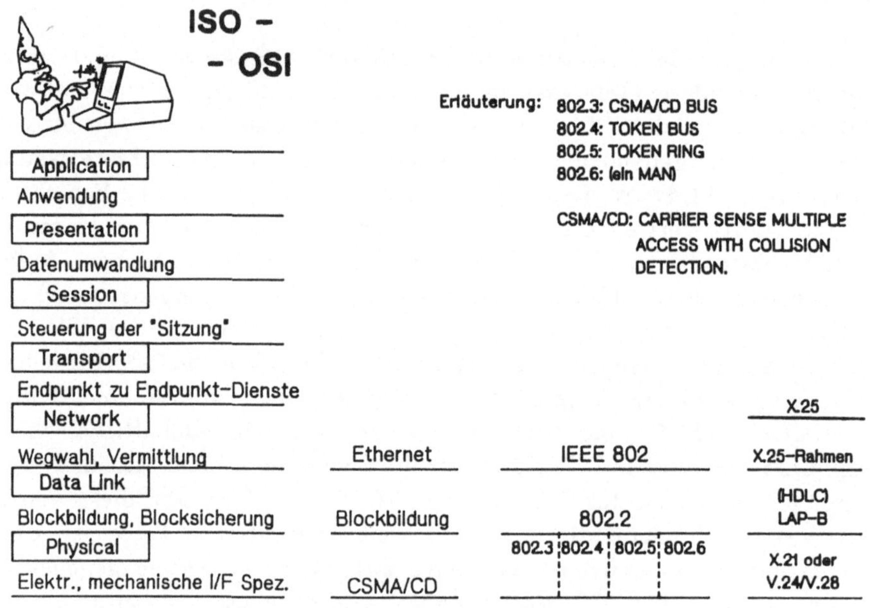

Bild 6:　Die ISO-OSI Architektur und einige Industriestandards

Vertreter des Ring-Konzeptes bevorzugen das Token-Zugriffsverfahren. TI,
PRIME, UNIVAC und in der Zukunft vielleicht auch IBM bilden u.a. diese
Gruppe. Auch hier wird die VLSI-Technologie Einzug halten.

Die Unterschiede dieser beiden Standards bereits auf den unteren Ebenen des ISO-
Modells zwingen beide Gruppen zur Entwicklung von sog. Gateways, d.h.
Konvertern, die vorne die erste, und hinten die zweite Hierarchie verwirklichen.

X.25:
Bekanntlich gibt es inzwischen weltweit Implementierungen dieser CCITT-Empfehlung (DATEX-P in der Bundesrepublik). Die Anschlüsse an X.25-Netze erfolgen auch in der UNIX-Welt auf zwei grundsätzlich verschiedene Arten:

- kleine und mittlere Systeme benutzen meist (a)synchrone Leitungen zu sog. PADs, die rückseitig auf die X.25-Leitung gehen. PADs wandeln also den (a)synchronen Datenstrom in Pakete um und umgekehrt. Die CCITT Empfehlungen für PADs sind X.3, X.28 und X.29. PADs können postalische Einrichtungen sein, die z.B. über Modemleitungen erreicht werden. Einige DV-Hersteller bieten jedoch auch eigene, in den wichtigsten X.25-Netzen zugelassene PADs an, die dann beim Anwender stehen. Die schon erwähnten DFÜ-Programme von Standard UNIX <uucp, cu> lassen sich für die Verwendung solcher PAD-Anschlüsse anpassen.
  (Anm.: PAD = "Packet Assembler/Disassembler")

- Bei grossen Systemen sind auch direkte Schnittstellen zu X.25 Leitungen zu finden.

Auf den zwei LAN-Schichten bzw. drei X.25-Schichten setzen dann die meist herstellerspezifischen Netzwerkdienste auf.

Zusammenfassung:
Die Einbettung von UNIX-Systemen in die UNIX-Welt ist problemlos möglich, solange die Ansprüche an Geschwindigkeit und Vielfalt der Dienste nicht hoch sind. Einen eindrucksvollen Nachweis der Vernetzbarkeit von UNIX-Systemen bringt das weltweite USENET. Die meisten UNIX-betriebenen Systeme bieten auch die Dienste 'virtuelles Terminal' und 'Dateitransfer' zu Fremdsystemen.Standard-(BELL-)-UNIX läßt gegenwärtig noch eine Lücke in der Unterstützung von schnellen lokalen Netzen offen, die aber von vielen UNIX-Systemanbietern eigenständig geschlossen wird. Dasselbe gilt im übrigen auch für die häufig verlangten Terminal- oder Clusteremulationen vom Typ IBM 327X für die (interaktive) Anbindung an BSC- oder SNA-Netze. Die UNIX DFÜ-Programme wie <cu> und <uucp> lassen sich für die Verwendung von PAD-Anschlüssen in X.25-Paketvermittlungsnetzen anpassen.

3.4 Sprachen

Die Verträglichkeit der Implementierungen einer Sprache auf zwei Systemen bestimmt die Portabilität von Anwendungsprogrammen erheblich, so daß die folgende Diskussion auch auf der nächst höheren Ebene (im Sinne von Bild 2) geführt werden könnte. Doch beobachtet man schon bei den Sprachimplementierungen selbst spezifische Unterschiede in der Einheitlichkeit, weshalb sie hier für sich stehen sollen. Neben den höheren Programmiersprachen sind auch

Kommandosprachen sowie Bibliotheken und - eine Ebene tiefer - Systemaufrufe einzubeziehen, während die von der Gerätetechnik abhängigen Assemblersprachen und Mikroprogrammiersprachen hier ausscheiden.

● Kommandosprachen

UNIX verfügt über zwei Kommandosprachen, die beide als de-facto-Standard angesehen werden dürfen, wenn auch nur eine von ihnen, die sog. BOURNE Shell bei BELL (für Version 1.7) entwickelt wurde, während die sog. C-Shell aus der UNIX-Werkstatt in Berkeley kommt. Beide sind leistungsfähige (interpretierte) Programmiersprachen, die sich gerade für Routineaufgaben ohne hohe Anforderungen an die Laufgeschwindigkeit (Systemverwaltung, Projekt-management ...) gut eignen. Solche Kommandoprozeduren sind innerhalb der UNIX-Welt sehr gut austauschbar, doch außerhalb natürlich völlig wertlos.

● Höhere Programmiersprachen, Bibliotheken und Systemaufrufe

Für die Austauschbarkeit von Code ist - neben der erwähnten Verträglichkeit der Textcodes - vor allem die Kompatibilität der Sprachen und ihrer Übersetzer sowie der Bibliotheksroutinen und Systemaufrufe (die oft für schnelle Ein-/Ausgabe oder für Speichermanagement-Funktionen herangezogen werden) wichtig.

Zunächst denkt man bei UNIX-Programmiersprachen natürlich an C, und in der Tat steht C bezüglich der Übereinstimmung der Implementierungen in der UNIX-Welt ganz vorn. Außerdem gibt es auch für anders betriebene Systeme vielfach C-Compiler (z.B. für CP/M-80 und -86, MSDOS u.v.a.), wobei aber stärkere Variationen auftreten, z.B. bei den unterstützten Datentypen und auch bei den C-Bibliotheken für mathematische Funktionen, Ein-/Ausgabe und Datenumwandlung. Eben wegen der resultierenden guten Portabilität ist der überwiegende Teil der heute in der UNIX-Welt angebotenen Software (zahlenmäßig gesehen) - wie das UNIX-Betriebssystem selbst - in C geschrieben. Jedoch leidet die Portabilität von C-Programmen unter dem Mangel einer strengen, formalen Vorschrift für einen Standard, so daß mancher C-"Trick" eben implementierungsabhängig ist. Seit 1983 gibt es allerdings Bemühungen, C anzureichern und durch einen ANSI-Standard formal festzuschreiben, [Lykl84]. Neben C sind auch zahlreiche Implementierungen vor allem von (ANSI 74-) COBOL, (ANSI-) FORTRAN77 (auch als "portabler Fortran Compiler" von BELL) und PASCAL verfügbar, denen man mittlere Portabilität zubilligt, während die ebenfalls stark vertretenen BASIC-Dialekte größere Variationsbreite zeigen. Die vielen anderen im UNIX-Bereich auftretenden Sprachen(SNOBOL, MODULA, LISP, PROLOG ...) sind noch nicht so weit verbreitet, daß sie im Zusammenhang mit der Einbettungsfrage großes Gewicht haben könnten.

Zusammenfassend ist festzuhalten, daß C-Code zwischen UNIX-Systemen relativ leicht ausgetauscht werden kann. Dies auch durch die "Standard" C-Bibliotheken und durch die relative Einheitlichkeit der Systemaufrufe. Letzteres begünstigt zwar auch die übrigen Sprachen, deren Implementierungen jedoch meist weniger linientreu sind. Im übrigen muß vor der Illusion gewarnt werden, daß die Implementierung eines Sprachstandards automatisch einfache Portierung mit sich bringt. Uneindeutigkeiten in den Sprachdefinitionen und unüberwindbare gerätetechnische Randbedingungen lassen viele Fallen offen stehen (Beispiele: unterschiedliche Zahlenbereiche, Zeigerinhalte, Bytefolgen usw.).

Zwischen UNIX- und nicht-UNIX-betriebenen Systemen ist die Codeverträglichkeit den gleichen Mängeln unterworfen, wie zwischen anderen, voneinander verschiedenen Systemen.

Dies gilt z.B. auch für Grafikbibliotheken. SIGGRAPH Core-Implementierungen streuen stark. Formale Standards, wie das Grafische Kern-System, das eine standardisierte Sprachanbindung anstrebt, sind erst in jüngeren Anwendungsprogrammen zu finden.

In einer Hinsicht zeigen sich UNIX-betriebene Systeme bzgl. der Codeportierung von und zu Fremdsystemen besonders hilfreich: Die für UNIX typischen Werkzeuge zur Texttransformation, wie z.B. <awk> und <sed> erlauben es in einfacher Weise, verschiedene Dialekte einer Sprache ineinander zu übersetzen und dadurch den Portierungsvorgang teilweise zu automatisieren (Bild 7).

3.5 Anwendungsprogramme

Da es dem Autor nicht möglich ist, diesen Bereich auch nur oberflächlich abzudecken, geschweige denn die Integrierbarkeit von UNIX-Anwendungssoftware kompetent zu beurteilen, seien nur einige Entwicklungen auf diesem Gebiet erwähnt.

Es gibt gegenwärtig (mindestens) zwei Institutionen, die sich um eine Standardisierung im Bereich der UNIX-Werkzeuge und Anwendungsprogramme bemühen. Die Vereinigung /usr/group befaßt sich mit der Definition einer standardisierten Systemschnittstelle (Systemaufrufe, Bibliotheksroutinen). In /usr/group sind ca. 40 UNIX-Anbieter und zahlreiche Anwender engagiert. Wesentlich kleiner ist die ISIS-Gruppe (Independent Software Inform. Standards Group), [Shaw84], die eine einheitliche Schnittstelle für den Austausch von Daten zwischen (UNIX-) Anwendungsprogrammen vorgeschlagen hat.

Bekanntlich gibt es unabhängig von diesen UNIX-orientierten Bestrebungen, weitere Standards, wie z.B. im Grafikbereich die ANSI-Standards NAPLPS (für die

effiziente Übertragung von Bildern über DFÜ-Leitung auf Grafikterminals) und
IGES (für den Austausch von Geometriedaten zwischen CAD-und CAM-
Programmen verschiedener Anbieter) [Stra83], [Warr84].

3.6 Systemverwaltung und EDV-Management

Für die Aufgaben des EDV-Gesamtmanagements und die Systemverwaltung
besitzt UNIX bemerkenswerte Eigenschaften.

Gehen wir bei der folgenden Betrachtung von der heute wahrscheinlichen Situation aus, daß neben der zentralen EDV gemäß Bild 1 dezentrale Systeme mit unterschiedlicher Betriebs- und Anwendungssoftware existieren. Einige wesentliche
Aufgaben des Einzelsystem- und EDV-Managements zeigt Bild 8, wobei angenommen wird, daß die zentrale EDV über Netzwerkverbindungen zumindest zu den
Mehrbenutzersystemen im Anwenderfeld verfügt und somit viele der Aufgaben
zentral abgewickelt werden können.

Es ist offensichtlich, daß bestimmte Aufgaben sich erheblich vereinfachen, wenn
die dezentrale EDV homogen in Bezug auf die Betriebssoftware ist, d.h. wenn ein
Betriebssystem-Standard wie z.B. UNIX eingesetzt wird. Dies gilt ganz besonders
für die Daten- und Programmverwaltung.

Daneben bietet gerade UNIX besondere Vorzüge in folgenden Bereichen:

* **Abstellung/Ausbildung von System- und Anwendungsprogrammie-
  rern.**
  Hier steht ein wachsendes Potential von Hochschulabgängern mit UNIX-
  Vorkenntnissen bereit. Mehr als 200 Hochschulen sind allein in Europa im
  UNIX-Bereich tätig. UNIX-Mitarbeiter sind außerdem auch sehr portabel!
  Sie können ihr Wissen auf anderen Maschinen weiterverwenden. Die Ausbil-
  dungsphasen verkürzen sich.

* **Zugriffskontrolle:**
  Konzeptionell sind der Benutzerschutz und der Systemschutz in UNIX gut.
  Diese Mechanismen müssen allerdings durch solides Systemmanagement ge-
  nützt werden und dürfen nicht durch undizipliniertes Benutzerverhalten
  (z.B. Arbeiten ohne Passwortschutz, unbesetzte offene Terminals) unterlaufen werden.

* **Zentrale Informationsdienste:**
  Diese Funktion unterstützt UNIX durch das "Broadcasting"-Kommando
  <wall>, das Benutzern mit Systemmanager-Identifikation für die unmittel-

bare Benachrichtigung aller Systembenutzer zur Verfügung steht. Eine andere UNIX-Funktion ist das "schwarze Brett" <news>. Dazu noch weitere Kommunikationsdienste wie <write> und <mail>, s.o.

- **Allgemeine Systemmanagement-Aufgaben:**
  Erfahrungsgemäß ist die Systemverwaltung in UNIX-betriebenen Systemen vergleichsweise unaufwendig, da ein erheblicher Teil der damit verbundenen Tätigkeiten in Shell-Prozeduren niedergelegt und uhrzeitgesteuert aufgerufen werden kann.
  Konfigurierung:
  UNIX erlaubt die on-line Konfiguration des Systems in Bezug auf Benutzerzugang und die meisten Peripheriegeräte.

Schwieriger gestalten sich in der UNIX-Welt die Leistungszuweisung und die Kostenverteilung. Taskprioritäten werden in UNIX nach verbrauchter CPU-Leistung dynamisch innerhalb eines Bereiches modifiziert, der beim Start vorgegeben werden kann. Danach ist eine Änderung von außen in der Regel nicht möglich. Für das "Accounting" stellt BELL UNIX zwar Hilfsmittel bereit, die aber oft nicht implementiert sind.

4   Zusammenfassung

In keinem der betrachteten Teilaspekte zeigen UNIX-betriebene Systeme prinzipiell, d.h. konzeptionell bedingte Lücken (wenn auch, wie gesagt, Standard-UNIX im Bereich der lokalen Netze noch außer für Telefonleitungen keine Unterstützung bietet). Innerhalb der UNIX-Welt besteht eine Tendenz zur Homogenisierung durch:

- die glaubwürdig gewordene Initiative des UNIX-Lizenzträgers (deren Wirksamkeit durch die geringe Koordination in der Fortentwicklung von Berkeley-UNIX sicher noch erhöht wird).

- den Druck der Anwender auf die Systemanbieter, Standards zu implementieren.

Durch die Überdeckung eines breiten Leistungs-, Preis- und Anbieterspektrums können UNIX- oder mit UNIX-Derivaten betriebene Systeme die Anforderungen eines großen Teils der Anwender des dezentralen EDV-Feldes erfüllen. Mit Bezug auf die noch immer geführte Diskussion, wie zentrale und dezentrale EDV-Leistungen zu verteilen sind (z.B. [King83]), läßt sich feststellen, daß dieser Betriebssystem-Standard außerdem die Aufgaben des zentralen EDV-Managements erheblich vereinfachen kann, d.h. den Befürwortern einer zentralen EDV-Organisation durchaus entgegenkommt.

Ich möchte Herrn Dipl. Ing. T. Nebe, Hewlett-Packard, für wertvolle Anregungen herzlich danken. Der Hewlett-Packard GmbH, Böblingen, hier vor allem Frau S. Möhrle, danke ich für die Unterstützung dieses Beitrages.

Literatur

[Alle84]   Allen, R.: LANs stake their claims and opt for coexistence. Electronic Design, July, 1984, pp 130-148

[Bell84]   - - - : UNIX Reference Manual, System V, Release 2

[Kafk84]   Kafka, G.: Das Modell für die offene Kommunikation. DATACOM, Ausgabe 2, 1984, 1. Jg., S 49-51

[King83]   King, J. L.: Centralized vs. Decentralized Computing. Organisational Considerations and Management Options. ACM Computing Surveys, Vol. 15, No. 4, Dec. 1983, pp 319-349

[Koeh84]   Koehler, W.: Technische Standards als Voraussetzung für einen Rechnerverbund. DATACOM, Ausgabe 1, Mai/Juni 1984, 1. Jg. S 36-40

[Lykl84]   Lyklama, H.: Advanced UNIX Developments. UNIX84, Control Data Institut, Frankfurt/Main, 1984

[MCA83]   Mathematisches Centrum Amsterdam: The European UNIX Network. European UNIX User Group Newsletter, Vol. 3, No. 1, 1983, pp 14-25

[Novi79]   Novitz, D.A., Lesk, M.E.: A Dial-up Network of UNIX Systems. UNIX Programmers Manual, 7th Ed., Vol. 2B, Jan. 1979

[Shaw84]   Shaw, S.J.: Plain-vanilla data-interchange standards proposed for UNIX applications. Mini-Microsystems, September 1984, pp 60-62

[Stra83]   Straayer, D.: Graphics Standards. The Pace Quickens. Computer Graphics Forum, Vol 2, No. 1, Mar. 1983, pp 67-75

[Warr84]   Warren, C.: Market considerations hinder search for software standards. Mini-Microsystems, Sep. 1984, pp 202-210

UNIX auf Arbeitsplatzrechnern

H. Strack-Zimmermann

1 Entwicklung der Arbeitsplatzrechner

Die technologische Innovation der letzten 5 Jahre hat es ermöglicht, kleine Rechner zu entwickeln, die direkt am Arbeitsplatz zugänglich sind. Die wichtigsten Faktoren, die dieses ermöglichen, waren die Entwicklung folgender Komponenten:

- 16-bit-Mikropozessoren
- RAM-Speicher hoher Packungsdichte
- hochintegrierte Bildschirme und Tastaturcontroller
- verkleinerte Externspeicher (5 $\frac{1}{4}$, Peripherie)
- verbilligte Kleindrucker

Dadurch reduzierte sich der Kaufpreis für die DV-Ausstattung eines Arbeitsplatzes auf weniger als 15 TDM, wobei Kosten für einen zentralen Großrechner wegen des möglichen autonomen Einsatzes entfallen.

Durch die hohen Stückzahlen derartiger Kleinrechner wurde die Entwicklung einer großen Zahl fertiger Softwareprodukte angestoßen. Diese hochinteraktiven Softwarepakete sind heute die treibende Kraft für den verstärkten Einsatz der Kleinrechner auf allen Gebieten der Datenverarbeitung.

Arbeitsplatzrechner zeichnen sich durch folgende Eigenschaften aus:

- Lokal (nicht DFÜ-angebundene) Bildschirme,
  sehr schnelle Bildaufbauzeiten

- Lokale Drucker
  Ausdruck vor Ort, Selbstbedienung, keine Wegezeiten

- Kein Operator
  private Datensicherung, Eigenverantwortung,
  einfache Bedienung

- Kein Rechenzentrum
  keine Klimatisierung, 220 V, Geräuschdämmung

Arbeitsplatzrechner sind entweder Einplatzsysteme oder kleine Mehrplatzrechner mit weniger als 8 Bildschirmen (Bild 1).

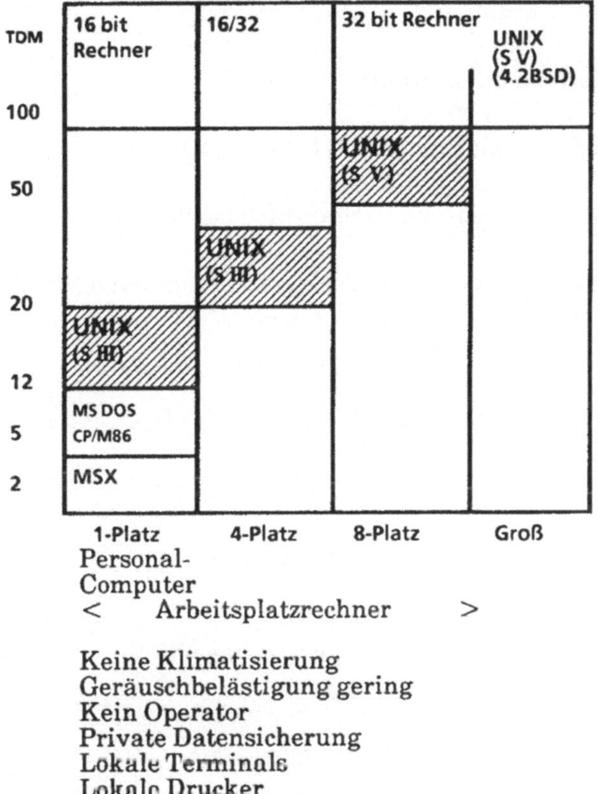

Bild 1: Abgrenzung des Arbeitsplatzrechners

Die Attraktivität von UNIX auf dem Gebiet der Arbeitsplatzrechner liegt vor allem an der Einsatzmöglichkeit sowohl als Einplatz- als auch als Mehrplatzbetriebssystem.

Weiterhin ist die Portabilität von UNIX auf verschiedene Prozessoren wegen der hohen Innovationsrate bei Microchips wesentlich, da nur auf diese Weise eine Zukunftssicherung für Anwenderprogramme und Softwareprodukte erreicht werden kann.

UNIX kommt heute in verschiedenen Geschmacksrichtungen, je nach Größe, Ausstattung und Einsatz des Arbeitsplatzrechners. Wesentlich für den Anwender ist dabei, daß 95% der Schnittstellen zwischen allen UNIX-Varianten gleich sind, und die Unterschiede nur in speziellen, sehr systemnahen Funktionen zu finden sind. Portable Anwendungen sollten sich an folgende Randbedingungen halten:

- C-Sprache wie von Kernighan & Ritchie beschrieben

- C-Programm mit *lint* auf Portabilität prüfen

- Bibliotheksfunktionen der **Portable C Library** verwenden

- UNIX System Calls auf **/usr/group Standard** beschränken

Bei Beachtung dieser Regeln lassen sich auch große Programme, die in Quellcode vorliegen, innerhalb einer Mannwoche von einem UNIX-System auf ein anderes übertragen.

Die wichtigsten UNIX-Varianten in der Bundesrepublik Deutschland sind heute:

UNIX (System III)-basierend:

UNIX (S III)	AT&T	PDP 11
XENIX 3.0	IBM	PC-AT
	INTEL	286/310, 286/380
	Altos	586
SINIX 1.0B	Siemens	PC-MX (9780), PC-X (9781)

UNIX (System V)-basierend:

UNIX (S V)	Olivetti	3B2, 3B5
MUNIX	PCS	Q68000, Q68030
UNIX	Nixdorf	8832

UNIX (4.2 bsd) basierend:

ULTRIX-32	DEC	VAX 750, VAX 780

Die kleineren Systeme sind überwiegend von UNIX S III abgeleitet. Größere Systeme mit uniformen Adreßräumen verwenden UNIX S V.
Bei sehr großen Anlagen, die über eine virtuelle Adressierung und Paging verfügen, wird meist UNIX 4.2 bsd eingesetzt.

2 Konkurrierende Einplatzbetriebssysteme

Bei den Einplatzsystemen sind eine Reihe von Betriebssystemen verbreitet. UNIX
wird hier nur auf Systemen der gehobenen Klasse eingesetzt, da die minimalen
Hardwareanforderungen von UNIX zu einem Systempreis von heute mehr als
12 TDM führen.

Die minimalen Hardwarevoraussetzungen für UNIX S III sind:

CPU: 16 bit
Hauptspeicher: 512 KB RAM
Sicherung: 500 KB Floppy Disk
Datenspeicher: 10 MB Winchester-Platte

Alle Versuche, UNIX auf noch kleinere Anlagen zu bekommen, führen zu deut-
lichen Einschränkungen (IBM PC XT).

Die wichtigsten Konkurrenten von UNIX bei den Einplatzsystemen sind mit ihren
Eigenschaften in den folgenden Kapiteln aufgeführt.

2.1 Heimcomputer (HC)

HC < 5 TDM, Diskette nicht Voraussetzung

- **Apple DOS, COMMODORE DOS**

  Heimcomputer von Apple (Apple II) und Commodore (C64) verfügen über ein
  herstellerspezifisches Betriebssystem.

  Falls Heimcomputer für kommerzielle Aufgaben eingesetzt werden,
  geschieht dies über BASIC-Programmierung. Die Verarbeitungsgeschwin-
  digkeit ist aufgrund der 8 Bit Prozessoren mit niedrigen Taktfrequenzen und
  BASIC-Interpreter sehr begrenzt. Neben vielen Spielen werden einfache
  Buchhaltungsprogramme, Adreßverwaltungen und Textbearbeitung angeboten, die allerdings ein Floppy-Disk-Laufwerk voraussetzen (Merksatz:
  "Ohne Floppy Disk läuft nix").

  Die Anzeige ist häufig auf Fernsehqualität beschränkt (40 Zeichen/Zeile) und
  hat niedrige (< 50 Hz) Bildwiederholraten.

16/32 Bit AC	Concurrent CP/M	MS-DOS (S III)	UNIX (S III)	Arbeitsplatz Computer	Büro Integriert Branchen
16/32 Bit PC	CP/M 86	MS-DOS V.2	Apple MAC	Personal Computer	Basic Text Spreadsheet Grafik Branchen
16 Bit HC	M S X			Heim Computer	Spiele Basic
8 Bit HC	CP/M 80	Apple DOS Commodore DOS			

Bild 2: Einplatz Systeme

● CP/M 80

CP/M von Digital Research entwickelte sich schon sehr früh als der Betriebssystemstandard für Systeme mit 8 bit-Prozessoren von Intel und Zilog.

Ein Diskettengerät war Voraussetzung für das zum Betriebssystem gehörende sehr zweckmäßige Dateisystem. CP/M wurde von sehr vielen Herstellern eingesetzt und stellte die Grundlage für den Erfolg der ersten Welle kommerzieller Anwendersoftware dar. Wichtigste Produkte ware Microsoft Basic, VISICALC, WORDSTAR, die die gesamte Datenverarbeitung revolutionierten.

● MSX

MSX wird von vielen Beobachtern als der zukünftige Nachfolger von CP/M für 8 bit-Heimcomputer betrachtet. Es wurde von Microsoft vor allem mit japanischen Herstellern entwickelt, um eine standardisierte Grundlage für Anwendersoftware auf Heimcomputern verschiedener Hersteller zu bieten. MSX setzt ein Diskettengerät nicht zwingend voraus, wodurch der Einstiegpreis in der Heimcomputerklasse bleibt.

2.2 Personal Computer

5 TDM < PC < 12 TDM, Diskette Voraussetzung

● **MS-DOS, PC-DOS**
   Der Durchbruch für den kommerziellen Einsatz von Personal Computern
   kam durch den Einstieg von IBM in das Personal Computer Geschäft, der diese Rechner in den Augen der kommerziellen Anwender legitimierte. PC-DOS
   ist die auf den IBM PC zugeschnittene MS-DOS Version von IBM.

   Version 2 von MS-DOS hat interessanterweise die hierarchische Filestruktur
   von UNIX übernommen.

   Der hauptsächliche Schwachpunkt von MS-DOS ist, daß eine geräteunab-
   hängige Bildschirmsteuerung nicht definiert wurde, wodurch Anwendungen
   herstellerspezifischer Teile enthalten und teilweise sogar die Steuerung der
   Bildschirm-Hardware direkt übernehmen. Dies schränkt die Portabilität von
   Anwendungen - auch wenn sie in höheren Sprachen geschrieben sind - stark
   ein.

   Bei den Personal Computern steht der kommerzielle Einsatz im Vordergrund. Hauptprogrammiersprachen sind BASIC (Microsoft) und C.

   Weiterhin stehen neben hunderten von Textsystemen, Plankalkulatoren und
   Datenbanken vertikale Software-Pakete für alle Anwendungsbereiche zur
   Verfügung.

   Ein kurzer Vergleich mit UNIX stellt einige Unterschiede klar:

	MS-DOS	UNIX S III
Größe	40 KB	100 KB
Prozesse	1	10 - 30
Hintergrundbetrieb	nein	ja
Speicherschutz	nein	ja
Kommandoprozeduren	beschränkt	ja
Dienstprogramme	20	140
Zugangskontrolle	nein	ja
Datenschutz	nein	ja
Grafik	ja	nein
Input/Output Redirection	beschränkt	ja
Mehrplatzbetrieb	nein	ja
Festplatte erforderlich	nein	ja

Aus der Aufstellung wird klar, daß MS-DOS für kleine Einplatzsysteme mit Diskettenspeicher optimiert wurde. Es stellt eine einfache Umgebung für einen einzelnen ungeschützten Prozeß dar und übernimmt im wesentlichen die Interruptverarbeitung, Hardwareunterstützung und Dateiverwaltung. Die Hardwareabhängigkeiten sind bis auf die Bildschirmsteuerung in einem speziellen Teil (BIOS) isoliert, der von Hardwareherstellern entwickelt und zum Kernsystem dazugebunden wird. Das Schreiben von eigenen Treibern ist unkompliziert.

- **CP/M 86**

Digital Research hat für die 16 bit-Prozessoren eine Neuauflage von CP/M 80 entwickelt, das allerdings nicht den Erfolg wie in der 8-bit-Welt hatte. Das System ist sehr ähnlich zu MS-DOS.

- **Apple MAC**

Für den Macintosh hat Apple eine reduzierte Version des Lisa-Betriebssystems entwickelt. Die Stärke liegt in der einheitlichen, fenster- und menüorientierten Benutzeroberfläche. Durch Verwendung eines Bitmap-Display-Schirms akzeptabler Auflösung ist erstmals ein Personal Computer entstanden, der auch im Bürobereich eingesetzt werden kann. Hinderlich ist der Einprozeßbetrieb, der nur sequentielles Arbeiten erlaubt.

2.3 Arbeitsplatzcomputer

Arbeitsplatzcomputer setzen einen parallelen Ablauf von mehreren Aufgaben auf dem Arbeitsplatzsystem voraus. Mindestanforderung ist gleichzeitiges Drucken und Datenübertragung im Hintergrund und Text/Datenbearbeitung im Vordergrund.

Wichtig ist weiterhin eine Paßwort-geschützte Benutzerverwaltung und Zugangskontrolle sowie der Schutz von Daten gegen unerlaubten Zugriff.

Die deutschen Arbeitsstättenverordnungen schreiben für die Bildschirmsteuerung eine Bildwiederholrate > 60 Hz (Empfehlung: 70 Hz) vor (IBM PC XT : 50 Hz interlaced!). Zeichenfelder von 8 x 14 Punkten sind unverzichtbar.

Im kommerziellen Einsatz und Bürobetrieb sind Arbeitsplatzrechner ohne Peripheriespeicher mit mindestens 5 MB undenkbar. Reine Diskettenperipherie ist viel zu langsam und führt wegen der begrenzten Kapazität (max. 2 * 1,2 MB) zu ständigem Diskettenwechsel. Eine Verwendung von Disketten für online-Daten führt zu Suchvorgängen, die sogar eine Papierablage geordnet erscheinen lassen. Disketten sind nur als persönliches Archiv und für den Datenaustausch brauchbar.

- **Concurrent CP/M**

  Digital Research hat eine Mehrprozeß-Version von CP/M 86 herausgebracht, die die wesentlichen Voraussetzungen für den Betrieb eines Arbeitsplatzcomputers bietet. Die Festplatte kann in verschiedene Bereiche (Partitions) aufgeteilt werden, so daß auch ein begrenzter Mehrbenutzerbetrieb möglich ist.

  Zusammen mit der neuen fensterorientierten Benutzeroberfläche GEM ist Concurrent CP/M ein sehr attraktives Produkt für Arbeitsplatzrechner. Die Verbreitung ist noch gering, der Markterfolg bleibt abzuwarten.

- **MS-DOS V.3**

  Die Version 3 von MS-DOS ist noch ein Einprozeßsystem, derzeit verfügbar auf dem IBM PC-AT. Durch den Zusatz von Paketen wie Topview und in Zukunft Windows wird aber eine Umgebung für das gleichzeitige Laden mehrerer Anwendungen erreicht.

- **UNIX**

  Fast alle Einplatzsysteme mit UNIX basieren heute auf UNIX S III.

  Hauptlieferant ist nicht AT&T selbst, sondern Microsoft, das dieses System unter der Bezeichnung XENIX anbietet. Auch SINIX basiert im Betriebssystemkern auf XENIX. Eine typische Konfiguration ist in Bild 3 gezeigt.

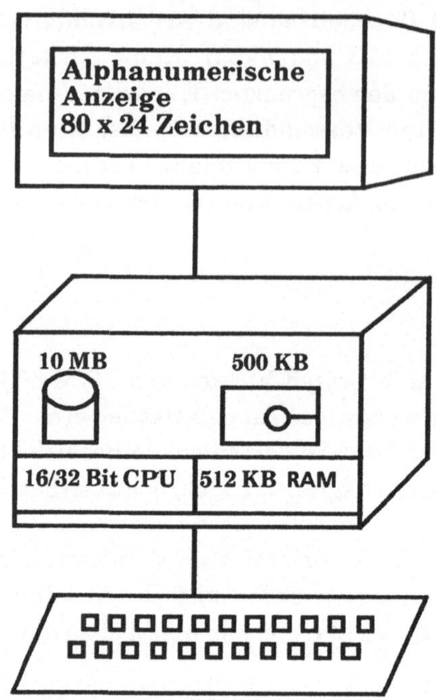

- UNIX System III (XENIX 3.0)   - C-Compiler
- 100 Dienstprogramme   - Textsystem
- Bourne Shell   - Plankalkulation
- DFÜ-Anschluß 2400 bit/s

Bild 3: UNIX Einplatz-Konfiguration

3 Mehrplatz-/Server-Systeme

Die wichtigsten kommerziellen Einsätze von Arbeitsplatzrechnern sind isolierte Anwendungen. Ohne Kommunikationsverbindungen zu anderen Arbeitsplatzrechnern und dem Zugriff auf gemeinsame Daten sind die Anwendungsmöglichkeiten limitiert. Es gibt zwei unterschiedliche Ansätze, um die Zusammenfassung von isolierten Anwendungen zu einem Abteilungs- oder Teamrechner zu erreichen.

3.1 Mehrplatz-Systeme

Die Benutzung von einem größer ausgebauten System (Abteilungsrechner) im Timesharing-Betrieb ist lange bekannt. Dabei werden einfache Datensichtgeräte über schnelle Nahanschlußleitungen mit dem Mehrplatzsystem verbunden und die teurere Peripherie (Drucker, Festplatte, Magnetbandgerät) wird mehrfach genutzt. Für Arbeitsplatzsysteme ist es allerdings wichtig, daß die Anzahl der Mitbenutzer klein gehalten wird, weil sonst die Interaktivität leidet und der Zugang zum System rechenzentrumsartigen Charakter erhält. Alle Benutzer des Arbeitsplatzrechners sollten zusammenhängende Aufgaben erledigen und Mitverantwortung tragen. Eine typische Konfiguration ist in Bild 4 gezeigt.

Der Vorteil von Multiuser-Systemen liegt bei der gemeinsamen Verwendung von Datenbeständen durch mehrere Benutzer (Datenbank). Die Verwaltung (Operating) einer solchen Konfiguration ist überschaubar. Die Einstiegkosten sind meist geringer als bei Server-Konfiguration.

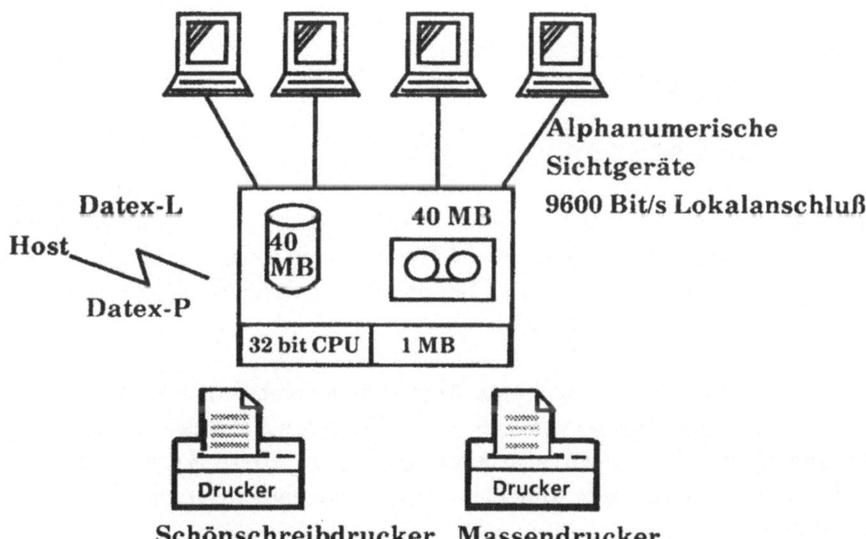

Bild 4:	UNIX Mehrplatz-Konfiguration
		Typische Vierplatz-Konfiguration

Die Nachteile sind die geringere Interaktivität wegen der durch die serielle Übertragung begrenzten Bildaufbauzeiten. Weiterhin treten Überlastfälle eher auf, da sich nicht mit jedem zusätzlichen Sichtgerät gleichzeitig die Verarbeitungsleistung erhöht.

UNIX ist für Mehrplatzbetrieb sehr gut geeignet. Durch Erweiterungen wie "record locking" und "shared data" wurden bei XENIX die im kommerziellen Bereich wichtigen Funtionen für eine erhöhte Datenintegrität eingeführt.

Typischerweise ist ein Mehrplatzsystem mit folgenden Softwarekomponenten ausgerüstet:

- UNIX System V oder UNIX Berkeley 4.2
- 180 Dienstprogramme
- Bourne Shell oder C-Shell, VI-Editor
- C-Compiler
- Textsystem
- Plankalkulator
- Datenbank
- COBOL-, FORTRAN-, Pascal-Compiler
- DFÜ-Anschluß 9600 bit/s

3.2 Server-Konfigurationen

Server-Konfigurationen bestehen aus einer Ansammlung von Einplatz-Rechnern, die untereinander mit einem schnellen LAN verbunden sind. Weiterhin sind an dem LAN zentrale Dienstleistungen in Servern zusammengefaßt, die allen Einplatzbenutzern zur Verfügung stehen.

Meist findet man eine größer ausgebaute Anlage ausgerüstet als File-Server, eine weitere Anlage als Drucker-Server und einen Kommunikations-Server, der als Netzübergang für die Datenfernverarbeitung fungiert. Diese Server fassen die teuerere Peripherie zusammen und erlauben einen gemeinsamen Zugriff auf Datenbestände.

Der Vorteil einer Server-Konfiguration liegt in der höheren Interaktivität, da jeder der angeschlossenen Benutzer über ein eigenes Einplatz-System verfügt. Dies ist vor allen Dingen bei Grafikanwendungen, wo hohe Verarbeitungsleistung gebraucht wird, eine sehr günstige Konfiguration.

Der Nachteil einer solchen Konfiguration liegt in der komplizierten Administration und den Funktionen, die man braucht, um eine Datenkonsistenz bei den gemeinsamen Beständen zu erreichen. Weiterhin sind die Einstiegskosten verhältnismäßig hoch und die Vernetzung und Kabelverlegung aufwendig.

Die Einplatz-Systeme sind meistens mit einer kleineren UNIX-Variante (System III) ausgerüstet, während für die Server System V oder 4.2 bsd eingesetzt werden. Wichtig sind für Server-Konfigurationen sehr hohe Datenübertragungsraten auf dem LAN, d.h. größer 1 Mbit/s.

Die Grundvernetzungssoftware wird heute von mehreren Software-Herstellern angeboten. Wichtige Systeme sind Newcastle Connection, AT&T's 3BNet und die auf den IP/TCP Protokollen aufbauenden Berkeley-Komponenten.

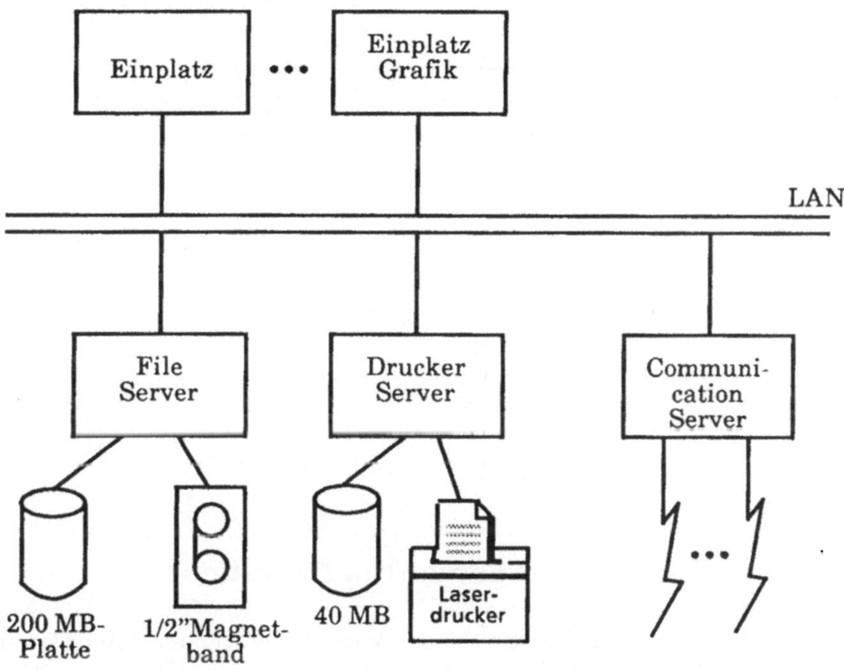

Bild 5:   Server Konfiguration

3.3 Unterschiede zwischen Mehrplatz- und Server-Konfigurationen

	Mehrplatz	Server
Einstiegskosten	40 TDM	70 TDM
Komplexität	mittel	komplex
Interaktivität	mittel	gut
Wachstum	mittel	gut
Leistung	mittel	gut
Vernetzungskosten	mittel	schlecht
Fehlereingrenzung	gut	schlecht
Textbearbeitung	mittel	sehr gut
Textverarbeitung	gut	mittel
Inhouse Mail	gut	komplex
Plankalkulator	gut	mittel
Datenbanken	gut	schlecht
Datenerfassung	mittel	gut
Grafik	schlecht	sehr gut
Branchenpakete	schlecht	komplex
Schalterbetrieb	mittel	gut

3.4 Verteiltes Filesystem in Server-Konfigurationen

Wichtig bei Server-Konfigurationen ist der Zugriff auf gemeinsame Datenbestände in einem File-Server. Der Zugriff muß möglichst transparent funktionieren, da ein Benutzer überfordert ist, die Topologie des Netzes zu verstehen, da sich diese erfahrungsgemäß im kurzen Rhythmus ändert.

Bei der Adressierung werden drei Verfahren unterschieden:

● **Explizite Adressierung**

Explizite logische Adressierung, die im allgemeinen einen logischen Namen für einen Fileserver einführt und den Zugriff auf Dateien über eine Erweiterung des UNIX File-Namens erreicht, bei denen der logische Server-Name dem Pfadnamen vorangestellt wird.

- **Netzwerk-"Mount"**

  Dabei werden Server-Datei-Systeme über einen "Netmount" den einzelnen Einplatz-Systemen bekannt gemacht. Dies geschieht ähnlich wie das "Mount" bei einer Wechselplatte; danach kann der Benutzer durch einen reinen Pfadnamen auf die Server-Datei zugreifen.

- **Special-File-Adressierung**

  Es wird ein neuer Special-File eingeführt, über den in einem Pfadnamen Server-Files adressiert werden können. Dieses Verfahren setzt zahlreiche Änderungen im UNIX-Kern voraus.

Es ist sehr wichtig, daß bei derartigen verteilten File-Systemen der Dateischutz weiterhin gewährleistet bleibt. Dieses läßt sich nur über eine netzweite Benutzer-Identifikation erreichen, deren Konsistenz über die verschiedenen Systeme hinweg einen erheblichen Administrationsaufwand voraussetzt.

4 Benutzeroberflächen

Eine der Eigenarten von UNIX ist es, daß die Benutzeroberfläche des Systems ein Anwenderprogramm ist, das ohne größeren Aufwand durch ein anderes ersetzt werden kann. Aus diesem Grunde ist die häufig geäußerte Kritik an der UNIX-Benutzung eine Kritik an der allgemein verwendeten Bourne-Shell, die vor allen Dingen für Anwendungen im Entwicklungsbereich implementiert wurde.

Es gibt heute eine große Anzahl weiterer Benutzeroberflächen für UNIX, die im folgenden kurz klassifiziert sind:

sh	Bourne Shell	Kommandosprache
	AT&T	Vorder- und Hintergrund-Aufgaben
		Kommando-Prozeduren
csh	C Shell	Kommandosprache
	Berkeley	Vorder- und Hintergrund-Aufgaben
		C-orientierte Kommando-Prozeduren
		Environment Variable
		History Protokollierung
vsh	Visual Shell	Auswahlsprache
	Berkeley	Context-orientierte Ausführung
		Bedienerunterstützung

msh	menu Shell	Menüliste
	Microsoft	konfigurierbar
MES	Menü Shell	Menüauswahl
	Siemens	Menühierarchie
		Formular-Parameter
		Bedienerführung
		Fremdsprachen
/window	Window Shell	Fenster-Technik
	SUN	Pull Down Menüs
		Multi Tasking-Steuerung
		Grafikunterstützung

5 Software-Pakete

Über lange Zeit hinweg war die weitere Verbreitung von UNIX dadurch behindert, daß es nicht in ausreichendem Maße kommerzielle Software gab. Dies limitierte den Einsatz von UNIX auf den Entwicklungsbereich, für denn es allerdings eine hervorragende Anwendersoftware gibt.

In den letzten 3 Jahren hat sich das Bild bei der kommerziellen Software grundlegend geändert, da die größere Verbreitung von UNIX und die Ankündigung von AT&T und IBM eine Vielzahl von Personal Computer-Softwareherstellern veranlaßte, ihre Systeme nunmehr auch auf den UNIX-Markt zu bringen. Weiterhin ist sehr viel kommerzielle Software aus dem klassischen Minicomputerbereich auf UNIX migriert worden, da viele Hersteller von Mini-computer-Software frühzeitig nach dem Standard-Betriebssystem der höheren Leistungsklasse gesucht haben.

Von der /usr/group wird ein 400 Seiten starker Katalog mit UNIX-Anwendersoftware herausgegeben, der allerdings stark auf den englischsprachigen Markt ausgerichtet ist.

Aus der Erkenntnis, daß nur einheitliche UNIX-Schnittstellen einen entsprechenden Anwendersoftware-Markt kreieren können, haben sich die Firmen Bull, ICL, Nixdorf, Olivetti und Siemens in Europa zu einer "open unix group" zusammengeschlossen und arbeiten derzeit gemeinsam an der Definition von UNIX Basis-Schnittstellen, die auf allen europäischen UNIX-Systemen implementiert sein werden.

Im folgenden ist eine kurze Zusammenstellung wesentlicher Software-Pakete gegeben, die keinesfalls einen Anspruch auf Vollständigkeit erhebt.

Compiler	C	AT&T, Digital Research, Microsoft
	BASIC	Microsoft, SMC, UX, TOM
Datenbanken	UNIFY	UNIFY
	Informix	RDS
	MDBS III	MDBS
	IDOL	SMC
	INGRES	Relational
Textsysteme	WORD	Microsoft
	Horizon	Horizon
	Hit	Interface
	Q-One	Quadratron
	LEX	Softtest
Plankalkulator	Multiplan	Microsoft
	20/20	Access Technologiy
	Q-Calc	Q-One
Accounting	Thorough	SMC
	Open Sys.	Open Systems
	MCBA	MCBA
	Appgen	Software Express
	CYMA	CYMA
	Complete	NMI

6 Verbund von Arbeitsplatzcomputern mit Großrechnern

Der Verbund von Arbeitsplatzcomputern mit Großrechnern ist für die Verbreitung dieser Systeme von essentieller Bedeutung. Fast alle Hardwarehersteller bieten heute bereits Ankopplungen an Großsysteme. In der Zukunft wird sicherlich eine Vernetzung auf der Grundlage der ISO-Protokolle noch größere Zusammenarbeitsmöglichkeiten bieten, als es mit den heute vorhandenen Terminalemulationstechniken möglich ist.

Die folgende Aufstellung zeigt die heute verwendeten Kopplungsmöglichkeiten und die jeweiligen Anknüpfungspunkte in den verschiedenen Hersteller-Netzarchitekturen. Der Verbund über die ISO-Protokolle ist noch Zukunft, aber es läßt sich voraussagen, daß Ende 1985 die meisten europäischen Hersteller Netzkomponenten auf ISO-Protokollen anbieten werden.

SNA	Emulation PU T2	3270 LU RJE LU 6.2 LU
TRANSDATA	Emulation Stationscluster	8160 Datenstation 8122 Drucker Filetransfer
DECNET	Emulation Datenstation	VT100 Emulation
UNIX/UNIX	UUCP	File Transfer El. Post
	IP/TCP	File Transfer Inter Process Com. Remote Login El. Post File Server
	ISO (Zukunft)	Dokument Verbund El. Post Inter Process Com.

Die Ergonomie von UNIX

L. Mandl / W. Remmele

'Ergonomie, von griech. εργον *(Arbeit) und engl. economics (Volkswirtschaftslehre): Die Wissenschaft von den Leistungsmöglichkeiten und -grenzen des arbeitenden Menschen sowie der besten wechselseitigen Anpassung zwischen dem Menschen und seinen Arbeitsbedingungen.'* [Dude84]

Der Begriff der Ergonomie hat in den letzten Jahren verstärkt Einzug in Diskussionen gehalten, bei denen sich noch vor nicht allzu langer Zeit niemand Gedanken darum gemacht hat. Grund dafür ist die Erkenntnis, daß Produkte nur so gut sein können, wie sie benutzbar sind.

Somit kommt man nicht mehr umhin, sich auch Gedanken über die Ergonomie von Software-Systemen zu machen, wobei nur teilweise die von der Informatik her wesentlichen Aspekte beleuchtet werden und hauptsächlich interdisziplinäre Betrachtungsweisen in den Vordergund gestellt werden sollten. Dazu zählen z. B. auch Fachgebiete, wie das der kognitiven Psychologie, der Arbeitsphysiologie, etc.

Natürlich ist es nicht möglich, den Begriff der Ergonomie von Software in der gleichen Art zu interpretieren wie das bei 'harten, anfaßbaren (vielleicht be*greif*baren)' Produkten sinnvoll und möglich ist. Bei Betrachtungen zur Software spielen Aspekte, wie

- Verwendbarkeit
- Lesbarkeit
- Verständlichkeit
- Wartbarkeit,

die wesentlichen Rollen. Fragen der physiologischen 'Handhabbarkeit' können dabei natürlich weder gestellt noch beantwortet werden.

Es ist offensichtlich, daß der Grad der Ergonomie für ein Software-Produkt nicht exakt bestimmbar ist, da es keine allgemein gültige Metrik dafür geben kann. Vielmehr ist er sehr stark auch von persönlichen Einflüssen, Merkmalen und Verhaltensweisen geprägt. Dabei spielen die unterschiedlichsten Gegebenheiten wesentliche Rollen.

1   UNIX und der Begriff der Ergonomie

Die Meinungen zu UNIX differieren sehr stark. Kritik und Euphorie halten sich sowohl von ihrer Menge als auch von ihrer Intensität, mit der sie vertreten werden, die Waage. Dieser Beitrag sollte deshalb - und dies ist unsere persönliche Einschätzung - beide Aspekte der Diskussion distanziert betrachten und keine vorgefaßte Meinung dazu vertreten. Aus diesem Grund war es auch sinnvoll, keinen UNIX-'Guru' mit dieser Thematik zu betrauen, sondern vielmehr 'Gelegenheits-UNIXer', die mit Fallen des Systems (noch) nicht vertraut sind. So darf auch unsere Einstellung UNIX gegenüber durchaus kritisch sein.

Zudem möchten wir ausdrücklich vermerken, daß die folgenden Aussagen ausschließlich für UNIX in seiner Standard-Form (insbesondere der Shell) gelten. Die Verbesserungen der Benutzeroberfläche, die u.a. durch spezifische Reimplementierungen der Shell zustande kommen, können nicht allgemein betrachtet werden, da sie produktspezifisch sind.

Wollte man die Bandbreite der differierenden Aussagen zum Thema UNIX auflisten, so käme man unschwer zu folgendem Ergebnis:

Positiv: UNIX **muß** das mit Abstand am einfachsten und besten zu verwendende Betriebssystem sein, hat es sich doch ohne Zwang selbsttätig als de-facto Standard für übertragbare Betriebssysteme weltweit etabliert.

Negativ: UNIX **ist sicher** nur etwas für UNIX-'freaks', da es von Spezialisten für eigene Zwecke entworfen und auch während der ersten 10 Jahre nur von Entwicklern eingesetzt wurde.

Zweifellos sind beide Aussagen subjektiv vertretbar (und werden auch vertreten), so konträr sie auch sind. In der Praxis kann das eine oder andere Argument in den Vordergrund geschoben worden sein; jedoch sind beide Gegenpole anzutreffen.

Diese äußerst konträren Meinungen sind aber begründbar - an beiden muß also 'etwas Wahres' sein. Sieht man die erste positive Aussage als die eines erfahrenen Entwicklers unter UNIX an, die zweite als die eines Anwenders, der nach Paketen sucht, um z. B. seine Datenbestände zu organisieren und zu verwalten oder eines UNIX-Novizen, so dürfte man im Kern schon die Quelle der Euphorie des einen Teils, sowie an der Quelle des Mißmutes des anderen Teils der Benutzer sein.

Wie bei kaum einem anderen Software-System spielt gerade bei UNIX der Faktor der Vertrautheit eine wesentliche Rolle bei der Beurteilung der Ergonomie. Begründet ist dies in der Tatsache, daß UNIX von Entwicklern gemacht und nicht primär für die breite Anwendung konzipiert wurde. Das Denken eines Entwicklers unterscheidet sich aber zwangsläufig von dem eines Anwenders, der primär auf die Funktionalität der Applikationen achtet und nur sekundär auf die Verwendung bei der Software-Entwicklung. Ohne eine endgültige Wertung vorwegzunehmen, kann also bereits hier gesagt werden, daß die unterschiedlichen Standpunkte bei der Beurteilung von UNIX aus seiner Historie heraus begründbar sind.

Einem UNIX-Kenner wird auch sofort aufgefallen sein, daß das als Einleitung gebrauchte Zitat [Ludw83] zwar korrekt, aber aus dem Zusammenhang gerissen ist. Vollständig zitiert müßte es heißen:

> *'Mit UNIX selbst kann kein menschliches Wesen sinnvoll kommunizieren, sondern nur mit der Shell!'*

Wie aber läßt sich nun allgemein die Ergonomie von Software bestimmen?

2 Kriterien zur Bestimmung der Ergonomie von Software

Während bei harten, physisch faßbaren Produkten Maßzahlen zur Ergonomie angegeben werden können, ist dies bei der Software nicht möglich. Am besten kann man den Grad der Ergonomie von Software-Systemen anhand der Einhaltung bestimmter Kriterien bestimmen. Hilfe bei der Auswahl dieser Kriterien bietet der Tagungsband 'Software Ergonomie' [Balz83] einer Tagung des German Chapter of the ACM, die 1983 in Nürnberg veranstaltet wurde. Die folgenden Aussagen sind im wesentlichen der Einführung entnommen und werden hier zunächst nicht diskutiert.

Den Grad der Ergonomie von Software kann man vor allem dadurch bestimmen, daß man die Mensch-Maschine-Schnittstelle (MMS) betrachtet.

Allgemeines Ziel der Mensch-Maschine-Schnittstelle muß es sein, sie so zu gestalten, daß sie möglichst komfortabel ist und eine *auf den Benutzer eingehende Kommunikation* über verschiedene Kommunikationskanäle und -arten erlaubt. Diese sollten durch ergonomisch günstige Geräte, **wie z.B.** Funktionstastaturen, Maus, Lichtgriffel, hochauflösende Bildschirme, Grafik, Bilder etc., unterstützt werden (können). Der Grad der Unterstützung solcher Kommunikationskanäle und -arten bzw. die Realisierung analoger Techniken bestimmt weitgehend den Grad an Ergonomie der Software.

Jedoch ist es nicht nur die Unterstützung der Möglichkeiten, die für den Grad der Ergonomie ausschlaggebend ist; vielmehr bedarf es auch der *sinnvollen Anwendung von Techniken*. Sie müssen vor allem eine benutzerangepaßte Dialoggestaltung erlauben.

Rückmeldungen an den Benutzer müssen durch dedizierte, situationsgebundene und für die jeweilige Zielgruppe verständliche Status- und/oder Fehlermeldungen gegeben werden, mit Hinweis auf Ursachen, Möglichkeiten der Fehlerbehebungen, Alternativen und Hilfen fürs Weiterarbeiten.

Hohe *Robustheit der Kommunikation* zwischen Maschine und Benutzer, vor allem im Hinblick auf Eindeutigkeit der Aussagen, Annahmen, Korrekturmöglichkeiten (für gemachte Eingaben ohne Wiederholung) etc., wird verlangt, ebenso wie hohe Eingabeflexibilität mit Toleranz bei kleinen Eingabeabweichungen. Damit wird sichergestellt, daß dem Benutzer ein hohes Maß an 'eigener' Systembedienung ermöglicht wird. Sichtbare Korrektur kleiner Fehler muß mit Hinweis auf Verbesserung durchgeführt werden.

Ergonomisch gute Software erfordert ein *Systemgedächtnis*, das den aktuellen Dialogstand auch über mehrere Sitzungen hinweg speichert und schnelles Umschalten von einer Anwendung in eine andere erlaubt.

Die *Dialogantwortzeiten* müssen möglichst kurz sein. Ergonomisch am günstigsten sind Benutzerschnittstellen, die dem Arbeitsablauf des Benutzers angepaßt sind. Hier ist weitgehendes *Echtzeitverhalten* erforderlich.

Zudem ist weitgehende *Flexibilität bei Erläuterungen* erforderlich. Der Benutzer erwartet situationsgebundene statische und dynamische Hilfeinformationen sowie die Möglichkeit, gegebene Funktionen zu stornieren und frühere Systemzustände automatisch wiederherzustellen (REDO).

Ergonomisch gute Softwaresysteme müssen in hohem Maße *aktualisierbar bzw. personifizierbar* sein. Dadurch akzeptieren sie die individuellen Eigenschaften von Benutzern.

Schließlich ist es erforderlich, die Mensch-Maschine-Schnittstelle weitgehend *benutzergestaltbar* zu halten. Es sollte gestattet werden, durch Parametrisierung individuelle Dialoggestaltung mittels geeigneter Generatoren etc. das verwendete System zu individualisieren.

Ganz kurz gefaßt ist die Hauptrichtung ergonomisch günstig gestalteter Systeme:

'Do what I mean, not what I say',

realisiert durch ein System, das dem Benutzer zu jeder Zeit die folgenden Fragen beantwortet:

- *where am I?*
- *what can I do here?*
- *how did I get here?*
- *where else can I go and how do I get there?* [Niev84]

Alle angesprochenen Forderungen für ergonomisch gute Software lassen sich gleichzeitig in einem Software-Produkt natürlich nur sehr schwer erfüllen (manche widersprechen sogar anderen). Die wesentlichen Probleme bei der Verwirklichung ergonomisch günstiger Mensch-Maschine-Schnittstellen liegen dabei in:

- *(Aufwärts-)Kompatibilität:* Sie ist die Ursache für das Vorhandensein typisch archaischer Merkmale in modernen Systemen (z.B. Zeilenorientierung, 80-spaltige Formate, FORTRAN-Format).

- *Portabilität und Adaptabilität:* Die Möglichkeit, bestehende Software auf beliebige Hardware portieren zu können, bringt es mit sich, daß als Voraussetzung üblicherweise nur die minimal vorhandene Hardware verwendet wird. Damit wird moderne Peripherie nicht adäquat angeschlossen bzw. nicht bedient (hierunter zählen z.B. grafikfähige Bildschirme, Pointingdevices wie Maus etc.).

- Eine grundlegende Schwierigkeit liegt in der Tatsache, daß *Entwickler und Benutzer* typischerweise disjunkte Personengruppen sind. Häufig ist es der Fall, daß die Erfordernisse für ein Softwaresystem von den Entwicklern stammen, die Anforderungen von ihnen geprägt sind oder gar Systeme von Entwicklern für Entwickler an Nichtentwickler als Anwender weitergeben werden. Dies ist grundsätzlich die Basis für erdenklich schlechte Ergonomie.

- Das Miß- bzw. Unverständnis der *Systemeffizienz* ist eine weitere Basis für schlechte Ergonomie. Normalerweise entscheidet vor allem die reine Hardwareleistung (gemessen z.B. in MOPs) als Kaufkriterium. Nicht berücksichtigt werden dann oft Ausfallzeiten wegen Nichtverwendbarkeit (aus Miß- oder Unverstehen) des Systems.

- Schließlich ist es noch die *Konkurrenzsituation*, die zu betrachten ist. Keine Konkurrenz auf dem Markt führt häufig dazu, daß auf die sekundären Qualitätsmerkmale nicht geachtet wird. Die rein primären Qualitätsmerkmale - wie z.B. Ausfallsicherheit, MTBF, MTTR etc. - werden als einzige Kriterien für die Beurteilung von Systemen herangezogen.

Zusätzliche Probleme treten noch dann auf, wenn verschiedene Personengruppen ein System benutzen und um spezifische Funktionen erweitern. Dies ist insbesondere bei unseren Betrachtungen zu UNIX der Fall. Hier gibt es ein bestehendes Standardsystem (den Kernel und die Shell), die von *vielen* Programmierern um *viele* Funktionen erweitert wurden. Die dem Basissystem zugrundeliegende Philosophie (der effektiven Unterstützung des Software-Entwicklers) wird somit zwangsläufig in vielen Fällen nicht eingehalten.

Ähnlich ist es mit der Anwendung von UNIX, das lange Zeit - und dies ist auch heute noch der Haupteinsatzpunkt - allein zur Softwareentwicklung verwendet wurde. In diesem Falle ist Anwender und Benutzer ein und dieselbe Person bzw. ein und derselbe Personenkreis. Die Anforderungen an die Qualität - insbesondere die sekundäre Qualität der Benutzerschnittstelle - können von außen (d.h. vom Endbenutzer) nicht unbedingt so gesehen werden wie bei anderen Systemen, die aus ihrer Zielrichtung heraus bereits auf einen späteren reinen Anwender (d.h. Nichtprogrammierer) zugeschnitten sind.

Zudem birgt auch die lange Entwicklungszeit (wann ist ein derartiges System fertig entwickelt?) und die Vielzahl unterschiedlichster Komponenten (wann sind alle aktuellen und potentiellen Benutzer zufriedengestellt?) eine Menge an Risiken für die Ergonomie.

Im folgenden soll versucht werden, die Ergonomie von UNIX anhand seiner Benutzerschnittstellen, der Programmierumgebung und der Anwenderprogramme zu veranschaulichen. Zuvor wird ein - zweifelsohne richtungsweisendes - Betriebssystem zusammen mit dem zugehörigen Softwareentwicklungssystem - charakterisiert und mit UNIX verglichen. Es ist dies das auf der Programmiersprache Mesa aufgebaute System EMS 5800 Office/SE [Siem84, Siem85].

Natürlich ist ein derartiger Vergleich nur relativ schwer durchzuführen und ebenfalls nur bedingt aussagekräftig. Das hat folgende Gründe:

- UNIX wurde als universell (zumindest mehr oder weniger) verwendbares Betriebssystem konzipiert, das auf einer Vielzahl verschiedener Hardware-Umgebungen ablauffähig sein sollte.

Die angesprochenen Systeme EMS 5800 Office bzw. EMS 5800 SE wurden für spezifische Einsatzfälle realisiert:

Das EMS 5800 SE ist eine reine Software-Entwicklungsumgebung, die ausschließlich die Erstellung von Software unterstützen muß. Zudem ist das gesamte System (einschließlich Hardware) homogen konzipiert und besteht aus aufeinander abgestimmten Komponenten.

Das EMS 5800 Office ist - wie bereits aus dem Namenssuffix erkenntlich - ein reines Bürosystem, dessen Benutzeroberfläche auf den ungeübten Anwender hin ausgerichtet ist.

- Sowohl EMS 5800 SE als auch EMS 5800 Office laufen auf einer speziellen Hardware-Umgebung ab, die die Erstellung benutzerfreundlicher Schnittstellen unterstützt (hochauflösender Grafikbildschirm, Maus). Dies soll aber nicht bedeuten, daß die Erstellung benutzerfreundlicher Programme ausschließlich von der Existenz einer solchen Umgebung abhängig ist.

Somit werden im folgenden hauptsächlich diejenigen Aspekte betrachtet, die von der speziellen Hardware-Umgebung unabhängig sind.

3 Charakterisierung der Ergonomie des EMS 5800 Office / SE

3.1 Die Ergonomie der externen Benutzerschnittstelle(n)

Die Produkte EMS 5800 Office und SE sind auf der Programmiersprache Mesa [Mitc84] aufgebaut, die funktionell etwa 'zwischen' PASCAL und Ada liegt. Mesa ist eine Systemimplementierungssprache, die auch durch die Prozessoren der zugrundeliegenden Maschinen unterstützt wird.

Die übliche Schnittstelle, die ein Tool im EMS 5800 SE dem Benutzer zur Verfügung stellt, besteht aus einem Fenster, in dem alle Funktionen dieses Tools angezeigt werden. Der Benutzer braucht sich also keine Kommandos zu merken, da diese ständig angezeigt werden. Stehen für die Ausführung eines Kommandos verschiedene Optionen zur Verfügung, so können diese üblicherweise in einem eigenen Optionen-Fenster eingestellt werden.

Diese Methode ist zwar auf grafikfähigen Bildschirmen optimal verwendbar, jedoch von der Konzeption her nicht darauf beschränkt. Bei Verwendung eines alphanumerischen Terminals bietet sich hier die Verwendung von Menüs an, wobei aus Platzgründen jeweils nur ein Tool angezeigt werden kann

Für den geübten Benutzer bieten verschiedene Tools zusätzlich die Möglichkeit, die Parameter bereits beim Aufruf des betreffenden Tools anzugeben. Dies stellt jedoch nicht die übliche Methode zum Verkehr mit Mesa-Tools dar.

Das EMS 5800 Office bietet dem Benutzer eine Vielzahl von Ressourcen (oder
Objekten), die durch Symbole dargestellt werden. Dazu zählen z. B. Dokumente,
Ordner, Aktenschränke, Drucker, Postkörbe, etc. Damit kann der Benutzer nun
die aus der täglichen Büroarbeit her bekannten Operationen wie

- öffnen (z. B. von Dokumenten),
- schließen,
- übertragen,
- kopieren, etc.

durch Betätigung von Funktionstasten durchführen. Diese objektorientierte Architektur ist die Basis für den außerordentlich hohen Grad an Homogenität der
Benutzeroberfläche, wo gleichartige Aktionen auf unterschiedlichen Ressourcen
(nahezu) immer prognostizierbare Ergebnisse liefern (auch wenn der Benutzer
diese Aktion bisher noch nicht verwendet hatte).

3.2 Die Ergonomie der Programmierumgebung

Dem Programmierer bietet Mesa eine Schnittstelle, die es erlaubt, sämtliche Systemfunktionen aus Anwenderprogrammen heraus in der gleichen Form aufzurufen, wie benutzereigene Funktionen (innerhalb des Programms). Die Überprüfung
der erforderlichen Parameter auf Anzahl, Datentyp und Wertebereich wird dabei
vom Compiler (wie auch bei benutzerdefinierten Funktionen) durchgeführt.

An dieser Stelle darf allerdings auch nicht verschwiegen werden, daß die Verwendung verschiedener Funktionen 'auf eigene Gefahr' erfolgt, d. h. daß eine miß-
bräuchliche Verwendung unerwartete Ergebnisse mit sich oder sogar das gesamte
Arbeitsplatz-System zum Absturz bringen kann (auf mehrere dieser Fälle wird im
Manual explizit hingewiesen).

Da das Bürosystem keine echte Programmierschnittstelle besitzt, ist es müßig,
über deren Ergonomie nachzudenken. Die einzige vom Benutzer verwendbare
'Programmier'sprache ist CUSP, die zur einfachen Bearbeitung von Datenobjekten
dient.

3.3 Die Ergonomie der internen Benutzerschnittstelle(n)

Für den Softwareentwickler steht eine Vielzahl von Werkzeugen zur Verfügung,
wobei hier nur die wesentlichsten aufgezählt werden können:

- Editor,
- Mesa-Compiler,
- Binder,
- Lister zum Erstellen von Cross-Referenz Listen, sowie
- DF-System zur Versionenverwaltung

3.3.1 Editor

Die Bedienung des Editors ist ausgesprochen einfach. Es gibt nur sehr wenige
Kommandos. Die erforderlichen Funktionen sind:

- Selektieren von Textstellen
- Kopieren der Selektion
- Löschen der Selektion

Dies erfordert die Bedienung von maximal fünf Funktionstasten (incl. Maus):

- Löschen
- Kopieren
- Öffnen
- Zwei Funktionen auf der Maus (Markieren von Anfang und Ende von Text-
  stellen)

Zusätzliche Funktionen für das Suchen und Ersetzen von Textstellen werden als
Menü im Fenster angeboten.

Das Blättern in der Datei ist durch einen sog. Scroll-Bar möglich, der das Fenster
seitlich begrenzt. Er wird mit der Maus bedient.

Wenngleich diese Funktionen am günstigsten auf einem grafikfähigen Bildschirm
mit Mausbedienung realisert werden, so können sie doch durchaus (wenn auch
nicht ganz so elegant) auch auf einem alphanumerischen Terminal realisiert werden, wenn die Maus durch Cursortasten ersetzt wird. Darüber hinaus braucht das
verwendete Terminal lediglich eine Möglichkeit, die es erlaubt, selektierte Textstellen optisch zu kennzeichnen (fett, blinken, invertiert, unterstrichen etc.).

3.3.2 Compiler

Als Programmiersprache wird derzeit nur Mesa angeboten. Bei Mesa handelt es
sich um eine Programmiersprache aus der Familie der 'Pascalartigen'. Sie unterstützt die Entwicklung modularer Programme, wobei durch möglichst weitgehende Schnittstellenprüfungen die 'Sicherheit' eines Programms über die Grenze eines Moduls hinaus erweitert wird.

In Mesa wird wie in PASCAL zur Übersetzungszeit eine strenge Typprüfung durchgeführt. Da es sich bei Mesa aber um eine Systementwicklungssprache handelt, gibt es Möglichkeiten diese Prüfungen zu umgehen. Dies muß aber vom Programmierer explizit verlangt werden:

```
Beispiel: P1: TYPE = LONG POINTER TO A;
          P2: TYPE = LONG POINTER TO B;
          p1: P1;
          p2: P2;
          p2 ← p1;                    -- nicht zulässig
          p2 ← LOOPHOLE[p1, P2];      -- zulässig. Der Programmie-
                                         rer ist verantwortlich
                                         dafür, daß die Zuweisung
                                         'sinnvoll' ist.
```

3.3.3 Systemsoftware

Die wesentlichen angebotenen Systemprogramme sind

- Binder,
- Lister und
- DF-System.

Der Binder unterstützt den Compiler bei der Erstellung modularer Software. Er überprüft Schnittstellen zwischen den verschiedenen Moduln, soweit dies nicht bereits vom Compiler durchgeführt werden konnte. Darüber hinaus wird überprüft, ob die verschiedenen Moduln in der richtigen Version vorliegen. Dies ist ein großer Vorteil bei der Erstellung großer Software-Systeme, die von verschiedenen Programmierteams entwickelt werden.

Mit Hilfe des Listers können Querverweis-Listen in verschiedener Form erstellt werden. Formparameter sind z.B.

- Ausgabe nach aufrufenden Prozeduren geordnet
- Ausgabe nach aufgerufenen Prozeduren geordnet

Das DF-System unterstützt die Verwaltung verschiedener Software Versionen.

3.4 Die Ergonomie der Anwenderprogramme

Bei Anwenderprogrammen muß man unterscheiden zwischen Programmen, die in der Entwicklungsumgebung ablaufen, und eigenständigen Anwendersystemen wie z. B. dem Bürosystem EMS 5800 Office.

Programme, die in der Entwicklungsumgebung ablaufen, benützen in der Regel das hier angebotene Fenstersystem. Dadurch wird bereits eine gewisse Vereinheitlichung in der Benutzerschnittstelle erreicht.

Die Benutzerschnittstelle eines eigenständigen Anwendersystems soll anhand des EMS 5800 Office-Systems verdeutlicht werden. Dieses System bietet dem Benutzer ein integriertes System von Werkzeugen für:

- Textbearbeitung,
- Erstellen von Grafiken,
- Erstellen von Tabellen,
- Datenbanken (Record Files),
- das geordnete Ablegen und Wiederauffinden von Dokumenten und
- das Versenden von elektronischer Post.

Alle genannten Funktionen werden in einer Form angeboten, die dem Anwender aus seiner bisherigen Büroumgebung bekannt ist:

z. B:
- eine Mappe (sh. 3.1) muß geöffnet werden, damit man ihren Inhalt zu sehen kann
- ein Dokument kann kopiert (wobei das Original erhalten bleibt) oder übertragen werden (wobei das Originaldokument an eine andere Stelle übertragen wird).

Hier wird die homogene Anwendung von Funktionen auf unterschiedliche Ressourcen ganz besonders deutlich: auf Zeichen, String, Satz, Absatz, Dokument, Mappe und Schrank können die gleichen Funktionen mit analoger Wirkung angewandt werden.

3.5   Textverarbeitung mit EMS 5800 Office

Der Funktionsumfang der Textverarbeitungsfunktionen des EMS 5800 Office dürfte sich durchaus mit dem unter UNIX angebotenen Textformatierungsprogrammsystem NROFF/TROFF vergleichen lassen (sh. 4.5). Beim Funktionsumfang ist dabei zu beachten, daß durch die interkative Arbeitsweise des EMS 5800 Office-Systems verschiedene bei NROFF/TROFF vorhandene Funktionen beim Editieren nicht mehr erforderlich oder nicht mehr sinnvoll sind. Folgende von NROFF/TROFF bereitgestellten Funktionen werden jedoch vom EMS 5800 Office System nicht unterstützt (was sich bei der Formulierung längerer Texte u. U. als nachteilig herausstellen kann):

- automatische Kapitelnumerierung
- Inhaltsverzeichnis
- Stichwortverzeichnis
- Makrofacility

4   Charakterisierung der Ergonomie von UNIX

4.1   Die Ergonomie der externen Benutzerschnittstelle shell

Die externe Benutzerschnittstelle von UNIX wird durch die shell bereitgestellt.
Diese ist jedoch nur eine der möglichen Realisierungen einer Benutzerschnittstelle
für UNIX , wenn auch die üblicherweise verwendete.

4.1.1 Die shell und der ungeübte Anwender

Die Benutzerschnittstelle von UNIX dürfte wohl dem ungeübten Anwender die
meisten Schwierigkeiten bereiten. Einige Punkte mögen dies veranschaulichen:

- Viele Kommandos, oft mit unverständlichen Abkürzungen, wie z. B.:

  - ls   Dateien auflisten
  - cd   change working directory
  - cp   copy files
  - tar   Sichern von Dateien auf Magnetband (oder Diskette)

  Bei den angegebenen Kommandonamen handelt es sich zwar nur um Dateinamen, die jederzeit geändert werden können, die angeführten Abkürzungen
  sind aber die für UNIX gebräuchlichen.

- Manche Funktionen sind als Nebeneffekte anderer Kommandos realisiert,
  wie z. B.:

  Die Ausgabe von Dateien wird von einem Programm 'cat' besorgt, das eigentlich für das Aneinanderhängen mehrerer Dateien gedacht ist.

  Ergebnis: Der ungeübte UNIX-Anwender wird seinen Text am Bildschirm
             vorbeirasen sehen, ohne in der Lage zu sein, ihn zu lesen, oder gar
             zu verstehen.

             Eventuell noch unangenehmer kann es sein, wenn eine Datei
             angegeben wurde, die Terminalsteuerzeichen enthält (z. B. eine
             Datei, die ein übersetztes Programm enthält). Dies ist für die
             praktische Arbeit wenig sinnvoll; zudem kann es passieren, daß

durch die Steueranweisungen das Terminal in undefinierte Zustände übergeht.

- Die meisten Kommandos besitzen sehr viele Optionen, die durch die Angabe einzelner Zeichen oder kurzer Zeichenketten (UNIX-like!) an- oder abgeschaltet werden.

Beispiel: Kommando l s zum Auflisten von Dateien.

Dieses Kommando besitzt nicht weniger als 11 (!) mögliche Optionen:

- -l   Listing in langem Format
- -t   Ausgabe sortiert nach der Zeit, zu der die Datei modifiziert wurde
- -a   alle Directory-Einträge ausgeben (normalerweise werden die Dateien '.' und '..' nicht mit ausgegeben)
- -s   Dateigröße in Blöcken ausgeben
- -d   wenn die angegebene Datei ein Directory ist, so soll nur der Dateiname ausgegeben werden, und nicht der Inhalt
- -r   Sortierreihenfolge umkehren
- -u   verwendet die Zeit des letzten Zugriffs zur Ausgabereihenfolge anstelle der letzten Modifikation
- -c   verwendet die Zeit der letzten Modifikation des inode anstelle der letzten Modifikation der Datei
- -i   Gib die inode number mit aus
- -f   Bedeutung (Originaltext UNIX-Handbuch): 'Force each argument to be interpreted as a directory and list the name found in each slot. This option turns off -l, -t, -s, and -r, and turns on -a; the order is the order in which entries appear in the directory'
- -g   gib die group ID anstelle der owner ID aus

Trotz der vielen Möglichkeiten ist das Kommando für einen 'unbedarften' UNIX-Anwender viel zu komplex, als daß seine Optionen sinnvoll verwendet werden könnten. Dies gilt insbesondere, wenn man bedenkt, daß diese Optionen noch kombiniert angewandt werden dürfen.

- Die Syntax der Optionsangabe ist bei verschiedenen Programmen oft unterschiedlich, wenn auch gewisse Ähnlichkeiten üblicherweise vorhanden sind (aber genau hier liegen dann die Stolperschwellen), wie z. B.:

In manchen Fällen ist jede einzelne Option jeweils durch ein voranstehendes
'-' zu kennzeichnen, in anderen dagegen müssen alle Optionen hinter einem
einzigen '-'-Zeichen angeführt werden (wobei dann meist keine Leerzeichen
dazwischen auftreten dürfen). Andere Programme verwenden Schlüsselwort-
Parameter (wie z. B. dd) und schließlich gibt es auch noch Programme, deren
Optionen *ohne* '-' angegeben werden (z. B. dump).

Darüber hinaus bestehen manchmal recht komplizierte Zusammenhänge
zwischen den einzelnen Optionen (siehe obiges Beispiel -f).

- Manche Programme zeigen ein recht benutzerunfreundliches Verhalten.
  Wird z. B. der Editor 'ed' verlassen, ohne daß die editierten Daten vorher gesichert wurden, so ist der gesamte Editiervorgang verloren, da der Editor die
  Daten während der Arbeit nicht sichert. Der Benutzer wird darüber aber nur
  durch einen Hinweis in Form eines Fragezeichens informiert.

- Manche Probleme lassen sich nur durch die Kombination mehrerer Kommandos lösen. Das stellt sicherlich kein grundsätzliches Problem dar, erfordert aber doch eine gewisse Erfahrung im Umgang mit UNIX.

Grundsätzlich wird dem UNIX-Neuling die Anwendung komplexer Funktionen
durch unverständliche, inhomogene Syntax zusätzlich erschwert.

4.1.2 Die shell und der geübte Anwender

Für einen erfahrenen UNIX-Anwender bietet die Benutzerschnittstelle von UNIX
sicher viele Vorzüge:

- Die standardmäßig verwendete Shell bietet die Möglichkeit, in recht komfortabler Weise (zumindest verglichen mit den meisten Betriebssystemen auf
  Großrechnern) Kommandoprozeduren zu formulieren. Dabei steht eine Notation zur Verfügung die weitgehend an 'herkömmliche' Programmiersprachen
  angelehnt ist.

- Einzelne Kommandos können in Verbindung mit Pipes in recht einfacher
  Weise zu komplexeren zusammengefaßt werden, wenn `stdin` und `stdout`
  als Ein- und Ausgabekanäle verwendet werden.

  Beispiel: `ls -l | lpr`
  zum Ausgeben eines Directories auf Drucker

  Im Vergleich zu den Aktionen, die in einem Großrechnerbetriebs-
  system dazu notwendig wären, ist diese Kommandofolge

außerordentlich einfach (wenngleich auch auf den ersten Blick
nicht verständlich).

4.2   Die Ergonomie der internen Schnittstelle

Dem Programmierer bietet UNIX eine Schnittstelle die es erlaubt, verschiedene
Systemfunktionen aus Anwenderprogrammen heraus aufzurufen. Für den C-Pro-
grammierer ist zwischen Aufrufen von Systemfunktionen oder Bibliotheksfunktionen kein Unterschied zu erkennen - alle Systemfunktionen können also so behandelt werden, als wären sie im eigenen Programm realisiert.

4.3   Die Ergonomie der Programmierumgebung

Soweit UNIX eine Programmierumgebung darstellt, so besteht diese aus verschiedenen Werkzeugen, die den Programmierer bei seiner Arbeit unterstützen sollen.
Diese Werkzeuge sind aber nicht aufeinander abgestimmt.

Vorhanden sind:
- Viele Editoren
- Compiler für verschiedene Programmiersprachen,
  grundsätzlich aber für C und Fortran
- Make
- SCCS
- LEX und YACC

4.3.1 Editoren

Der 'standard' UNIX-Editor 'ed' ist ein zeilenorientierter Editor älterer Prägung
(ausgerichtet auf 'Standard'geräte vor 10 Jahren). Die Bedienung ist umständlich
und 'gefährlich' (siehe Punkt 4.1.1).

Darüber hinaus gibt es eine Reihe von komfortableren Editoren (die nicht alle frei
verfügbar sind), denen aber meistens folgendes gemeinsam ist: Es gibt eine Unzahl
verschiedener Kommandos, deren Beherrschung relativ viel Übung erfordert.
Zudem sind die meisten Kommandos recht stark an UNIX angelehnt: kurz, häufig
unverständlich und daher auch schlecht zu merken, so daß sich der Umgang mit
diesen Editoren für Gelegenheitsbenutzer durchaus sehr unangenehm gestaltet.

Einige Beispiele für Editoren:

Name   Bemerkungen

- vi   Viele unverständlich abgekürzte Kommandos.
- med   Benützt Funktionstasten, daher auf vielen Terminals nur einge-
            schränkt verwendbar.
- ced   Abwandlung des ED80 [Wied79] für UNIX, der nach unseren
            Erfahrungen sehr gut brauchbar, aber leider nicht allgemein
            verfügbar ist.

Gerade ced ist ein Beispiel dafür, daß es auch ohne besondere Hardware (Maus und
Grafikbildschirm) möglich ist, einen Editor zu bauen, der sowohl ohne besondere
Vorkenntnisse bedient werden kann, als auch dem geübten Benutzer entgegenkommt. Bei ihm kann sich der Anwender auf das eigentliche Problem konzen-
trieren, nicht auf das Editieren.

4.3.2 Compiler

Als 'standard' Programmiersprachen werden in UNIX-Systemen üblicherweise C
und Fortran angeboten.

C ist eine sogenannte höhere Programmiersprache zur Systemimplementierung.
Das Attribut 'sogenannte' soll aussagen, daß C zwar die Konstrukte moderner höherer Programmiersprachen besitzt, jedoch guten Gewissens eher als höherer Assembler bezeichnet werden sollte. Dies impliziert einige der folgenden negativen
Anmerkungen:

- C bietet nur mangelhafte Typprüfung durch den Compiler an.

- Die Sprache erlaubt keine Überprüfung über die Grenzen einer Über-
  setzungseinheit hinweg. (Dafür steht ein eigenes Programm 'LINT' zur
  Verfügung).

- Verschiedene Konstrukte in C erzeugen unerwünschte Nebeneffekte;
  Beispiel:

  `IF A = 0 THEN ...`   Diese Konstruktion vergleicht nicht A mit
                           dem Wert 0 sondern weist vielmehr der Va-
                           riablen A den Wert 0 zu. Da darüber hinaus
                           die Werte 0 und 1 als 'Ersatz' für den (nicht
                           vorhandenen) Datentyp Boolean verwendet
                           werden, ist dies ein in C zulässiges Kon-
                           strukt, das den Compiler unbeanstandet

passiert. Der Fehler (die Verwendung von =
(Zuweisung!) anstelle von = =(Vergleich))
kann nur durch Programmtest gefunden
werden.

Dieser Effekt war von den Sprachentwicklern durchaus gewollt, für den
Neuling in der Programmierung unter UNIX führt er aber manchmal
zu recht verblüffenden Ergebnissen, insbesondere wenn zuvor heutige
'Standard'sprachen als Programmierbasis verwendet würden.

- Prozeduren mit variabler Anzahl von Parametern:

C erlaubt den Aufruf von Prozeduren mit unterschiedlicher Zahl von
Parametern. Ein Beispiel dafür ist die Funktion 'printf' (Druck), die
als ersten Parameter einen String benötigt. Dieser enthält die Information, wieviele Parameter noch folgen (sollten). Die Übereinstimmung
kann natürlich von keinem Programm geprüft werden. Stimmen die
Angaben nicht überein, so können die daraus resultierenden Fehler nur
sehr schwer entdeckt werden.

- Zuweisung von Pointern:

Die Zuweisung von Pointern unterschiedlichen Typs ist zulässig, wie
auch die Zuweisung von INTEGERs an Pointer!

Bei der obenerwähnten Programmiersprache Mesa sind diese sog. 'Tricks' nicht
möglich. Programme dieser Art werden icht fehlerfrei übersetzt; diese Fehler müssen somit nicht erst mühsam ertestet werden.

Die hier bei C angeführten Kritikpunkte erfordern es, daß der Programmierer seine Aufmerksamkeit einfachen, durch den Compiler erkennbaren Problemen zu-
wenden muß, die mit der Lösung der eigentlichen Aufgabe nichts zu tun haben. Sicherlich muß berücksichtigt werden, daß C als Systemimplementierungssprache
konzipiert wurde. worüber man aber nicht vergessen darf, daß auch für diesen Anwendungsfall z. B. durch Modula II, Mesa und auch Ada modernere und vor allem
auch sichere Lösungen aufgezeigt wurden.

Wegen der Verfügbarkeit von FORTRAN können viele allgemein gebrauchte
Standardprogramme angewandt werden (insbesondere aus dem Bereich der Nu-
merik).

4.3.3 Make

Make unterstreicht den Charakter von UNIX als SW-Entwicklungssystem. Es ermöglicht in gewisser Hinsicht die Automatisierung des Software-Entwicklungs-Prozesses, indem es bei Änderungen oder Neuentwicklungen von Systemteilen die veränderten und von ihnen abhängigen Teile automatisch neu übersetzt und damit ein neues System erzeugt. Dieses Werkzeug ist innerhalb der Software-Entwicklungwelt ziemlich einmalig, insbesondere was die Verbreitung auf unterschiedlichen Rechnern betrifft.

4.3.4 SCCS

SCCS unterstützt die Verwaltung verschiedener Programmversionen im Quelltext.

Zusammen mit Make könnte SCCS ein gutes Konfigurations-Management-System darstellen, durch das sowohl die Erzeugung aktueller Versionen als auch die Verwaltung der Historie (um frühere Versionen wiederherzustellen) unterstützt werden könnte. Leider sind die beiden Werkzeuge - so gut sie allein auch sind - typischerweise nicht aufeinander abgestimmt, sodaß sich bei gemeinsamer Verwendung Schwierigkeiten ergeben. Dies scheint bei UNIX symptomatisch zu sein.

4.3.5 LEX und YACC

Mit Hilfe von LEX können Programme generiert werden, die der Verarbeitung regulärer Ausdrücke dienen. Er wird demnach häufig für die schnelle Erzeugung von Compilern (zumindestens des Scanners) eingesetzt, wobei aber seine Anwendung nicht darauf beschränkt ist.

YACC ist ein Parsergenerator für LALR(1)-Grammatiken.

Beide Programme sind sicher nicht nur für den Compilerbauer von Interesse. Für die praktische Anwendbarkeit muß aber doch berücksichtigt werden, daß der Anwender die zugrundeliegende (Compilerbau-)Theorie zumindest ansatzweise verstanden haben muß, was jedoch keine Kritik an den vorliegenden Werkzeugen darstellt.

4.4   Die Ergonomie der Anwenderprogramme

Die unter UNIX angebotenen Anwenderprogramme (wobei die Unterscheidung zwischen Anwenderprogramm und Systemprogramm fließend ist) besitzen meistens uneinheitliche Benutzerschnittstellen. Dies beginnt bereits beim Format der Kommandozeile und setzt sich fort bei den von den einzelnen Programmen getroffenen Standardannahmen für nicht angegebene Parameter. Fehlermeldungen sind meist kurz (manchmal auch nicht vorhanden) und nur dem geübten Benutzer verständlich.

4.5   Textverarbeitung unter UNIX

Vergleicht man die Textverarbeitungssysteme von UNIX mit dem EMS 5800 Office System vom Standpunkt der Ergonomie aus, so besteht der wesentliche Unterschied zwischen den beiden Systemen in der Gestaltung der Benutzerschnittstelle:

- NROFF/TROFF wird ausschließlich durch Steueranweisungen gesteuert, die in den zu formatierenden Text eingebettet sind.

  Die Formatierfunktionen des EMS 5800 Office werden zwar ebenfalls durch spezielle in den Text eingebettete Steuerzeichen ausgelöst, aber nur bei Bedarf (Benutzerwunsch) dem Benutzer angezeigt. Eingefügt werden solche Steuerzeichen über spezielle Funktionstasten. Die besonderen Eigenschaften einer derartigen Funktion werden dabei über ein spezielles Fenster gesteuert, in dem dem Benutzer alle möglichen Optionen zur Auswahl angeboten werden. Der Benutzer wird also nicht gezwungen, sich alle Möglichkeiten zur Formatierung und deren auslösende Befehle zu merken.

- NROFF/TROFF formatiert *nach* der Textbearbeitung. Somit muß das Dokument zur Überprüfung der gewählten Formatieranweisungen explizit formatiert und eventuell ausgedruckt werden. Der Originaltext ist darüberhinaus durch die eingefügten Steueranweisungen verändert, so daß die Form des endgültigen Dokuments am Bildschirm nicht sichtbar und damit auch nicht direkt kontrollierbar ist.

  Beim EMS 5800 Office-System werden die eingegebenen Funktionen im Dialog mit dem Benutzer sofort ausgeführt und das Ergebnis am Bildschirm angezeigt. Der Benutzer hat also immer die endgültige Form seines Dokuments vor Augen. Nur ganz wenige Funktionen werden durch explizite Veranlassung ausgelöst, wie z. B. die Seiteneinteilung, die bei der Texteingabe oder -modifikation nicht automatisch durchgeführt wird.

Beispiele: Den NROFF/TROFF Beispielen liegt das Makropaket me zugrunde Darüber hinaus ist zu bemerken, daß die für NROFF/TROFF vorgesehenen Präprozessoren Tbl und Eqn beim EMS 5800 Office normale Dokumenterstellungsfunktionen sind. Tabellen und Gleichungen können innerhalb eines Dokuments eingegeben werden, wobei die Eingabe

nach den gleichen Regeln erfolgt, die auch bei der Texteingabe angewendet werden. Wenn z.B. eine Tabellenspalte zentriert ausgegeben
werden soll, so wird dies analog zur Texteingabe durch Betätigen der
Funktionstaste *zentrieren* erreicht.

Funktion	NROFF/TROFF	EMS 5800 Office
Absatz	.pp	Funktionstaste Paragraph (Return)
Seitenüberschrift mit -nummer	.he ”UNIX %”	Ausfüllen der Eigenschaften des Steuerzeichens 'Page Layout'
Seitenunterschrift	.fo ”UNIX”	Ausfüllen der Eigenschaften des Steuerzeichens 'Page Layout'
Text zentrieren	.ce	Funktionstaste *zentrieren*

Mittlerweile sind jedoch auch unter UNIX und seinen Derivaten Textverarbeitungssysteme im Einsatz, deren Benutzeroberfläche in vielen Punkten den bei
EMS 5800 Office genannten ziemlich nahe kommt (z. B. MS-WORD). Insbesondere
ist bei MS-WORD bereits das korrekte Abbild des endgültigen Layouts direkt auf
dem Bildschirm zu sehen, nicht wie bei NROFF/TROFF eine Datei mit Steueranweisungen. Der Trend, der durch EMS 5800 Office eingeleitet wurde, hat sich also
als positiv herausgestellt und auch unter UNIX Nachahmer gefunden, wenngleich
dessen volle Funktionalität (noch) nicht zur Verfügung steht.

4.6 Resümee

Vergleicht man die Benutzerschnittstelle von UNIX mit der von EMS 5800 SE
bzw. Office, so fällt auf, daß diese beiden eine gegenüber UNIX recht einheitliche,
homogene Benutzerschnittstelle aufweisen. Bei EMS 5800 SE scheint allerdings in
manchen Fällen noch die historische Entwicklung einzelner Werkzeuge durch.
Das EMS 5800 Office wurde von vornherein als Einheit konzipiert und für die
Verwendung durch 'Nicht'-Entwickler ausgelegt.

UNIX kann bis heute seine historische Basis eines Systems von Softwareentwick-
lern für Softwareentwickler nicht verleugnen. Diese Tatsache spiegelt sich auch in
der Gestaltung der Schnittstellen zu UNIX wider.

5 Ansätze zur Verbesserung der Ergonomie von UNIX

Da die Shell bei UNIX nichts anderes ist als ein gewöhnliches Anwenderprogramm, besteht die Möglichkeit, die derzeit verwendete Shell durch eine benutzerfreundlichere abzulösen, ohne daß Eingriffe in UNIX erforderlich sind. Es bieten sich z. B. Menu-gesteuerte Ansätze an, die es dem Anwender ermöglichen, die einzelnen Programme ohne besondere Vorkenntnisse zu bedienen. Ansätze dazu bieten verschiedene Firmen, z. B.:

- Microsoft Visual Shell
- Officesmiths
- Q-menu von Quadratron
- ROOTmap von Root computers
- Schmidt von The Fortune
- Unigem Electronic manager von Precision Software
- UniPlex menu von Redwood

Entscheidende Verbesserungen der internen Benutzerschnittstelle dürften recht problematisch wenn nicht unmöglich sein. Dabei ist jedoch zu berücksichtigen, daß die Anzahl der hiervon wirklich betroffenen wesentlich geringer ist als die Anzahl der potentiellen UNIX Anwender.

Für die Verbesserung der Programmierumgebungseigenschaften kann und muß sicher noch einiges getan werden. Da aber die Unterstützung des gesamten Softwareentwicklungsprozesses (abgesehen von der Codierungsphase) noch immer in den Kinderschuhen steckt wird dies auch bei UNIX wohl noch einige Zeit dauern, bis sich hier allgemein akzeptierte Methoden und damit auch Werkzeuge durchsetzen können.

Was sicher kurzfristiger getan werden kann ist die Bereitstellung verbesserter Editoren, die auch auf modernerer Hardware ablauffähig sind, sowie die Verwendung moderner Programmiersprachen und die Verbesserung und gegenseitige Anpassung von Werkzeugen wie Make und SCCS.

Auf dem Gebiet der Anwenderprogramme lassen sich die meisten Verbesserungen erzielen, die insbesondere dem (noch atypischen) nicht programmierenden UNIX-Anwender zugute kommen. Das Gebiet der Anwenderprogramme ist aber auch dasjenige, das den meisten Aufwand erfordert, da ja eine nicht unerhebliche Anzahl vorhandener Programme zum Teil beträchtlich überarbeitet werden muß. Der Aufwand läßt sich sicherlich verringern, indem z. B. komfortable Menü-Generatoren zur Verfügung gestellt werden. Dies kann aber nicht verhindern, daß trotzdem jedes einzelne Programm angepaßt werden muß.

Darüber hinaus muß berücksichtigt werden, daß einzelne Programme nicht für sich allein existieren sondern zusammen mit anderen verwendet werden können und müssen. Das bedeutet aber auch, daß die Benutzerschnittstelle für alle diese Programme ein einheitliches Konzept aufweisen sollte, das jedoch (noch) nicht gefunden ist.

6   Schlußbemerkungen

UNIX hätte nicht die heutige Akzeptanz erreicht, wäre es *ausschließlich* an seiner Ergonomie gemessen worden. Offensichtlich besitzt es aber eine außerordentlich große Menge an Vorteilen für den Benutzer, die hilft, über die offensichtlichen Mängel hinwegzusehen.

Bei der Beurteilung von UNIX muß berücksichtigt werden, daß UNIX erst jetzt beginnt sich aus dem Bereich der Universitäten in den Bereich der kommerziellen Anwendung zu begeben. Das bedeutet, daß momentan viele Schnittstellen zu UNIX noch etwas universitären, teilweise auch unausgereiften Charakter aufweisen, der sich sicher mit fortschreitender Kommerzialisierung verlieren wird.

Wir bedanken uns bei Frau Weng-Beckmann für die kritische Durchsicht des Manuskripts, sowie die wertvollen Hinweise und Anregungen zum Inhalt.

Literatur

[Appl84] Apple Computer, 1984

[Balz83] Balzert, H.: Software-Ergonomie. Stuttgart, B. G. Teubner, Berichte des German Chapter of the ACM, Bd. 14

[Dude84] Duden-Lexikon

[Ludw83] Ludwigs, H.; Poppensieker-Pyka,J.; Surowiecki, Z.: UNIX für Einsteiger und Umsteiger. Köln-Braunsfeld, Verlagsgesellschaft Rudolf Müller, ISBN 3-481-35211-5

[Mitc84] Mitchell, James G.; Maybury, William; Sweet, Richard; Herz Jr., James R.: Mesa Language Manual. Palo Alto, XEROX Office Systems Division

[Niev84] Nievergelt, Jurg: Design of man-machine interfaces: Towards the integrated interactive system. Notizen zu interaktiven Systemen 13, 1984

[Siem84] Siemens AG: BürosystemEMS 5800 Office, 1984

[Siem85] Siemens AG: EMS 5800 SE, 1985, firmenvertraulich.

[Wied79] Wiedemann, Arnulf: Entwicklung eines universellen bildschirmorientierten Editors. Diplomarbeit Technische Universität München, 1979

Migration von Programmen, Daten und Verfahren auf UNIX

Harald Geist

1 Einführung

Vor etwa 2 1/2 Jahren wurden in der Nixdorf Computer AG für die System-Software-Entwicklung neben Nixdorf-eigenen Anlagen eine PDP 11/70 mit UNIX IS/1, eine VAX 11/780 mit VMS, eine IBM 4341 mit MVS sowie eine Philips X1170 mit PET eingesetzt. Eine Entscheidung war jedoch gefallen, daß UNIX die zukünftige Werkzeugbasis bilden sollte.

Ein Jahr später wurden im gleichen Unternehmensbereich neben der PDP 11/70 zwei VAX 11/780 mit UNIX IS/3 sowie etwa fünf QU68000-Rechner mit MUNIX eingesetzt. Die VMS- und die MVS-Anlage wurden weiter genutzt. Die PET-Anlage war abgebaut. Wieder ein Jahr später waren eineVAX 11/780 mit IS/3, etwa 10 QU68000 mit MUNIX sowie eine VAX 11/780 mit VMS hinzugekommen. Innerhalb von zwei Jahren war damit die Zahl der UNIX Terminals von anfangs 40 auf über 240 angewachsen.

Dieser Ausbau der Rechnerkapazität ging Hand in Hand mit einer Migration der Entwickler auf UNIX. Dies heißt nicht in jedem Fall, daß UNIX die einzige Entwicklungsmaschine für einen Mitarbeiter wurde. Neben den UNIX Maschinen werden weiterhin die Nixdorf-Zielanlagen und Mikroprozessor-Entwicklungssysteme, vorwiegend zum Testen, eingesetzt. Als Rechner am Arbeitsplatz haben sich die UNIX Maschinen jedoch durchgesetzt.

Eine derartige Migration auf UNIX wird sich in den nächsten Jahren in vielen Unternehmen abspielen. Yates Ventures prognostiziert in seiner neuen Studie ”UNIX Marketing and Strategies” [Yate84] ein Anwachsen der UNIX-Installationen von 450.000 im Jahre 1984 auf 950.000 im Jahre 1985 und 1.600.000 im Jahre 1986.

Eine derart starke Ausbreitung von UNIX ist nicht ganz unproblematisch. Neben euphorischen Stimmen über die Mächtigkeit der Kommandos und die Leichtigkeit, mit der neue Hilfsmittel aus vorhandenen Komponenten geschaffen werden

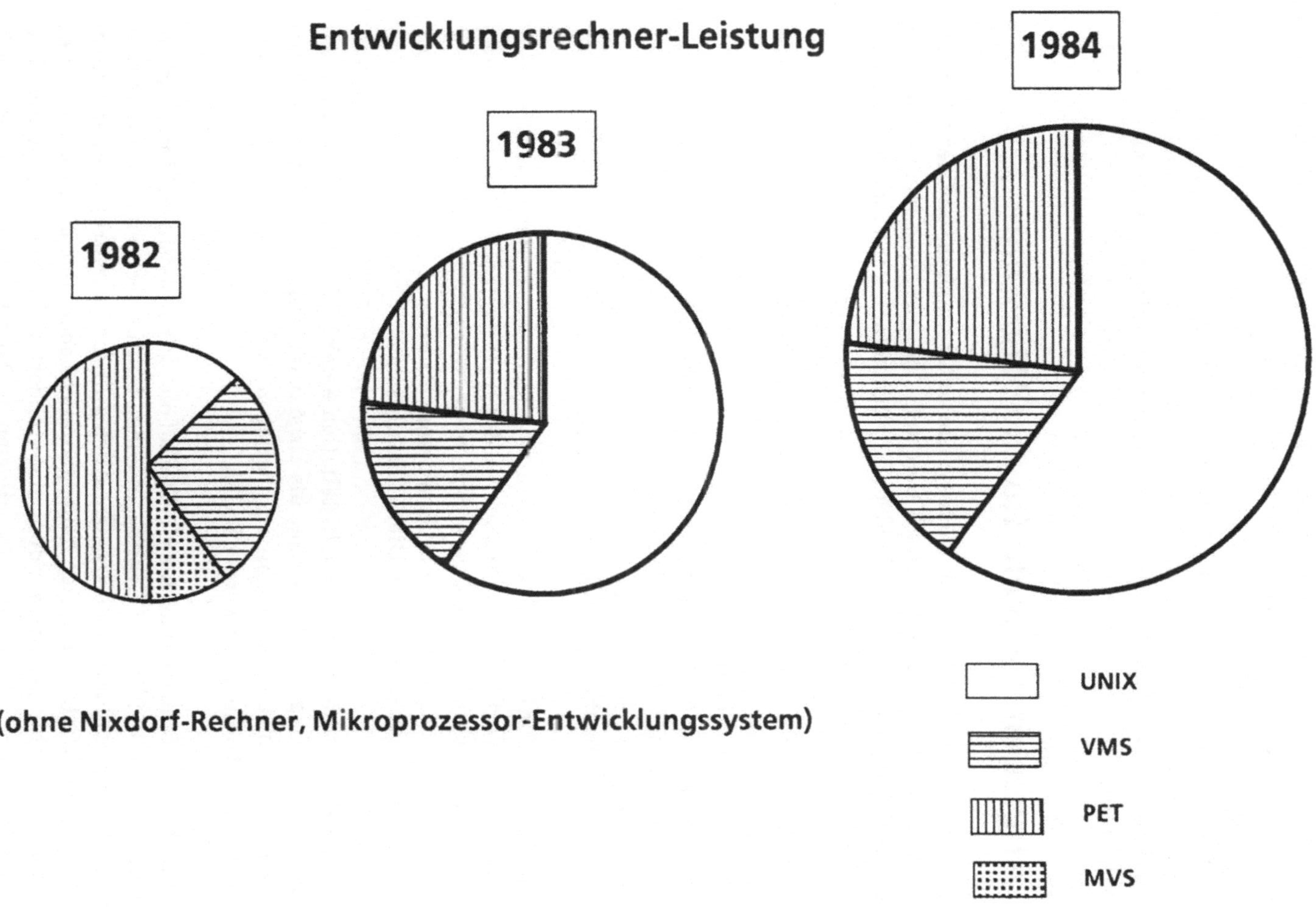

Entwicklungsrechner-Leistung
1984
1983
1982
(ohne Nixdorf-Rechner, Mikroprozessor-Entwicklungssystem)
UNIX
VMS
PET
MVS

können, hört man auch immer wieder von Enttäuschungen und Schwierigkeiten
gerade neuer Benutzer im Umgang mit diesem System.

Aus der Sicht eines Verantwortlichen für die UNIX Einführung kann man daher
fragen, welche Erfahrungen bei der Migration auf UNIX vorliegen und was getan
werden kann, um die UNIX Einführung effektiv und erfolgreich für alle Beteiligten durchzuführen.

2   Allgemeine Regeln für die Migration

Zunächst einmal ist UNIX ein Betriebssystem unter anderen, und der Übergang
auf dieses System sollte sich in erster Näherung nicht völlig von dem auf ein anderes, neues Betriebssystem unterscheiden. Im allgemeinen kann man dafür die folgenden Schritte unterscheiden:

- Beschaffung der neuen Anlage, Schulung der Systemgruppe (Programmierer
  und Operating)
- Probebetrieb, Abnahmetest
- Portierung von Anwendungen und Schulung der späteren Benutzer
- Parallellauf mit den portierten Anwendungen
- Übergang der neuen Anlage in den Normalbetrieb
- Außerbetriebnahme der alten Anlage

Ein solcher Ablauf orientiert sich an einer wohldefinierten Menge von Programmen, Daten und Verfahren, die immer wieder in festgelegter Weise verwendet
werden und die möglichst identisch auf die neue Anlage gebracht werden sollen.
Er ist ferner zugeschnitten auf eine Ersetzungssituation. Ein Beispiel einer solchen Ablösungsmigration wird in [Diet80] beschrieben.

Beide Charakteristika sind bei der Installation einer UNIX-Anlage häufig nicht
gegeben. Diese Anlagen werden eher als Ergänzung einer vorhanden Rechner-
landschaft eingeführt. Es ist damit zu überlegen, welche Anwendungen auf die
neuen Systeme übernommen werden sollen.

Die "klassischen" Einsatzfelder für UNIX sind die Software-Entwicklung und die
Textverarbeitung. Beides sind Gebiete, in denen häufig wechselnde, wenig strukturierte Tätigkeitsabläufe vorherrschen. Auch aufgrund der strukturellen Unterschiede zwischen UNIX und vielen heute gebräuchlichen Betriebssystemen ist es
nicht immer sinnvoll, jede Anwendung unverändert auf UNIX zu portieren. Die
Frage existiert also: "Wie kann der allgemeine Migrationsablauf so geändert
werden, daß er der speziellen UNIX-Struktur und -Einsatzweise Rechnung trägt?"
Zur Beantwortung dieser Frage werden wir zunächst an einem konkreten Fall, der

UNIX Einführung für die Systementwicklung der Nixdorf Computer AG, Erfahrungen bei der Migration auf UNIX darstellen.

3 Ein Migrationsbeispiel

Der Anstoß zur UNIX Einführung gaben Mitarbeiter, die bei ihrer Suche nach Software-Entwicklungshilfsmitteln auf UNIX gestoßen waren. Auf ihre Anregung wurde die schon erwähnte PDP 11/70 installiert. Damit war jedoch kein Abbau eines anderen Rechners verbunden. Der schon damals feststellbare wachsende Bedarf nach Entwicklungsrechnerleistungen ließ den neuen UNIX Rechner als willkommene Ergänzung erscheinen. Insbesondere neue Projekte nutzten diese Möglichkeit. Einen weiteren Anreiz boten Hilfsmittel wie der Textformatierer nroff und die Kommandosprache shell, die in dieser Leistungsfähigkeit auf den bisher genutzten Anlagen nicht zur Verfügung standen. Insgesamt gesehen war dies eher eine Migration von Benutzern als eine von Programmen, Daten oder Verfahren.

Die Einführung in UNIX geschah bei der Systemgruppe im wesentlichen durch Selbststudium, Einweisung durch den UNIX-Lieferanten und durch "Spielen am Rechner". Nach kurzer Zeit waren diese Mitarbeiter in der Lage, den neuen Benutzern eine 1-2-tägige Einführung in das System zu geben. Dies war ausreichend, um

a)   die erste Hemmschwelle zu überwinden,
b)   die wichtigsten Grundkonzepte, -konventionen und Möglichkeiten zu vermitteln und
c)   die häufigsten Bedienungsregeln soweit einzuüben, daß das weitere Erlernen im Selbststudium erfolgen konnte.

Diese Art der Einführung ist für UNIX durchaus üblich, birgt jedoch die Gefahr in sich, daß die Benutzer sich mit einer zu kleinen Teilmenge der Systemfunktionen begnügen.

Durch sein Angebot an sehr einfachen, überschaubaren Basiskommandos sowie durch die wenigen, aber konsequent durchgehaltenen Grundkonzepte war (zunächst) nur eine kurze Einführung erforderlich. Größere Aufwendungen für die Übertragung von Programmen, Daten oder Verfahren waren ebenfalls nicht erforderlich. Dies lag daran, daß der UNIX-Rechner nicht Ersatz sondern Ergänzung war. Bewährte Programme und Verfahren wurden daher auf den bisherigen Rechnern belassen. Neue Entwicklungen wurden von Anfang an auf der neuen Anlage durchgeführt. Dort, wo doch einmal Daten übertragen werden mußten, handelte es sich um Quellprogramme oder Texte; also sehr einfach strukturierte Objekte, die ohne Mühe in der UNIX-Datenstruktur abzubilden waren. Die erforderlichen Dienstprogramme, etwa für das Einlesen von Nicht-UNIX-Magnetbändern oder für die EBCDIC nach ASCII Konversion, sind in UNIX vorhanden. Komplizierte Hilfsmittel sind in vielen Fällen aus vorhandenen Bausteinen entwickelbar.

Wesentlicher als die Übernahme war die Übergabe von Software, die auf der neuen Anlage entstand. Dies war immer dann erforderlich, wenn Tests, teilweise auch die Kompilierungen, auf den Zielanlagen oder einem anderen Rechner erfolgen sollte. Später kamen noch die Übergaben der fertigen Programme und Dokumentationen an die Abnahme- und Releaseverwaltungsgruppen hinzu. Ermöglicht wurde dieser Datenaustausch durch die remote-job-entry-Komponente, die in den meisten UNIX-Systemen entweder vorhanden ist oder als Zusatzkomponente erworben werden kann. Mit ihr können Aufträge von einer UNIX-Anlage an eine MVS-Anlage übertragen, dort ausgeführt und die Ergebnisse an die Ausgangsanlage zurückübertragen werden. Die vorhandene MVS-Anlage erhielt dadurch Cross-Kompilierungs- und Verteilaufgaben.

Rückblickend kann man die beschriebenen Aktivitäten als die erste Phase der UNIX-Einführung ansehen. Sie wird ausführlich in [Sede83] beschrieben. In dieser Zeit konnte sich eine kleine Systemgruppe intensiv mit UNIX beschäftigen. Aufgeschlossene Projektteams lernten die Vor- und Nachteile dieses Systems bei der täglichen Arbeit kennen. Dabei wurde die notwendige Erfahrung gewonnen, um die Einsatzmöglichkeit und die Relevanz von UNIX für die Firma sachkundig beurteilen zu können. Bei allen positiven Erfahrungen muß aber auch festgehalten werden, daß UNIX auf dem Wege war, ein System unter anderen zu werden. Seine Verbreitung war von der Aufgeschlossenheit der Software-Entwickler in neuen Projekten abhängig. Der UNIX-Einsatz in alten Projekten oder der Produktpflege blieb gering. Größere Werkzeugentwicklungen waren nicht möglich. Ein Teil der UNIX-Vorteile, wie die Portabilität von Anwendungen oder die Wiederverwendbarkeit von Komponenten in unterschiedlichen Shell-Prozeduren, kam damit entweder nicht oder nur eingeschränkt zur Geltung.

Dies änderte sich, als beschlossen wurde, eine möglichst einheitliche, umfassende Software-Entwicklungsumgebung für die verschiedenen Produktfamilien des Hauses aufzubauen. Als Basissystem entschied man sich damals für UNIX.

Die Phase 1 der UNIX Einführung war damit abgeschlossen. UNIX hatte den Status eines bevorzugten Systems erhalten und mußte nun auch sehr viel umfassenderen Anforderungen standhalten. Bedarfsanforderungen nach mehr Rechnerkapazität oder weiteren Terminals wurden von da an in der Regel durch UNIX Systeme erfüllt. Der eingangs geschilderte rapide Rechnerausbau verdeutlicht dies. Damit wurden aber auch Mitarbeiter zu UNIX Benutzern, die diesem System kritischer gegenüberstanden und in mehreren Fällen auch bestimmte Anwendungen auf anderen Rechnern verwendeten. Sie fragten nach dem Zusammenwirken von UNIX-Rechnern mit bisher benutzten Anlagen.

Die wichtigste Zusatzeinrichtung der neuen UNIX Rechner war folglich die RJE-Komponente. Entwickler konnten damit Quellprogramme unter UNIX editieren und dann per RJE auf der (MVS-) Hostanlage übersetzen und ausgeben lassen. Eine Migration der Benutzer von der Hostanlage auf die UNIX-Anlagen setzte ein. Eine ebensolche Migration von Programmen war damit aber zunächst nicht verbunden. Die interaktiven Hilfsmittel der Hostanlage, wie der Editor, Dateiverwaltungs- und Druckroutinen, waren zwar nicht identisch aber funktional mindestens gleichwertig unter UNIX vorhanden. Die Migration der Daten war, wie schon in der Phase 1 beschrieben, relativ problemlos durchzuführen, da es sich um Quellprogramm- und Textdateien handelte. Die Verfahrensabläufe jedoch mußten fast alle überarbeitet werden. Die weiterhin genutzten Steuerprozeduren mußten auf den RJE-Betrieb umgestellt werden. Zusätzlich waren unter UNIX Front end-Prozeduren für Job-Abgabe zu implementieren. Diese Änderungen betrafen alle nun über RJE ansprechbaren Abläufen, waren jedoch, nachdem eine Musterlösung erprobt war, sehr einfach auf die anderen Prozeduren zu übertragen.

Neben den Editier- und job-entry-Möglichkeiten standen dem Benutzer schon sehr bald Hilfsmittel für die Projektdokumentation, ein Archivierungssystem sowie eine Dokumentationsumgebung für Nixdorf-Entwicklungsdokumente zur Verfügung. Alle Funktionen der damals noch genutzten PET-Anlage waren damit auch auf den UNIX-Anlagen verfügbar. Dieses PET-System war im wesentlichen als arbeitsplatz-orientierte Editieranlage genutzt worden. Programme waren dafür nicht entwickelt worden, wohl aber einige Benutzerprozeduren. Die Übersetzung der dort editierten Software geschah auf dem angeschlossenen Hostsystem.

Eine Ablösung des PET-Entwicklungssystems war möglich geworden. Auch hier waren wieder Quellprogramm- und Textdaten zu übertragen. Zusätzlich war zu prüfen, welche benutzereigenen PET-Prozeduren weiterhin benötigt wurden. Diese wurden in der Shell-Prozedursprache des UNIX neu implementiert. Insgesamt hat die Ablösung der PET-Anlage etwa einen Personenmonat Aufwand in der Systemgruppe erfordert.

Als wesentlich aufwendiger erwies sich die Migration solcher Anwendungen auf UNIX, die bisher auf verschiedene Anlagen verteilt waren. Die Entwicklung von Software für den Mikroprozessor Z 80 verlief in einigen Gruppen auf hierfür spezialisierten Entwicklungssystemen (ZDS, Mostek MDS), in anderen teilweise auf UNIX (Editieren) und teilweise auf Hostsystemen (Crossassemblierung, Disketten-Ausgabe). Die Tests wurden in allen Fällen auf dem Entwicklungssystem ausgeführt. Diese Vorgehensweise war zeitraubend und belegte knappe Betriebsmittel (ZDS) für Arbeiten, die auch auf anderen Rechnern ausgeführt werden konnten. Ein Verlagerung aller Aktivitäten mit Ausnahme der Tests auf UNIX erschien daher zweckmäßig. Die bisher verwendeten Z 80-Crossassembler waren nicht portierbar. Als Ersatz wurde ein tafel-gesteuerter Crossassembler in Pascal implementiert. Er steht sowohl auf dem Hostsystem wie auf den UNIX-Anlagen zur Verfügung und läuft landläufiger Meinung zum Trotz wesentlich effizienter als die ursprünglich verwendeten Crossassembler. Die Assemblierung konnte nun je nach Last auf dem UNIX-Arbeitsplatzsystem oder dem MSV-Hostsystem durchgeführt werden. Entsprechende Compile Link-Prozeduren wurden von der Systemgruppe bereitgestellt.

Der nächste Schritt betraf die Kopplung der Entwicklungssysteme an die Rechner. Beide Systeme verfügen über V24-Anschlüsse, an die normalerweise zusätzliche Terminals oder Drucker angeschlossen werden. Diese Anschlüsse werden in UNIX auch benutzt, um zwei UNIX-Systeme miteinander zu koppeln. Die UNIX-Komponente uucp wickelt über derartige Leitungen eine protokoll-gesicherte Datenübertragung ab. Entsprechende Routinen wurden bei uns implementiert, um Binärdecks von einem UNIX-Rechner auf ein Z 80-Entwicklungssystem zu übertragen. Die gleiche Leitung wird danach verwendet, um auf dem UNIX Rechner ein Terminal des Entwicklungssystems zu emulieren. Auf diese Weise kann ein Entwickler seine Z 80-Programme unter UNIX editieren, dokumentieren und assemblieren, das Assemblat in das Entwicklungssystem laden und dann vom UNIX-Terminal aus testen. Das Konzept dieser Softwareentwicklungsumgebungen für Mikroprozessoren wird ausführlicher in [Ange82] dargestellt.

Derartige spezielle Entwicklungsumgebungen lassen sich in UNIX relativ leicht implementieren, sofern man sich den Grundkonzepten und -strukturen des Systems anpaßt. UNIX-Anwendungen werden in der Regel nicht als große, weitgehend monolithische "Programm Produkte" realisiert, sondern entstehen durch Kombinationen aus Basisbausteinen. So waren etwa die Terminalemulation und die Basisroutinen für den V24-Anschluß schon vorhanden. Wir hatten die Protokollsoftware und ein Warteschlangensystem für die sequentielle Abarbeitung der Aufträge zu implementieren. Mit diesen Bausteinen wurden die erforderlichen Benutzerkommandos als Shell-Prozeduren realisiert. Für einen Benutzer wird dabei in UNIX nicht sichtbar, ob ein Kommando als Programm oder als Prozedur implementiert ist. Auf diese Weise kann man zunächst als Prozedur bereitgestellte Verfahren bei Bedarf ganz oder teilweise nachträglich durch Programme ersetzen, ohne daß sich dies auf die Benutzerschnittstelle auswirkt. Ein derartiges "Phasenmodell" haben wir schon erfolgreich beim Prototyping verwendet, es kann jedoch auch bei der Migration von Verfahren eingesetzt werden.

Die Benutzer-Einführung erfolgte zunächst wie in der ersten Phase durch eine kurze 1-2-tägige Schulung sowie durch Selbststudium. Dies erlaubte einen sehr raschen Start vieler neuer UNIX-Benutzer. Zum Grundvorrat an Funktionen, die ein Benutzer lernen mußte, gehörten hierbei, die login/logout Mechanismen, ein Überblick über das Dateisystem mit etwa sechs Dateiverwaltungskommandos sowie die Kommandos für das Drucken, Formatieren und Übersetzen von Dateien. Insgesamt sind dies etwa 20-30 Funktionen. Daneben bietet UNIX eine Fülle nützlicher Fuktionen für besondere Aufgaben, wie z.B. die Quellcodeverwaltung

(SCCS), automatisierte Generierung von Programmsystemen und Dokumenten (make), Datenanalyse- und Konversionsmittel, um nur einige zu nennen. Diese Hilfsmittel können sehr effizienzsteigernd eingesetzt werden. Man kann sich bei den betreffenden Arbeiten jedoch auch mit sehr viel einfacheren, aber zeitaufwendigen Mitteln behelfen.

Je nach Lernfortschritt wurde UNIX unterschiedlich effizient eingesetzt. Es war auch zu beobachten, daß einige Benutzer teils aus Zeitmangel teils aus mangelnder Gelegenheit auf einem sehr kleinen Funktionsvorrat stehenblieben. Als wir dann begannen, mehrtägige UNIX- und C-Kurse anzubieten, war das Echo unerwartet positiv. Die Kurse waren in sehr kurzer Zeit ausgebucht. Von den Teilnehmern wissen wir, daß die weitgehend auf Selbststudium angelegte Einführung zwar einen schnellen Start ermöglichen aber bei ansteigendem Schwierigkeitsgrad der Tätigeit zu Behelfslösungen und Unbehagen führen kann. Schulungen haben sich hier als notwendig und nützlich erwiesen.

Der Übergang auf UNIX ist für uns heute im wesentlichen abgeschlossen. Zusammenfassend können wir feststellen, daß bei uns UNIX Rechner zunächst weitgehend als Ergänzung der bestehenden DV-Landschaft auftraten. Eine Migration fand in erster Linie bei den Benutzern statt. Sie betraf daneben Datenbestände, die die Benutzer von ihren früheren Anlagen mitbrachten. Hierbei handelte es sich um Quellprogramm- und Textdateien, die ohne Schwierigkeiten mit den vorhandenen UNIX-Hilfsmitteln übernommen werden konnten. Die im Laufe der UNIX-Nutzung geforderte weitere Migration von Verfahrensabläufen wurde durch Reimplementation erreicht. Dafür konnten vorhandene Komponenten auf einfache Weise mit neuen verknüpft werden. Eine wichtige Hilfe bot hierzu die Shell-Prozedursprache.

Diese Erfahrungen wurden in einer bestimmten, durch spezielle Randbedingungen und Anforderungen geprägten UNIX Einführung gewonnen. Erfahrungen mit dem UNIX-Einsatz findet man auch in [Hein82]. Ein Überblick über allgemeine Migrationsmöglichkeiten auf UNIX soll das Beschriebene abrunden.

4   Allgemeine Migrationsmöglichkeiten auf UNIX

Die Migration von Programmen im Sinne einer Portierung wird wesentlich durch die Verfügbarkeit kompatibler Compiler bestimmt. Angeboten wird unter UNIX in jedem Fall ein C-Compiler mit den entsprechenden Bibliotheken. Da derartige Compiler heute auch schon für MS-DOS-, CP/M-Systeme und einige Großrechner verfügbar sind, gehen immer mehr Software-Anbieter dazu über, ihre Anwendungssysteme in dieser Sprache zu implementieren. Der Sprachumfang der verschiedenen C-Compiler ist weitgehend identisch. Probleme bereiten jedoch ab und zu Hardwareeigenschaften, die bis in die Programmierung durchscheinen, wie z.B. Adreßdarstellungen und Wortlängen.

Neben C bietet UNIX häufig einen Fortran 77-Compiler an. Am Softwaremarkt werden daneben Compiler oder Interpreter für Basic, Cobol, Pascal, APL, Lisp, Prolog und einige andere Sprachen angeboten. Aufgrund der unterschiedlichen Hardwaresysteme und der zahlreichen UNIX-Varianten ist die Verfügbarkeit dieser Produkte je nach Hardware/UNIX-Konfiguration sehr unterschiedlich. Endanwender werden sich hier weitgehend am Angebot ihres UNIX Anbieters orientieren.

Für die Datenstrukturierung bietet UNIX nur geringe Hilfsmittel. UNIX Dateien werden vom System entweder als Zeichenfolge oder als Folge von Blöcken fester Länge (i.d.R. 512 Bytes oder 1024 Bytes) betrachtet. Eine weitgehende Strukturierung in Sätze sowie Satz- und Indexstrukturen ist durch zusätzliche Programmierung möglich. Für Quellprogramm- und Textdateien ist dies sehr einfach möglich. Als Satzende-Zeichen wurde ein bestimmtes Trennzeichen vereinbart, das von den Standard E/A-Routinen unterstützt wird. Dies reicht noch nicht aus, um komplizierte Dateiformate zu realisieren. Für ISAM-Dateien gibt es jedoch auf dem UNIX Softwaremarkt mehrere Unterprogrammpakete. Ihre Verwendung für die C-Programmierung ist im allgemeinen sichergestellt, für andere Sprachen ist sie Compiler-spezifisch zu klären. Daneben werden eine Reihe von Datenbanksystemen für UNIX angeboten.

Die Migrationsmöglichkeiten für Daten werden zusätzlich durch Hardwareeigenschaften des betreffenden Systems beeinflußt sowie durch die Art, wie in UNIX Peripheriegeräte angesteuert werden. UNIX-Systeme können über ein bestimmtes Kommando Daten im EBCDIC oder ASCII-Code einlesen und ausgeben. Intern verwenden sie jedoch in der Regel den 7-bit ASCII-Code. Für die englisch-sprachige Textverarbeitung ist dies ausreichend.

Für die Terminal- und Druckersteuerung sind im UNIX-Kern sehr einfache Grundoperationen verfügbar. Viele UNIX-Systeme bieten darüberhinaus für die Terminalsteuerung zusätzliche Funktionen und Unterprogramme an, die für die Programmierung weitgehend ein virtuelles Terminal bereitstellen (termcap, lib curses). Entsprechende Bestrebungen sind für die Druckeransteuerung im Gange.

Eine Migration von Verfahren muß in jedem Einzelfall geprüft werden. Sind erst einmal die Programme und Daten ins UNIX übertragen, so erfordern die Verfahren oft eine Neuimplementation. Da UNIX-Systeme häufig zusätzlich zu den bisherigen eingesetzt werden, liegt eine zeit- und kostengünstige Lösung oft nicht in einer vollständigen Migration, sondern in einer Kooperation der verschiedenen Systeme. Hierfür bietet UNIX gute Voraussetzungen.

5 Schlußbemerkung

Der Übergang auf UNIX-Systeme ist häufig weniger ein Ersetzungsvorgang sondern vielmehr ein Schritt im Zuge einer Dezentralisierung der DV-Anlagen, also
ein Ergänzungsvorgang. Eine Migrationsstrategie muß dies berücksichtigen. Fragen der Funktionsverteilung zwischen den Anlagen und der Vernetzung erhalten
damit eine besondere Bedeutung. Die Migration kann dabei viel leichter in mehreren Schritten durchgeführt werden, als dies bei einer Ersetzung der Fall wäre.
UNIX unterstützt dies durch seine modulare Struktur und seine sehr leistungsfähige Shell-Prozedursprache. Die Schwierigkeiten der Benutzer, dieses auf den
ersten Blick sehr einfache System ausreichend zu verstehen und effektiv
einzusetzen, sollte nicht unterschätzt werden.

Literatur

[Ange82]   Angermann, K: Software-Entwicklung für Mikroprozessoren bei
             der Nixdorf Computer AG.
             Ersch. in "Werkzeuge der Programmiertechnik" GI-Arbeitstagungs Proceedings, Springer (Berlin) 1982

[Diet80]   Dietl, F.: Betriebssystemumstellung in der Praxis.
             Ersch. in Data Report 15 (1980) Heft 6, S. 9-13

[Hein82]   Heintke, H.: UNIX als Software-Entwicklungswerkzeug.
             Ersch. in "UNIX Konzepte und Anwendungen", Th. Kreifels, P.
             Schupp (Hrsg.), Teubner (Stuttgart) 1982

[Sede83]   Sedello, M.: Software-Produktion mit UNIX-Werkzeugen.
             Ersch. im Tagungsband "UNIX 83", Control Data Institut
             (Frankfurt/Main) 1983

[Yate84]   Yates Ventures (Hrsg.): UNIX Marketing and Strategies.
             Palo Alto, Ca. 1984

UNIX im CAD-Bereich

F. Wolfermann

1 Einleitung

Wenn man sich mit zwei so komplexen Themen wie UNIX und CAD beschäftigt, diskutiert man diese Problematik auch mit Kollegen und anderen Fachleuten. Die interessanteste Aussage dabei war für mich: ”Es gibt heute kaum ein ernst zu nehmendes CAD-System, das nicht auf UNIX implementiert ist.” Damit ist der gesamte Themenkreis treffend charakterisiert. Woran liegt es, daß alle wesentlichen CAD-Systeme heute auch unter UNIX laufen?

CAD, CAM, CAP, CAE sind Schlagworte, die in den letzten Jahren immer moderner geworden sind. Aber was verbürgt sich nun direkt dahinter? Von der Übersetzung her gesehen ist es verhältnismäßig einfach:

CAD: Computer Aided Design, d.h. rechnerunterstütztes Entwerfen; aber auch Computer Aided Draughting, d.h. rechnerunterstütztes Zeichen

CAM: Computer Aided Manufacturing, d.h. rechnerunterstützte Fertigung

CAP: Computer Aided Planning, d.h. rechnerunterstützte Planung

Diese drei Bereiche werden unter dem Begriff

CAE: Computer Aided Engineering, d.h. rechnerunterstütztes Ingenieurwesen

zusammengefaßt.

In Bild 1 können wir sehen, wie diese vier Gebiete miteinander verzahnt sind und ineinander greifen. Man sieht, daß der CAD-Bereich in das eigentliche rechnerunterstützte Konstruieren und in das rechnerunterstützte Zeichnen unterteilt wird. Der weitere Gang der Fertigung geht über die rechnerunterstüzte Planung bis zur rechnerunterstützten Fertigung. Man sieht, daß man den CAD-Bereich auf keinen Fall isoliert betrachten sollte. Trotzdem möchte ich mich im Folgenden erst einmal auf den Bereich des rechnerunterstützten Zeichnens beschränken, um dann am Schluß mit einem Blick in die Zukunft nochmal auf CAD, CAP, CAE und weitere Entwicklungen zurückzukommen.

Der Grund hierin liegt einerseits in dem mir vorgegebenen Thema, andererseits aber in der Tatsache, daß im CAD-Bereich die besten Chancen bestehen, menschliche Arbeitskraft sinnvoller in den kreativen Arbeitsprozeß einsetzen zu können (Bild 2). Von den ungefähr 60 Prozent, die ein Zeichner mit reinem zeichnen beschäftigt ist, lassen sich zwei Drittel durch ein CAD-System einsparen. Hierdurch kann nicht nur der Entwurfsprozeß verkürzt werden, sondern auch der Zeichner für andere Arbeiten besser eingesetzt werden.

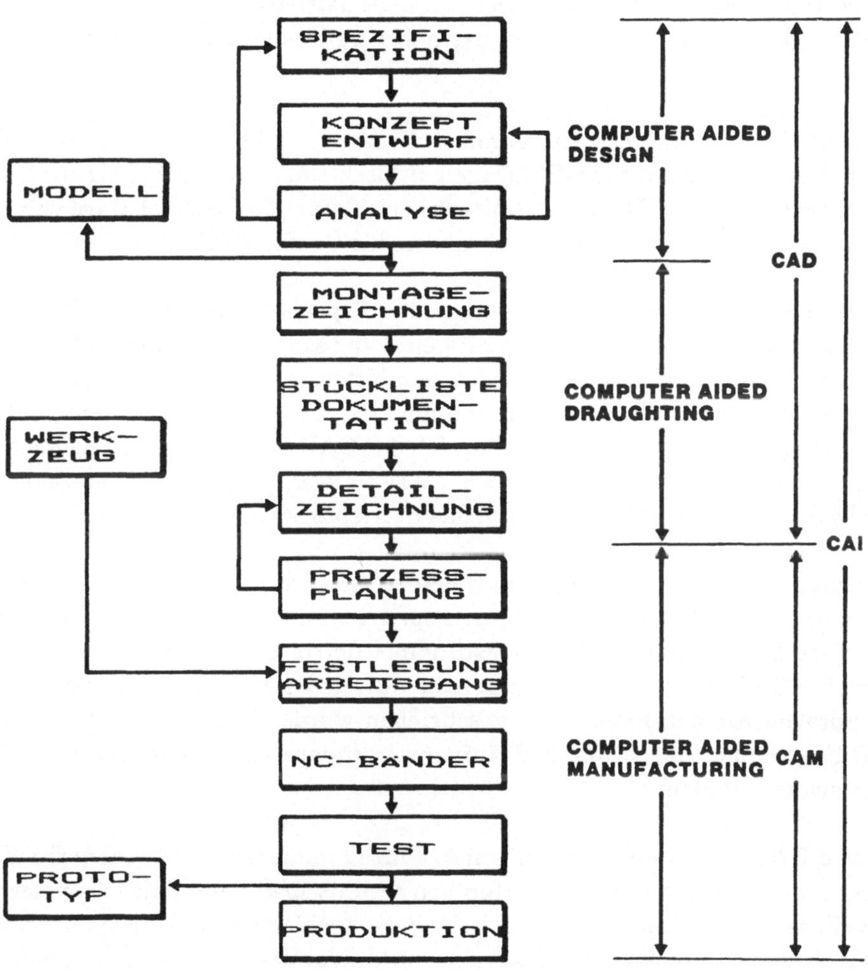

Abbildung 1

Wodurch kommt es, daß soviele über CAD reden, aber nur wenige es wirklich einsetzen? Dafür gibt es einen sehr einfachen Grund: Bislang konnten sich nur große Unternehmen den Einsatz von CAD-Systemen leisten, da hierzu Investitionen in Millionenhöhe erforderlich waren. Ein kleines oder mittelständisches Unternehmen war dadurch von vornherein von CAD ausgeschlossen. Diese hohen Kosten konnten auch nicht dadurch aufgefangen werden, daß man CAD-Systeme mit zusätzlicher Arbeit vollpackte, denn CAD-Systeme waren halt reine CAD-Systeme. Für weitere Arbeiten wie technisch-wissenschaftliche Berechnungen waren sie nicht zu gebrauchen, dafür mußte extra ein weiterer Computer angeschafft werden.

Dies hat sich seit einiger Zeit geändert. Einerseits gibt es Universalrechner, die durch den Anschluß von grafikfähigen Bildschirmen auch als CAD-Systeme genutzt werden können. Die im Hauptrechner ablaufende CAD-Software wird durch entsprechende Firmware oder Hardware in den Grafikterminals unterstützt.

Andererseits gibt es seit ca. drei Jahren den Typ des grafischen Arbeitsplatzrechners. Es handelt sich hierbei um intelligente und sehr leistungsfähige kleine, kompakte Rechner, die innerhalb eines lokalen Netzwerkes untereinander verbunden sind. Daten, wie z.B. Zeichnungen können über dieses lokale Netzwerk untereinander ausgetauscht werden, während sich das CAD-Programm im Allgemeinen in jedem Rechner direkt befindet. Die CAD-Software wird durch entsprechende Hardware-Möglichkeiten oder durch das Betriebssystem unterstützt.

Was hat aber die Entwicklung dieser beiden Arten von CAD-Systemen, oder man sollte besser von Auch-CAD-Systemen sprechen, nun mit UNIX zu tun? Vorerst war diese Entwicklung an kein bestimmtes Betriebssystem gebunden. Der verwendeten CAD-Software gemeinsam war nur, daß sie in einer höheren Programmiersprache wie z.B. FORTRAN geschrieben wurde. So gibt es auch heute noch CAD-Programme, die sowohl auf Universalrechnern als auch grafischen Arbeitsplatzrechnern laufen.

Als sich UNIX nun in den vergangenen Jahren immer mehr zu einem Quasistandard entwickelte und auf allen Arten von technisch/wissenschaftlichen Rechnern zum Einsatz kam, konnte es natürlich nicht ausbleiben, daß CAD-Software auf UNIX-Systemen implementiert werden sollte. War dies überhaupt sinnvoll, sinnvoll für ein Betriebssystem, daß anfangs für Teletype-Terminals entwickelt worden war? Die Frage wurde so anfangs gar nicht gestellt. Wichtig war vorerst nur, die Möglichkeit hierzu zu untersuchen. Dabei stellte sich heraus, daß ein z.B. in FORTRAN geschriebenes CAD-System unter UNIX auf einer bestimmten Hardware auch nicht schwieriger zu implementieren war als unter einem beliebigen anderen Betriebssystem auf einer anderen Hardware.

Hinzu kamen einige UNIX-Eigenschaften, die CAD-Systeme unter UNIX nicht nur sinnvoll erschienen ließen, sondern auch wünschenswert. Das Multiprozessing z.B. erlaubt es auf dem Bildschirm zu zeichnen, während die vorherige Zeichnung auf dem Plotter ausgegeben werden kann. Oder man kann sich noch eleganter durch Benutzung der Shell-Kommandosprache einen eigenen Plotspooler schreiben. Auch können durch das hervorragende Dateischutzsystem bestimmte Zeichnungen nur einem bestimmten Benutzerkreis, andere jedoch allgemein zugänglich gemacht werden. Diese und noch vieles mehr führte dazu, daß heute wirklich fast alle bedeutsamen CAD-Pakete auf UNIX implementiert sind.

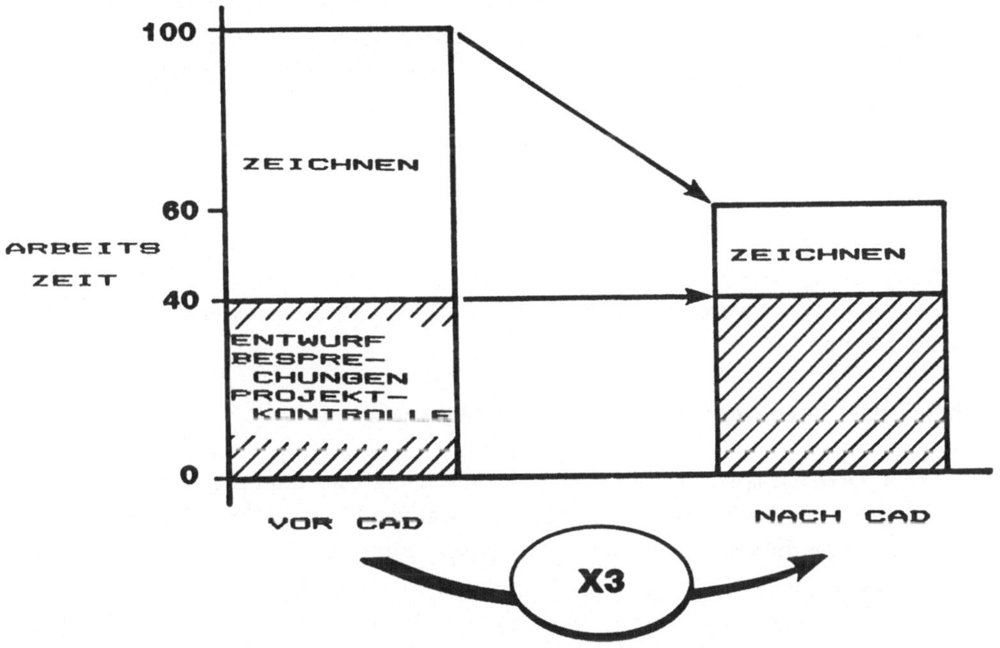

Abbildung 2

2 Virtuelles Systemkonzept

Programme im CAD-Bereich behandeln sehr komplexe Datenstrukturen und führen aufwendige mathematische Berechnungen durch. Sie erfordern daher nicht nur einen schnellen Rechner, sondern auch einen mit einem großen Speicher. Wird ein großer Teil des Realspeichers auch noch durch das Betriebssystem belegt, bleibt für die Anwendungssoftware nicht mehr viel Platz.

Man hat versucht, diese Problematik durch verschiedene Systemkonzepte zu umgehen. In UNIX werden Programmausführungs-Umgebungen als sogenannte "image" definiert. Diese beinhalten die Speicherumgebung, Registerwerte, den Status der eröffneten Dateien und das derzeitige Directory. Diese Programmumgebung beschreibt den aktuellen Zustand eines Pseudorechners. Ein Prozeß ist die Ausführung dieser Programmumgebung. Während der Ausführung eines Prozesses muß seine Programmumgebung im Hauptspeicher liegen. Sie bleibt auch dort während der Ausführung von anderen Prozessen, es sei denn ein anderer Prozeß mit einer höheren Priorität benötigt diesen Speicherplatz.

In UNIX werden die Prozesse in einem virtuellen Adressraum ablaufen gelassen. Das heißt, der gesamte, von allen Prozessen belegte, Speicherplatz kann größer sein als der tatsächlich in der Maschine vorhandene Hauptspeicher. Inaktive Prozesse werden auf den Hintergrundspeicher ausgelagert, wenn der von ihnen belegte Speicherplatz von aktiven Prozessen benötigt wird. Dadurch wird gewährleistet, daß für die aktiven Prozesse genügend Hauptspeicherkapazität vorhanden ist.

Hierzu wird der virtuelle Adressraum eines Prozesses in Benutzer- und Systemdaten aufgeteilt. Bei den Systemdaten gibt es solche, die permanent im Speicher gebraucht werden und daher resident sind, während andere ausgelagert werden können.

Die Benutzerdaten werden in drei logische Segmente unterteilt:

- Das Textsegment enthält den Programmcode und beginnt an Stelle 0 des virtuellen Adressraumes. Es ist während der Prozedurausführung schreibgeschützt, kann aber von allen anderen Prozessen mit benutzt werden.

- Das Datensegment ist oberhalb des Textsegments angeordnet. Es kann gelesen und geschrieben werden. Seine Größe kann bei Bedarf durch einen entsprechenden Systemaufruf verändert werden. Im Datensegment sind permanente Variablen abgelegt, wie z.B. in FORTRAN die COMMON-Bereiche.

- Das Stapelsegment beginnt an der höchsten Stelle des virtuellen Adressraumes und wird automatisch nach unten ausgedehnt. Es enthält zeitweilige Variable, die neu initialisiert werden, wenn z.B. eine Prozedur aufgerufen wird.

Dieses System bringt aber dann Probleme, wenn ein Prozeß fast den gesamten Hauptspeicher beansprucht. Immer dann, wenn ein anderer Prozeß aktiv wird, müßte eins oder mehrere der Segmente dieses Prozesses ausgelagert werden. Außerdem könnten Prozesse, die mehr als die verfügbare Speicherkapazität benötigen, überhaupt nicht verarbeitet werden. Es gibt daher UNIX-Systeme, die dieses virtuelle Speichersystem durch ein Seitenadressierungssystem ergänzen, das das Daten- und Textsegment in Seiten unterteilt. Das Datensegment wird in Datenseiten fester Länge, z.B. 128 KByte eingeteilt. Bei Beginn eines Prozesses steht immer die erste Datenseite im Speicher, weitere werden nach Bedarf ein- und ausgelagert. Die Größe der Seiten des Textsegments richtet sich nach der größten Prozedur des Prozesses, so daß er in eine Seite paßt. Auch hier steht mindestens eine Seite, und zwar die aktive, im Speicher.

Jedes Programm in seinem Pseudorechner benutzt direkt oder indirekt die Eingabe- und Ausgabegeräte. Überschneidungen gibt es dann, wenn mehrere Prozesse Geräte benutzen wollen, die nur einmal vorhanden sind, wie z.B. Bildschirm und Tastatur. Deswegen müssen UNIX-Prozesse sich diese Geräte bei Bedarf teilen, in dem sie sie z.B. nacheinander benutzen. Bei den bisherigen UNIX-Systemen kann dies zu einer großen Übersichtlichkeit führen, wenn mehrere Prozesse auf den Bildschirm ausgeben.

Systeme, die hochauflösende grafische Bildschirme unterstützten, aber auch schon einige mit normalen alphanumerischen Bildschirmen, teilen daher den Bildschirm in virtuelle Bildschirme, sogenannte Fenster ein. So kann, aber muß nicht, jedem Prozeß sein eigenes Fenster zugeordnet werden, in das er seine Ausgabe vornimmt. Der Kontrollmechanismus hierfür wird i.a. als Window Manager bezeichnet. Er überwacht gleichzeitig auch die Zuordnung der Tastatur zu den einzelnen Fenstern. Es ist möglich, und in Wirklichkeit auch gebräuchlich, mehrere Fenster gleichzeitig sichtbar zu halten, so daß auf dem Bildschirm mehrere Prozesse simultan überwacht werden können.

Kontrolle und Benutzung des Window Managers wird zwischen dem Benutzer und den Prozessen geteilt, indem der Prozeß seine Ausgabe in sein Fenster sendet und von der Tastatur einliest, aber der Benutzer die Lage und Größe des Fensters auf dem Bildschirm kontrolliert. Das Wechseln von einem Fenster in das andere wird durch entsprechende Schnittstellen, wie z.B. durch ein über ein grafisches Tablett geführten Hardwarecursor realisiert. Auf einigen Systemen ist die Größe des Fensters nicht durch die Größe des Bildschirmes begrenzt. Sie können sogar größer als der tatsächlichen Bildschirm sein, da sie auf dem Schirm hin- und hergeschoben werden können. Es ist weiterhin möglich, daß sich die Fenster überlappen und sogar überdecken. Der Window Manager erlaubt es dem Benutzer jederzeit überdeckte Fenster nach oben zu holen, Fenster zu löschen und an anderen Bildschirmstellen erscheinen zu lassen.

3 Datenbanken

Werden auf Daten von verschiedenen Benutzern oder Programmen zugegriffen, müssen sie in einer Form vorliegen, die diesen Zugriff einfach und möglichst effizient gestalten. Obwohl UNIX nur serielle und keine indexsequentiellen Dateien kennt, stehen doch hierfür schon standardmäßig eine Reihe von Software-Tools zur Verfügung, mit deren Hilfe man selbst komplizierte Aufgaben gut lösen kann. Ich denke hierbei besonders an die Programme

- awk   Eine leistungsfähige Sprache zur Verarbeitung von Zeichenketten
- cmp   Vergleich zweier Dateien
- comm   Selektieren gemeinsamer Zeilen zweier sortierter Dateien
- diff   Herausfinden von Unterschieden zwischen zwei Dateien
- grep   Finden von gesuchten Zeichenketten
- join   Kombinieren zweier Dateien für Sätze gleichen Schlüssels
- sed   Laufzeit-Editor
- sort   Sortieren oder Mischen von Dateien
- tail   Ausgabe der letzten Zeilen
- tr   Zeichen-zu-Zeichen-Umsetzung
- uniq   Entfernen doppelter Zeilen

Mit Hilfe dieser Programme und um sie herum geschriebene Shellkommandos kann man viele Aufgaben schon selbst lösen.

Trotzdem wird, auch oder gerade im CAD-Bereich, der Einsatz eines Datenbanksystems gefordert. Woran liegt dies?

Ein wesentlicher Grund dürfte darin liegen, gemeinsame Daten durch ein allgemein zugängliches Werkzeug zu verwalten und verfügbar zu machen. Durch die grundsätzlich für alle Benutzer gemeinsam definierte Struktur der Datenbasen kann man die Datenbestände an bestehende Betriebsformen anpassen und sie darüberhinaus redundanzfrei gestalten. Der Austausch von Daten zwischen verschiedenen Benutzern oder Programmen wird vereinheitlicht und kann parallel erfolgen.

Betrachten wir einmal als ein recht einfaches Beispiel die Verwaltung von Zeichnungsbeständen. Welche Informationen sind von allgemeinem Interesse und sollten möglichst einfach zugänglich sein? Zuerst natürlich wesentliche Teile des Zeichnungskopfes wie z.B.

- Projektnummer und Projektbezeichnung
- Konstrukteur
- Erstellungsdatum
- Status der Zeichnung

Dann aber auch alle Eintragungen der Stücklisten wie z.B.

- Teilnummer
- Teilbezeichnung
- Material
- Anzahl
- Referenz zur Zeichnung

Alle diese Angaben sollen möglichst nur einmal gespeichert und schnell aufrufbar sein. So will man z.B. schnell eine gesuchte Zeichnung auf Grund einer gegebenen Beschreibung finden. Oder aber die Zeichnung zu einem bestimmten Teil. Dieser Vorgang erfordert schon die Integration des CAD-Systems in ein kleines Datenbanksystem.

Bei komplexeren Anforderungen wächst auch der Anspruch an die Integration zwischen CAD und Datenbank. In einer Ingenieurdatenbank will man alle technischen Informationen, die in einer Firma verfügbar sind, einspeisen und wieder abrufen. Wichtig ist dabei, daß alle Daten nur einmal erfaßt werden, und zwar am Ort ihres Entstehens. So ist es sinnvoll, z.B. Stücklisten gleich bei ihrer Entstehung auf der Zeichnung in die Datenbank einfliessen zu lassen und dann durch Fertigungssteuerungssysteme zu ergänzen. Bei der Übergabe der Informationen an die Produktion muß im System die Konsistenz geprüft haben. Zu diesem Zeitpunkt muß auch geklärt sein, ob die notwendigen Werkzeuge überhaupt verfügbar sind. Das Datenbanksystem muß gleichzeitig das Management von Modifikationen und Versionen vornehmen. Die Ingenieursdatenbank benötigt Schnittstellen zur Produktionsdatenbank und zur Fertigungssteuerung.

Unter UNIX stehen inzwischen eine Reihe von Datenbanksystemen zur Verfügung. Inwieweit diese für den CAD-Bereich einsetzbar sind, muß noch geprüft werden. Sie bieten u.U. mehr Möglichkeiten, als gewünscht sind, und lassen wiederum andere vermissen, die CAD spezifisch sind. Auch dürfte die Schnittstelle zum CAD-System nur über spezielle Umsetzprogramme zu realisieren sein.

4 Unterstützung von hochauflösenden Bildschirmen

Bei jeglicher Grafikverarbeitung mittels EDV ist man natürlich darauf angewiesen, die erzeugte Grafik auch sichtbar zu machen. War dies anfangs nur über entsprechende Ausgabegeräte, wie z.B. Plotter möglich, so kamen doch bald nach Erscheinen der alphanumerischen Bildschirme auch die ersten grafischen Bildschirme auf den Markt.

Hierbei muß man zwischen Vektorbildschirmen und Rasterbildschirmen unterscheiden. Bei Vektorbildschirmen werden die darzustellenden Linien als Folge von Vektoren der Bildschirmsteuerung übergeben. Das heißt für jeden Vektor wird sein Anfangs- und Endpunkt angegeben. Die Bildschirmsteuerung selbst erzeugt dann durch entsprechende Ablenkung des Kathodenstrahls eine Strecke auf dem Bildschirm, Vektorbildschirme zeichnen sich daher durch eine hervorragende Darstellungsqualität aus, bei der Geraden wirklich als Geraden und nicht als Stufenlinien dargestellt werden. Andererseits wird für die Darstellung komplizierter Zeichnungen eine verhältnismäßig lange Zeitspanne benötigt, da in jedem Bildwiederholungszyklus das gesamte Bild neu aufgebaut werden muß. Aus demselben Grund ist auch die Darstellung von Texten nur beschränkt möglich. Deshalb findet man bei derartigen Systemen einen zweiten Bildschirm für die alphanumerische Ein- und Ausgabe vor.

In den letzten Jahren hat man hierfür mit hochauflösenden Rasterbildschirmen einen guten Kompromiß gefunden. Bei dieser Art von Bildschirmen wird eine durch die Auflösung des Geräts bestimmte Matrix von Schwarz/Weiß-Werten oder aber auch Grau- und Farbwerten dargestellt. Wie diese Matrix (Raster) durch die Werte belegt ist, hängt nur von der gewünschten Darstellung ab. Sie hat keinen Einfluß auf die Geschwindigkeit der Darstellung. Am Verbreitetsten sind hierbei Rasterbildschirme, bei denen jeder Rasterpunkt direkt mit einem Bit im Speicher korrespondiert, sogenannte "bit-mapped" Schirme. Dem Nachteil der nur gestuft darstellbaren Linien stehen mehrere Vorteile gegenüber:

- Zeichen beliebiger Art können gezeigt werden. Dies bezieht sich nicht nur auf die Art des Zeichens selbst. So können problemlos z.B. auch Umlaute und Sonderzeichen durch entsprechende Rasterung dargestellt werden. Aber auch völlig andere Zeichensätze in beliebiger Größe und Darstellung können implementiert werden, wie z.B. Kursivschrift, Dickdruck oder auch gotische Schrift. Selbst Muster verschiedenster Art sind möglich.

- Kreise, Ellipsen und andere Kurven können durch entsprechende Software generiert werden.

- Grafiken jeglicher Art, wie z.B. Vektorgrafiken aus CAD-Systemen, aber auch Rastergrafiken, wie wir sie vom Zeitungsdruck her kennen, können mit Texten beliebiger Art (s.o.) gemischt werden.

- Bei entsprechender Hardwareunterstützung können selbst Bewegungsläufe wie in einem Film dargestellt werden.

Immer mehr Hardwareexperten, auf denen UNIX implementiert ist, unterstützen derartige Rasterbildschirme. Auch dies ist mit ein Grund dafür, daß UNIX im CAD-Bereich immer mehr Fuß gefaßt hat. Was sind nun die Anforderungen an einen grafischen Bildschirm? Was versteht man unter "hochauflösenden Bildschirmen"?

Ein Computer sollte nach Möglichkeit dem Benutzer angepaßt werden und nicht umgekehrt der Benutzer dem Computer. Nur so kann man die Akzeptanzprobleme, die beim Einsatz der EDV sowieso schon vorhanden sind, zu mildern versuchen. Daher kommt es auch, daß verschiedene Arten von Rasterbildschirmen am Markt sind. Jemand, der ihn nur zur reinen Textverarbeitung verwenden will, wird wahrscheinlich schon mit einem gering auflösenden DIN-A4-Schirm zufrieden sein. Der technische Zeichner hingegen, der bisher immer am DIN-A0-Zeichenbrett gearbeitet hatte, wird selbst mit einem hochauflösenden DIN-A3-Schirm unzufrieden sein. Der Grafiker oder der VLSI-Designer wird möglicherweise sogar noch auf Farbe bestehen. Entsprechend kann man folgende Parameter unterscheiden:

- Größe des Bildschirms
- Feinheit des Rasters (Auflösung)
- Monochrome oder farbige Darstellung
- Bildwiederholungsfrequenz
- Positiv- oder Negativdarstellung

Es gibt heute Systeme mit sowohl hochkant stehenden DIN-A4-Bildschirmen, die z.T. auch gekippt werden können, als auch querliegenden DIN-A3-Schirmen. Die Auflösung beträgt zwischen 70 und 100 Punkten - man spricht hierbei auch von Pixeln - pro Zoll (2,54 cm). Hieraus ergibt sich eine Auflösung von ca. 800 x 1000 Bildschirmpunkten für den DIN-A4-Schirm. Viele Hersteller nutzen dieselbe Auflösung auch für den DIN-A3-Schirm, obwohl es durchaus bessere Lösungen gibt, wie z.B. mit ca.1300 x 1000 Bildpunkten.

Der Mensch kennt aus seiner normalen Umgebung her, daß man auf weißem Papier mit einander kommmuniziert. Der an den Computer neu herangeführte Benutzer erwartet dies daher selbstverständlich auch von seinem neuen Werkzeug. Bis vor einigen Jahren mußte er aber erstaunt feststellen, daß man in der EDV hellgrün auf dunkelgrün schreibt, d.h. im sogenannten Negativmodus arbeitet. Der Grund lag einmal in der geringen Auflösung der Bildschirme und zum anderen in der geringen Bildwiederholfrequenz. Hier sind bei reinen alphanumerischen Schirmen 30 Hz interlaced durchaus üblich. Die Negativdarstellung muß hierfür gewählt werden, weil bei der Positivdarstellung durch das dann auftretende Flimmern ein Arbeiten kaum möglich wäre. Erst bei großer Auflösung und hoher Bildschirmwiederholfrequenz von 60 Hz non interlaced erreicht man auch im Positivmodus eine flimmerfreie Darstellung.

Aber auch hier sind durch noch höhere Frequenzen Verbesserungen durchaus denkbar.

Wie sieht es mit der Farbfähigkeit aus? Ich habe oben schon einige Gebiete genannt, auf denen Farbe durchaus wünschenswert wäre. Es führt aber kein Weg daran vorbei, daß jede zusätzliche Ausstattung, also auch Farbe, ihren Preis hat. Schon aus diesem Grund wird der Wunsch nach einem hochauflösenden grafischen Farbbildschirm oftmals verstummen, wenn eine Kosten/Nutzenanalyse durchgeführt wird. Hinzu kommt, daß im CAD-Bereich, also im Bereich der Zeichnungserstellungen, als Endergebnis sowieso "nur" eine pausfähige Zeichnung herauskommen muß, also eine Schwarz/Weiß-Zeichnung gewünscht wird. Daher werden im CAD-Bereich vorwiegend monochrome Bildschirme eingesetzt, Farbbildschirme sind für Spezialanwendungen reserviert.

Die reine hardware-mäßige Unterstützung derartiger Bildschirme wird heute schon durch viele UNIX-Systeme gewährleistet. Entsprechend der UNIX-Philosophie wurde bei der software-mäßigen Implementierung natürlich in erster Linie an die Benutzung des Schirms für alphanumerische Ein/Ausgabe gedacht. Bei dieser Verwendung treten bei Benutzung eines Standardzeichensatzes auch keine Probleme auf. Wichtig aber, besonders im CAD-Bereich, ist auch die volle Unterstützung der Grafik. Hier gibt es doch erhebliche Unterschiede zwischen den einzelnen Systemen. Nehmen wir die ober erwähnten 800x1000 Bildpunkte in Schwarz/Weiß an, die 60 mal pro Sekunde auf den Bildschirm gebracht werden müssen. Für die Darstellung eines vollen Schirmes müssen ca. 100 kB übertragen werden, d.h. ca. 50 Mbit/s. Dies erfordert eine sehr hohe Zugriffsgeschwindigkeit zum Speicher, insbesondere da ja der Ausgabeprozess auf den Bildschirm nicht den Zugriff z.B. des Prozessors auf den Speicher behindern soll. Beim DIN-A3-Bildschirm mit entsprechender Auflösung benötigt man dann schon eine Bandbreite von 75 bis 100 Mbit/s. um akzeptable Antwortzeiten auch beim Aufbau von Grafiken zu erhalten, sollte die Zugriffsgeschwindigkeit zum Speicher bei ca. 200 Mbits/s liegen.

Neben diesen Anforderungen ist auch die hardware- oder firmwareseitige Unterstützung der Grafik von großer Bedeutung. Wird eine Gerade nur punktweise durch die Software berechnet, so kann eine genügend schnelle Darstellung nur bei einer entspreched schnellen CPU erreicht werden. Abgesehen von der dadurch enormen Belastung des Prozessors, der in dieser Zeit nicht für andere Aufgaben zur Verfügung steht, ist die Ausführung von Geradenzeichnen durch Hardware oder Firmware auch im Hinblick der Abbildungsgeschwindigkeit komplexerer Zeichnungen vorzuziehen.

Neben dieser besonders für den CAD-Bereich wichtigen Hardware-Ausstattung gibt es einen weiteren Befehl, der in mehreren Systemen vorhanden ist. Dieser sogenannte "RasterOp"-Befehl kann zwei Bitmatrizen miteinander logisch

verknüpfen, d.h. durch logisch "und" , "oder" bzw. "exklusives oder", aber auch die
eine Bitmatrix in die andere umspeichern. Wird der RasterOp-Befehl durch durch
die Hardware durchgeführt, so kann damit eine gesamte Bildschirmseite in
weniger als einem Bildwiederholungszyklus geändert werden. Für den RasterOp-
Befehl ist es irrelevant, ob die Bitmatrizen den Speicherbereich ansprechen, der
den Bildschirm anspricht, oder einen anderen Speicherbereich. Dies ermöglicht
auch das schnelle Umspeichern von größeren Datenmengen innerhalb des
Speichers.

Die Manipulation von Bitmatrizen durch Hardware oder Software ist eine wesentliche Eigenschaft von hochauflösenden Bildschirmen. Erst sie ermöglicht die schon
weiter oben erwähnte Window-Technik. Auch wird hierüber die Darstellung verschiedener Zeichensätze abgewickelt. Wichtig für die Benutzerfreundlichkeit ist
die Verwendung von auf dem Bildschirm liegenden Menüs, die man sich als Gruppe von Fenstern (Windows) vorstellen kann. Die Bedienung der Systemfunktion
wird hierdurch wesentlich erleichert, Fehlerquellen stark reduziert.

5 Multilayer-Grafik

Im vorherigen Kapitel führte ich aus, in welcher Form CAD-Systeme auf hochauflösende Bildschirme zugreifen und wie sie von diesen unterstützt werden. Neben
den schon dort erwähnten Anforderungen allgemeiner Art ergeben sich schon aus
der Projektabwicklung besondere Wünsche.

Wie wird denn der Ablauf in einem Zeichenbüro untergliedert? Der Oberbegriff,
unter dem zuerst gesucht wird, dürfte wohl immer die Projektnummer bzw. der
Projektname sein. Das Projekt wiederum besteht aus mehreren Blättern, die unterschiedliche Maßstäbe und Größen haben können. Innerhalb eines Blattes unterscheiden wir verschiedene Einzelzeichnungen, die aus Gruppen von Grundele-
menten bestehen.

Genauso wird auch im CAD-Bereich gegliedert. Auch hier haben wir auf oberster
Stufe das Projekt oder die (Gesamt-) Zeichnung, die aus einem oder mehreren Blättern besteht. Ein Blatt wiederum, und das ist neu beim CAD, besteht aus mehreren sogenannten Schichten. Diese lassen sich am einfachsten als Transparentbö-
gen vorstellen, die übereinander gelegt beim Durchblicken das jeweilige Blatt ergeben. Jede Schicht kann dann Zeichnungsteile, die sogenannten Objekte enthalten. Objekte sind benannte Zusammenfassungen von Standardelementen und/oder
anderen Objekten. Standardelemente können z.B. Punkte, Geraden, Kreise, Kurven oder Profile sein.

Objekte und Gruppen von Elementen lassen sich auf einem Blatt z.B. verschieben,
kopieren, vergrößern oder verkleinern, drehen oder spiegeln. Sie stellen ein we-

sentliches Element der Zeichnungsbearbeitung mittels CAD-Systemen dar, da
hierdurch redundante Arbeitunen weitgehend vermieden werden können. Dies ermöglicht eine erheblich schnellere und genauere Zeichnungserstellung.

Die einzelnen Schichten eines Blattes können je nach Wunsch auf dem Bildschirm
angezeigt werden odernicht. Diese Schichten lassen sich zur Trennung verschiedener Ebenen eines Bauteils, zur Zuordnung zu den Schreibköpfen der Zeichengeräte
in verschiedenen Farben und Strichstärken oder zu anderen, vom Zeichner benö-
tigten Zwecken verwenden. Durch das An- und Ausschalten der Schichten, was am
ehesten mit dem Auflegen eines Transparentbogens und seinem Wegnehmen ver-
gleichbar ist, können auf bestimmte Schichten Zeichnungsteile gelegt werden, die
später bei der Ausgabe nicht erscheinen sollen. So wird im allgemeinen eine
Schicht für Konstruktionslinien reserviert, die dann beim Ausplotten abgeschaltet
wird. Der Zeichnungskopf und die Umrandung wird auf eine andere Schicht gelegt, die während des Zeichenvorgangs abgeschaltet und erst beim Plotten ange-
schaltet wird. Da dadurch bei einem Auffrischen der Zeichnung weniger Elemente
dargestellt werden müssen, erhält man kürzere Antwortzeiten. Das gleiche gilt für
die Bemaßung, die während des Zeichnens auch meist nicht benutzt wird. Aus
gleichem Grund wird eine Schicht für die Schraffur, eine weitere für die Stückliste
reserviert.

6   Rechnerkommunikation und Schnittstellen

UNIX ist von vornherein als System konzipiert worden, daß den Dialog mit anderen Benutzern sucht und für die Eingabe von und Ausgabe auf verschiedene
Geräte offen ist. So ist auch die Kommunikation mit Hintergrundrechnern, die
Kopplung an Fremdsysteme und die Verwirklichung von Dialogschnittstellen weniger eine Frage an UNIX als an die entsprechende Implementierung auf einer bestimmten Hardware.

Unabhängig davon stellt sich natürlich für jedes Anwendungsgebiet die Frage
nach der Notwendigkeit. Im reinen CAD-Bereich, so wie er in der Einleitung definiert wurde, wird man im Wesentlichen Wert darauf legen, die erzeugten Zeichnungen auch auf einem entsprechenden Ausgabegerät zu reproduzieren, d.h. als
Schnittstelle ist hier nur eine Ausgabeschnittstelle auf einen Plotter gesucht. Sobald man aber die CAD-Randgebiete, wie CAM und CAP, mit in die Betrachtung
einbezieht, wird der Dialog mit anderen Rechnern und der Zugriff zu weiterer
Peripherie wieder bedeutsam.

6.1 Kommunikation mit Hintergrundrechnern

CAD-Systeme, die unter UNIX implementiert sind, erfordern auf Grund ihrer
Komplexität i.a. einen leistungsstarken Rechner. Dies gilt sowohl für die Systeme

auf Universalrechnern, als auch auf grafischen Arbeitsplatzrechnern. Insbesondere bei der räumlichen, der sogenannten 3-D-Darstellung, wird man einen eigenen schnellen Rechner zur Verfügung haben. Daher kann man in vielen Fällen auf den Zugriff zu Hintergrundrechnern verzichten.

Wird dies trotzdem gewünscht, so ist es i.a. leicht zu realisieren. Dies kann z.B. dann der Fall sein, wenn man mit größeren, rechenintensiveren Arbeiten nicht den eigenen Rechner belasten will und dies daher auf einen Hintergrundrechner überträgt. Dadurch werden die Antwortzeiten am lokalen System nicht beeinflußt. Auch wird man auf einen Hintergrundrechner zurückgreifen, wenn dieser Ausstattungen besitzt, auf die man am lokalen Rechner nicht zugreifen kann.

Hardware-mäßig ist ein Anschluß i.a. kein Problem. Eine RS232-Schnittstelle dürfte heutzutage wohl an jedem Rechner vorhanden sein. Und gerade die RS232-Schnittstelle wird von UNIX, wenn auch meistens nur asynchron, hervorragend unterstützt. Ich werde hierauf noch einmal später zurückkommen.

Andererseits werden auf immer mehr Systemen offene lokale Netzwerke angeboten. Auch für diese hardwaremäßig vorhandene Ausstattung en gibt es inzwischen sehr interessante Software-Implementierungen unter UNIX. Hierdurch werden Vernetzungen ermöglicht, die dem Benutzer den Zugriff auf andere Maschinen ermöglicht, so als ob er auf sein eigenes System zugreift.

6.2 Dialogschnittstellen

Spricht man von Dialogschnittstellen, so muß man erst einmal feststellen, welchen Dialog man meint: den Dialog zwischen Mensch und Maschine oder den Dialog zwischen Maschinen untereinander.

Im ersten Fall benutzt man sehr gerne das Schlagwort der Software-Ergonomie.Ich bin weiter oben schon auf diesen Punkt eingegangen, als ich über die Fenstertechnik und die Steuerung von Systemabläufen über Menütechnik berichtete. Auch muß in diesem Zusammenhang die Cursorsteuerung über eine Maus oder einen Puck erwähnt werden. Im Folgenden werde ich mich aber auf den Dialog von Maschinen untereinander beschränken.

Wo braucht man überhaupt Dialogschnittstellen? Hat man nicht seinen grafischen Bildschirm zur Verfügung und kann dort alles machen, was man wünscht? Dies wäre sicherlich richtig, wenn man seine Arbeitsergebnisse nur selbst benötigt und sie nicht noch in die Ergebnisse anderer mit einfliessen lassen muß, oder wenn es nicht außerhalb seiner eigenen CAD/UNIX-Welt noch andere Systeme und Geräte mit anderen gewünschten Eigenschaften gäbe.

So geht es zum einen darum, die im CAD-System erzeugten Zeichnungen auf Papier auszugeben. Als Ausgabegerät stehen dabei zur Verfügung:

- Plotter
  Diese auf Vektorbasis arbeitenden Geräte gibt es in verschiedenen Größen (DIN A4 bis DIN A0 und größer) mit verschiedenen Zeichengeschwindigkeiten (ab ca. 1cm/s bis hin zu mehreren Metern pro Sekunde) und verschiedenen Auflösungen. Die gängigsten Plotter sind Flachbett- und Trommelplotter. Der Preis richtet sich nach Größe, Geschwindigkeit und Auflösung und beträgt für einen innerhalb eines CAD-Systems zu nutzenden Plotter mindestens DM 20.000,--.

- Drucker
  Hier kann man zwischen grafikfähigen und alphanumerischen Druckern unterscheiden. Bei den Grafikfähigen gibt es Nadeldrucker und Tintenstrahldrucker. Jeder Benutzer muß letztendlich selbst entscheiden, welche Art für seine Anwendung in Frage kommt. Oftmals ist es jedoch sehr nützlich, über eine grafikfähigen Drucker eine Hardkopie des Bildschirms oder Teile desselben vornehmen zu können, ohne erst auf einen Plotter zugreifen zu müssen.

- Elektrostatische Drucker/Plotter
  Die Elektrostaten stellen einen Kompromiß zwischen Druckern und Plottern dar. Auf ihnen kann man sowohl sehr schnell Texte mit einer Geschwindigkeit von 100 Zeilen pro Minute ausgeben, als auch Vektorgrafiken. Für die letztere Anwendung stellen die Hersteller spezielle Software zur Verfügung, die die vom CAD-System erzeugte Vektorgrafik wieder in Pixel-Grafik für den elektrostatischen Drucker/Plotter umwandelt.

- Laserdrucker
  Auch sie nehmen eine Sonderstellung ein, da sie sowohl Texte als auch Grafiken ausgeben können. Sie werden als DIN-A4-Drucker (10 bis 20 Seiten pro Minute) vorwiegend zur gemischten Text- und Grafikverarbeitung eingesetzt, nicht jedoch zur Ausgabe von Vektorgrafiken.

Obwohl es sich bei den Druckern und Plotter um reine Ausgabegeräte handelt, findet auf der Hardware- und Betriebssystemebene doch ein Dialog mit der Maschine statt, nämlich zumindest dann, wenn der lokale Puffer des Druckers/Plotters voll ist und der Rechner aufgefordert wird, keine weiteren Daten zu senden. Das gleiche gilt auch für Eingabegeräte.

Wie kann man überhaupt Zeichnungen in ein CAD-System eingeben? Die klassische Methode, die Methode, wofür CAD-Systeme konzipiert worden sind, ist natürlich die Eingabe von Hand. Unter Benutzung des Cursors und der Tastatur werden die einzelnen Elemente der Zeichnung definiert. Man kann hierzu Strekken, Kreise und andere Elemente durch numerische Eingabe der relevanten Daten, wie Position auf dem Bildschirm, Länge, Anfangspunkt, Endpunkt, Radius usw. genauestens dem CAD-System übergeben. Die andere Möglichkeit besteht darin, die Position und Abmessungen neuer Elemente unter Benutzung vorhandener Elemente durch entsprechende Cursorpositionierung anzugeben.

Diese manuelle Methode erfordert eine völlige Neuaufnahme aller innerhalb des CAD-Systems zu archivierenden Zeichnungen. Der hiermit verbundene Aufwand ist enorm und wird daher nur selten zu realisieren sein, d.h. man wird nur solche Zeichnungen übernehmen, die man auch in Zukunft öfter ändern will. Soll eine größere Anzahl von Zeichnungen im System gespeichert werden, so muß man auf elektronische Hilfsmittel zurückgreifen. Ein Digitalisierungstablett erfordert zwar immer noch einen manuellen Eingriff, reduziert aber schon den Aufwand bei entsprechender Software. Hier sollte man aber daran denken, daß Zeichnungen auf Papier nach einer gewissen Lagerzeit nicht mehr maßstabsgetreu sind und daher auch keine exakten Resultate liefern können. Dies gilt auch für die Eingabe über Scanner und entsprechende Software. Hier kommt noch hinzu, daß derartige Programme sehr komplizierte Algorithmen benötigen, um festzustellen, welche Pixel zu welchen Zeichnungselementen gehören. Diese letzte Methode scheidet für die Mehrzahl der CAD-Benutzer auch aus Kostengründen aus.

Eine weitere Notwendigkeit für die Nutzung von Dialogschnittstellen ist dann gegeben, wenn teuere Peripherie von mehreren Benutzern innerhalb eines lokalen Netzes gemeinsam genutzt wird. Dies können die schon oben erwähnten Drucker und Plotter sein, aber auch gemeinsame Datenbanken und Datenspeicher. Bei der reinen Arbeitsperpherie bietet sich die Nutzung der Spooling-Möglichkeit unter UNIX an. Über spezielle Druck- und Plot-Server, die über Shell-Kommandos schnell geschrieben werden können, werden die gewünschten Dateien dem jeweiligen Spooler übergeben. Dieser bearbeitet sie dann ohne weiteren manuellen Eingriff.

Welche Hardware-Schnittstellen stehen auf UNIX-Rechnern zur Verwirklichung obiger Anschlüsse zur Verfügung? In erster Linie dürfte hierbei die RS232-Schnittstelle zu nennen sein, die im asynchronen Modus von vornherein von UNIX unterstützt wird. Asynchron werden hierüber z.B. Drucker, Plotter und Digitizer angeschlossen. Für diese Geräte reicht eine Übertragungsgeschwindigkeit von 19.200 Baud durchaus aus. Für schnellere Übertragungen in Abhängigkeit der Entfernung von bis zu 1 MByte/s steht dann als weitverbreitete Parallelschnittstelle der GPIB entsprechend IEEE 788 Norm oder eine ähnliche Schnittstelle zur Verfügung. Hierüber können Geräte angeschlossen werden, die eine schnelle Ein- oder Ausgabe erfordern, wie z.B. elektrostatische Drucker/Plotter, sofern sie im Plot-Modus verwendet werden, und Scanner. Noch schnellerer Dialog (bis zu 10 MByte/s) werden über lokale Netze erreicht. Hier hat sich durch die Festlegung

von inzwischen über 40 EDV-Herstellern und Zulieferern die auf Ethernet basie-
rende ECMA 72 Norm als Standard durchgesetzt, obwohl der Marktführer sich
noch nicht zu irgendeiner Festlegung durchringen konnte. Man kann dadurch
heute wirklich von einem offenen lokalen Netzwerk (OSLAN = Open System Local
Area Network) sprechen. Die ersten Laserdrucker befinden sich auf dem Markt,
die diese Schnittstelle anbieten. Der schnellste Zugriff, der auf den Speicher oder
auf externe Speichermedien überhaupt möglich ist, wird durch den Direct Memory
Access (DMA) verwirklicht. Der Anschluß irgendwelcher Geräte kann aber wegen
der fehlenden Normung nur in Zusammenarbeit mit dem jeweiligen Hardwarehersteller erfolgen.

6.3 Kopplung mit Fremdsystemen

Der Austausch von Daten zwischen zwei Benutzern auf zwei unterschiedlichen
Anlagen wird heute im Zuge der Dezentralisierung immer stärker gefordert. Im
CAD-Bereich sollte es sogar eine Selbstverständlichkeit sein, Zeichnugen über eine direkte Kopplung an andere Rechner zu übertragen. UNIX hat dies schon ziemlich früh vorgesehen. hierfür stehen

- cu   Call-Up einen zweiten UNIX-Rechner
- uucp   (UNIX to UNIX copy)
              File-Transfer zwischen UNIX-Rechnern
zur Verfügung.

Mit cu kann ein zweiter Rechner aufgerufen werden, in den man sich normal einloggen kann. Anschließend läßt sich durch den nun eingeschalteten Transfer-
Modus das eigene UNIX-System wie ein Terminal des zweiten UNIX-Rechners benutzen. Sebst eine Dateiübertragung ist möglich.

Wesentlich komplexer in den Funktionen ist das aus mehreren Einzelprogrammen
bestehende uucp-Paket. Hiermit ist es möglich, eine andere UNIX-Maschine automatisch anzurufen (in Deutschland aufgrund des Postmonopols nur beschränkt
automatisch), und dort Programme ausführen zu lassen bzw. Dateien zwischen
beiden Maschinen auszutauschen. Hardwaremäßig ist die Verbindung über die
schon oben erwähnte RS232-Schnittstelle realisiert. Software-seitig erwartet das
aufrufende uucp-Programm (Master), daß in der aufgerufenen Maschine ein entsprechendes Programm (slave) schon abläuft. Im Allgemeinen wird der Slave beim
morgendlichen Initialisieren automatisch mitgeladen, so daß sich der Benutzer
nicht darum kümmern muß. Der wesentliche Vorteil von uucp liegt neben seiner
einfachen hardwaremäßigen Realisierung darin, daß fast alle UNIX-Systeme unabhängig von der benutzten Hardware es unterstützen. Nachteilig, wie bei allen
auf RS232 basierenden Anschlüssen, ist die verhältnismäßig geringe Übertragungsgeschwindigkeit.

Dies trifft auch für ein anderes, weitverbreitetes Protokoll zu, die Dateiübertragung über eine 2780/3780 Emulation. Über diese Prozedur können Daten und Dateien mit einem abgesetzten IBM-Rechner oder anderen Rechnern, die dieses Protokoll unterstützen, ausgetauscht werden. 2780/3780 ist aber keine Standardmöglichkeit von UNIX und steht daher nicht auf allen UNIX-Systemen zur Verfügung. Es erfordert auch im Gegensatz zu den normalerweise von UNIX unterstützten Übertragungsarten eine synchrone Datenübertragung. Ist es aber auf dem in Frage kommenden UNIX-System implementiert, so steht einem hiermit i.a. die große blaue Welt offen.

Wesentlich eleganter und schneller ist natürlich die Rechnerkopplung über ein lokales Netz. Wie schon oben erwähnt, gibt es inzwischen hierfür durch die ECMA 72 Norm eine Standardisierung. Auch softwareseitig gibt es Entwicklungen, die selbst die Kopplung von Rechnern unterschiedlicher Hersteller ermöglichen. Beispielhaft hierfür möchte ich die Newcastle Connection nennen, die auf VAX, PCS und ICL PERQ implementiert und lauffähig ist. Die Newcastle Connection erweitert das UNIX-Filesystem derart, daß der Benutzer auf andere Rechner so zugreifen kann, als ob er auf das Filesystem seines eigenen Rechners zugreift. Hierdurch hat man nicht nur die Möglichkeit, Dateien von einem System auf das andere zu übertragen, oder auf Dateien anderer Rechner zuzugreifen, sondern man kann auch sein gesamtes System auf die verschiedenen Rechner verteilen. Der UNIX-Benutzer arbeitet mit seinen gewohnten Werkzeugen in seiner gewohnten Umgebung weiter; jedoch hat sich sein Umfeld wesentlich erweitert. Die große Akzeptanz und schnelle Implementierung der Newcastle Connection auf den verschiedensten Rechnern läßt auf eine große und schnelle Verbreitung hoffen.

7   Anwendersoftware-Pakete

"Es gibt heute kaum ein ernst zu nehmendes CAD-System, das nicht auf UNIX implementiert ist!" habe ich am Anfang meines Referates gesagt. Deshalb fällt es auch schwer, Ihnen in diesem Rahmen eine umfassenden Überblick zu geben. Andererseits würde ich sicherlich bei einer Würdigung selbst einiger Pakete den Rahmen der Neutralität verlassen und pro domo sprechen. Ich möchte deshalb im Folgenden eine Hilfestellung bei der Wahl des richtigen Systems geben, weise aber in diesem Zusammenhang auch auf die sehr ausführliche Literatur hin.

CAD-Systeme werden gerne wie folgt unterteilt:

- 2 D   Dies sind die Systeme, die am ehesten noch mit dem Zeichenbrett verglichen werden können. So wie dort wird in der Ebene entworfen. Schnitte und Ansichten müssen wie auf dem Zeichenbrett mit Hilfe von Hilfslinien völlig neu gezeichnet werden.

- **2,5 D**   Hierbei wird zu der Grundfläche noch die Höhe mithinzugenom-
              men oder aber auch rotationssymmetrische Körper dargestellt.
              Dadurch können Schnitte und Ansichten wesentlich einfacher
              entworfen werden.

- **3 D**   Volle 3 D-Systeme verarbeiten dreidimensionale Geometrien.
              Man unterscheidet hierbei zwischen Drahtmodellen (die Geomet-
              rie wird aufgrund der Kanten bestimmt), Flächenmodellen (die
              Geometrie wird durch die Oberflächen definiert) und Volumenmo-
              dellen, die sich aus verschiedenen Körpern zusammensetzten.

Es ist selbstverständlich, daß 3D-Systeme die meisten Möglichkeiten bieten, aber
auch den höchsten Preis haben. Deshalb muß ein CAD-Neuanwender genau untersuchen, was er überhaupt erreichen will. Soll lediglich die Arbeit am Zeichenbrett
vereinfacht und durch ein CAD-System ersetzt werden, so reicht ein 2D-System
völlig aus. Dies dürfte bei der Mehrzahl der Firmen, die heute neu CAD einsetzen
wollen, der Fall sein. Andererseits sollten Sie aber auch darauf achten, daß Sie
sich mit der Wahl eines 2D-Systems nicht die 3D-Zukunft verschließen. Hier sollte
der Hersteller Ihrer Wahl Ihnen zumindestens Zukunftsperspektiven aufzeigen,
d.h. Softwarepakete anbieten, die die Übernahme der 2 D-Zeichnungen in das 3D-
System ermöglichen.

Aber auch schon beim einfachen 2D-Zeichnungssystem sollte man auf einige Eigenschaften achten. Die Grundelemente wie Gerade, Punkt und Kreis sind eigentlich selbstverständlich. Auch die Manipulation derselben und der von zusammengesetzten Elementen ist wohl in jedem CAD-System enthalten. Unter Manipulation wird hierbei das Kopieren, Verschieben, Spiegeln, Drehen, Wiederholen usw.
verstanden. Darüberhinaus können Sie Zeichnungen oder Teile derselben verkleinern und vergrößern, sich Details der Zeichnung vergrößert betrachten und diese
verändern. Beim Entwurf der Zeichnung und beim Konstruieren am CAD-System
haben Sie schon alle Maße dem System übergeben, so daß am Schluß alle Teile automatisch bemaßt werden können. Sie müssen nur noch angeben, welche Teile Sie
bemaßen wollen und wo die Maßkette gezeichnet werden soll.

Achten Sie aber auch darauf, wie das System bedient werden kann. Eine Auswahl
der Systemfunktionen über eine Menübank, die möglicherweise sogar noch nach
eigenen Wünschen selbst gestaltet werden kann, ist sicherlich der Eingabe über
Tastatur vorzuziehen. Gut ist es, wenn das System beides gleichberechtigt nebeneinander zuläßt. Die Menübank sollte auch auf dem Bildschirm sichtbar sein und
nicht nur auf einem nebem dem Schirm stehenden Tablett. Dadurch braucht der
Benutzer sich nicht zwischen verschiedenen Medien umzustellen.

Für oft verwendete Symbole oder Zeichnungsdetails, die sich nur in einigen Maßen
unterscheiden, sollte die Möglichkeit der eigenen Makroprogrammierung gegeben

sein. Dadurch sind Variantenkonstruktionen noch leichter als mit dem übrigen CAD-System möglich, da Sie nur noch die Maße der Unterschiede einzugeben brauchen. Ein weiterer Vorteil besteht, wenn die für die Makroprogrammierung verwendete Sprache möglichst vielseitig ist und auch komplizierte Rechnungen zuläßt. Damit können fehlerhafte Daten sofort erkannt und abgewiesen werden, oder aber auch z.B. Flächen berechnet und in die Zeichnung integriert werden.

Können vom CAD-System automatisch Stücklisten erstellt und auf der Zeichnung dargestellt werden? Dann sollte aber auch die Schnittstelle zu CAM-Programmen, wie der Fertigungssteuerung, gegeben sein. Aber auch die Datenübergabe zu anderen Programmen sollte ermöglicht werden, wenn sie nicht schon realisiert ist. Insbesondere ist hierbei die Übergabe an die NC-Steuerung zu beachten. Dies ist eine wesentliche Voraussetzung für die Einführung von

- CIM   Computer integrated Manufacturing oder Rechnerintegrierte Fertigung.

die Zuhilfenahme des Computers bei allen Stufen der Fertigung ermöglicht und die Übergabe der Ergebnisse von einer Stufe zur anderen sicherstellt.

Beim Entwurf und bei der Konstruktion wird aber nicht nur gezeichnet. Bei komplexen Gebilden wird die Methode der finiten Elemente (FEM) oftmals angewandt. Bei dieser Methode wird z.B. ein Tragwerk in eine endliche Anzahl von endlichen (finiten) Elementen zerlegt. Mathematisch gesehen konvertiert das Berechnungsergebnis gegen das exakte Ergebnis, wenn die Elemente unendlich klein gewählt werden würden. Der bei einer endlichen Unterteilung erhaltenen Fehler muß einerseits möglichst gering gehalten werden, andererseits darf der Berechnungsaufwand nur so groß werden, daß weitere Genauigkeitsverbesserungen unterhalb der gewünschten oder vorgegebenen Toleranzgrenze liegen. Für eine sinnvolle Anwendung der FEM ist es erforderlich, die Geometrie und Unterteilung in finite Elemente sichtbar zu machen. Andererseits wird doppelte Erfassungsarbeit gespart, wenn das CAD-Paket direkt die vorgegebene Geometrie an das FEM-Programm übergeben kann. Deshalb sind Schnittstellen zwischen CAD und FEM wichtig.

Für die Verwaltung der mit Hilfe des CAD-Systems erstellten Zeichnungen sollte ein entsprechendes Verwaltungsprogramm zur Verfügung stehen. Im einfachsten Fall wird dies ein einfaches Programm sein, das nur die Titel der Zeichnungen verwaltet und auf Wunsch selektiert oder als Liste ausgibt. Besser ist es, wenn weitere Zeichnungsdaten, wie Erstellungsdatum, Zeichner, Projektnummer, Änderungsnummer und -Beschreibung, Stückliste, Angaben über die erfaßten Detailzeichnungen usw. mit verwaltet wird. Für größere Zeichenbüros wird sich dann bald die Notwendikeit ergeben, weitere Daten aus dem CAM-Bereich zu halten und durch ein komplettes Datenbanksystem zu verwalten (s.a. 3).

Sie sehen, daß man beim Schritt in den CAD-Bereich gleichzeitig auch das gesamte jetzige und zukünftige Umfeld mit betrachten sollte. Sonst kann es leicht passieren, daß man sich mit der Entscheidung für ein bestimmtes CAD-System den Weg in weitere Arbeitserleichterungen mittels Computer verstellt. Selbstverständlich haben die UNIX-Benutzer mit den vorhandenen Hilfsmitteln viele Möglichkeiten, in einigen Fällen durch eigene Shell-Programme die gewünschten Schnittstellen selbst zu erzeugen. aber es bleiben immer noch genügend Anwendungen, bei denen es nicht möglich ist. Deshalb ist ein in eine CIM-Umgebung eingebettetes CAD-System die bessere Alternative. Auch hier gilt, daß eine voll integrierte Software einzelnen Insellösungen vorzuziehen ist.

8   Zusammenfassung

Mit dem immer stärkeren Vordringen von UNIX auch in kommerzielle Märkte konnte es auch nicht ausbleiben, daß CAD-Software auf UNIX implementiert wurde. Inzwischen hat sich UNIX im CAD-Bereich einen festen Platz erobert. Sicherlich hat dazu auch die enorme Leistungsfähigkeit von UNIX beigetragen, die es erlaubt, für jeden Benutzer seine eigene Benutzerumgebung zu schaffen. Dadurch wird die Akzeptanz des neuen "Kollegen Computer" wesentlich erhöht.

Überhaupt liegt hierin das größte Problem bei der Einführung eines CAD-Systems. Denn wer soll in erster Linie das System benutzen? Dies ist kein EDV-Fachmann, sondern der Techniker oder Zeichner, der bisher an einem Zeichenbrett (DIN A0 oder sogar noch größer) gearbeitet hat. Hier treten schon die ersten Vorbehalte auf, wenn er sieht, daß er in Zukunft nur noch eine kleine Zeichenfläche und dann noch auf dem Bildschirm zur Verfügung hat.

Hinzu kommt, daß diese Leute nicht unbedingt der EDV-Einführung positiv gegenüber stehen. Dies ist auch kein Wunder, wenn man bedenkt, daß dieser Benutzerkreis in der Vergangenheit oftmals bewußt von der EDV-Anlage ferngehalten wurde, da diese für die wichtigsten kaufmännischen Probleme dringend benötigt wurde. Sie erwarten daher, daß ein CAD-System keine oder keine große Änderung in ihrer Arbeitsweise mit sich bringt. Das heißt, die Software muß im wesentlichen so arbeiten, wie sie es gewöhnt sind.

Umgewöhnungen an die Maschine müssen auf ein Minimun reduziert werden. Dazu gehört natürlich eine hohe Bedienerfreundlichkeit, wie sie z.B. durch Menüsteuerung gegeben ist. Dem Benutzer muß die Möglichkeit gegeben werden, langsam an das System heran geführt zu werden. Das Programm muß daher den ungeübten Benutzer durch eine derartige Bedienerführung unnötig gängeln.

Es sollte heute selbstverständlich sein, daß in Deutschland vertriebene CAD-Systeme auch deutsche Bedieneraufrufe unterstützen. Dies gilt auch für die Bedienungshandbücher des CAD-Systems, die für die Hand des Zeichners bestimmt sind, die nicht im Umgang mit EDV-Englisch geübt sind.

Wichtig bei der Einführung von CAD-Systemen ist es, den neu auszubildenden Benutzern schnelle Erfolgserlebnisse zu ermöglichen. Eine Ausbildung muß daher möglichst praxisnah ablaufen, am besten an Hand einer aktuellen Zeichnung des Unternehmens. So lernt der neue Benutzer am Einfachsten, das CAD-System sinnvoll für seine Probleme einzusetzen und innerhalb kurzer Zeit eigene Zeichnungen, wenn auch anfangs vielleicht komplizierter als notwendig, zu erstellen.

Wenn Sie in Ihrem Hause sich mit der Einführung von CAD beschäftigen, werden Sie bei den praktischen Vorführungen der Hersteller schnell feststellen, daß das Zeichnen über CAD schneller und präziser vonstatten geht als von Hand. Dieses ist aber sicherlich nur ein Gesichtspunkt. Wichtig für Ihren kaufmännischen Leiter ist es aber auch, daß Ihre Kosten/Nutzen-Analyse stimmt. Das fällt Ihnen sicherlich heute wesentlich leichter als noch vor wenigen Jahren, erhält man doch schon komplette CAD-Systeme, d.h. inklusive Hardware, Betriebssytem, CAD-Software und Plotter für weit unter DM 200.000,--.

Durch den Einsatz von CAD-Systemen mit Ausblick auf CIM können Sie die Kreativität Ihrer Mitarbeiter besser nutzen und die Flexibilität Ihres Unternehmens steigern. Dies braucht nicht zu einer Reduzierung des Anteils menschlicher Arbeit am Produktionsprozeß zu führen, sondern schafft die Chance der optimalen Kombination von Mensch und Maschinensystem zum Nutzen des Menschen und des Betriebes gleichermaßen.

J. Gulbins

UNIX

Eine Einführung in UNIX, seine Begriffe und seine Kommandos

1984. IX, 414 Seiten. (Springer Compass)
Gebunden DM 59,–. ISBN 3-540-13242-2

Inhaltsübersicht: Einleitung. – Die Entwicklung von UNIX. – Erste Schritte in UNIX. – Konzepte und Begriffe des UNIX-Systems. – Die Kommandos des UNIX–Systems. – Editoren. – Die Shell als Kommandointerpretierer. – Programmentwicklung unter UNIX. – Textverarbeitung unter UNIX. – Systemanschlüsse und C-Bibliotheksfunktionen. – Systemverwaltung und Systempflege. – Übersichten und Tabellen. – Literaturverzeichnis. – Sachregister.

Diese Einführung in das Betriebssystem UNIX macht den Leser mit der Terminologie des Systems vertraut und stellt die Konzepte von UNIX vor. Viele in der Standard-UNIX-Dokumentation verstreuten Einzelheiten werden hier zusammenhängend in Übersichtskapiteln dargestellt. Neben einer vollständigen Kommandoübersicht (UNIX-Version III) werden die am häufigsten benutzten Kommandos detailliert und mit Beispielen versehen beschrieben. Den Themen „Editoren", „Textformatierung", „Systemanschlüsse" und „Systempflege" sind zusätzliche Kapitel gewidmet.

Ziel des Buches ist es, dem Benutzer den Einstieg in UNIX zu erleichtern und ihm ein Nachschlagewerk für die tägliche Arbeit mit dem Rechner zu bieten.

Das Buch setzt Grundkenntnisse im DV-Bereich voraus. Es kann sowohl demjenigen dienen, der sich einen ersten Eindruck von UNIX verschaffen möchte als auch dem, der täglich mit UNIX umgeht.

Springer-Verlag
Berlin
Heidelberg
New York
Tokyo